# Hey Sensei, Don't You Know?

Aya
Asano

1

TOKYOPOP®

TOKYOPOP GmbH
Hamburg

1. Auflage, 2022
Deutsche Ausgabe/German Edition

Aus dem Japanischen von Hana Rude

NEE SENSEI, SHIRANAINO? Vol.1
by Aya ASANO

Original Japanese edition published by SHOGAKUKAN.
German translation rights in Germany, Austria, Liechtenstein and German speaking area in the Switzerland, Belgium, Italy and Luxembourg arranged with SHOGAKUKAN through VME PLB SAS.
Original cover design: Erika ADACHI

Redaktion: Lisa Duty
Lettering: Vibrant Publishing Studio
Herstellung: Alina Kronenberg
Druck und buchbinderische Verarbeitung:
CPI–Clausen & Bosse GmbH, Leck
Printed in Germany

MIX Papier FSC® C083411

Wir achten auf die Umwelt.
Dieses Produkt besteht aus FSC®-zertifizierten und anderen kontrollierten Materialien.



ISBN 978-3-8420-8229-8

www.tokyopop.de

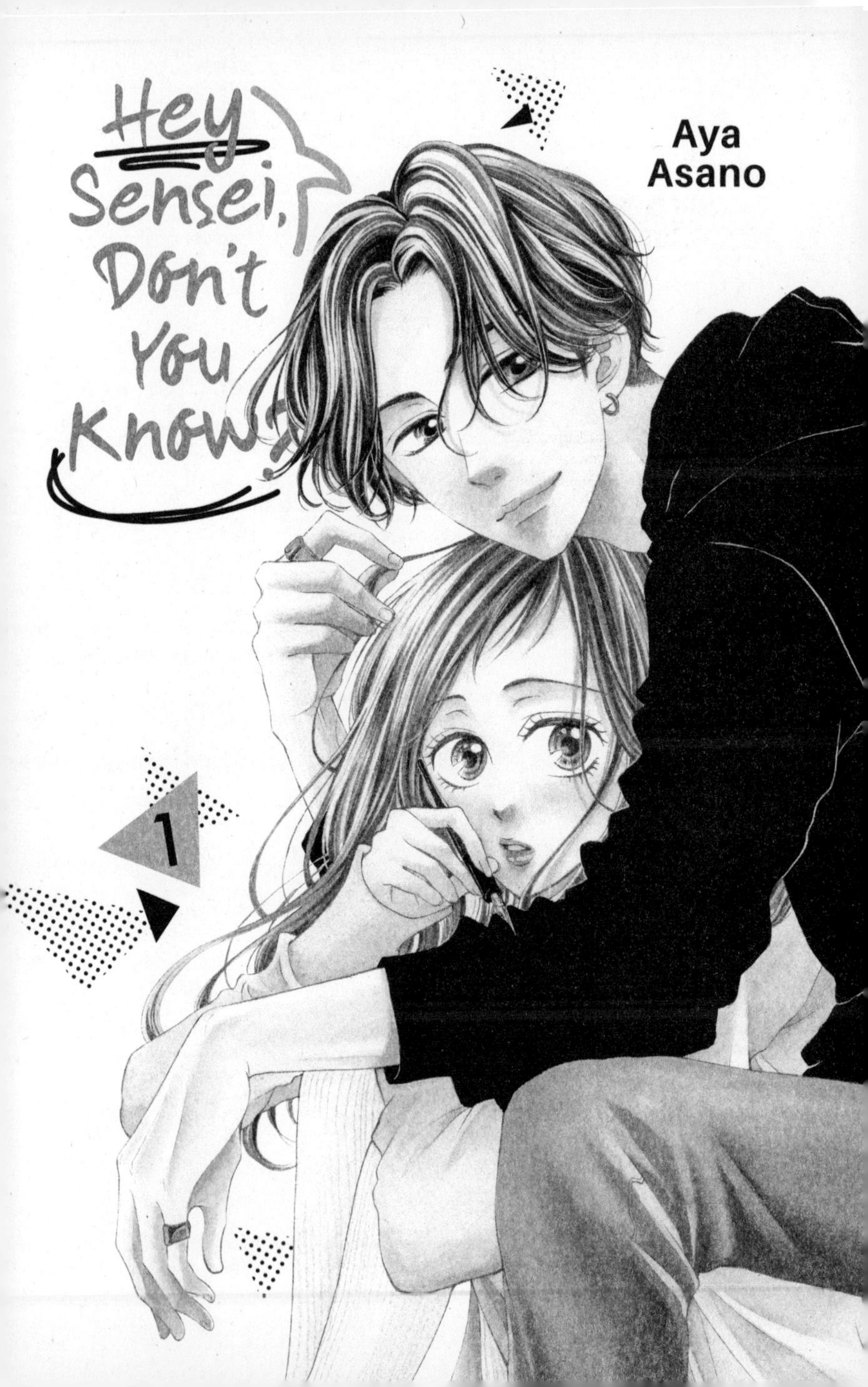
Hey Sensei, Don't You Know?
Aya Asano
1

## Inhalt

Story 1 ............ 5

Story 2 ............ 49

Story 3 ............ 87

## Bonus-Manga

Meine ungeschminkte Freundin ...... 125

Finger weg von 3B-Männern ............ 141

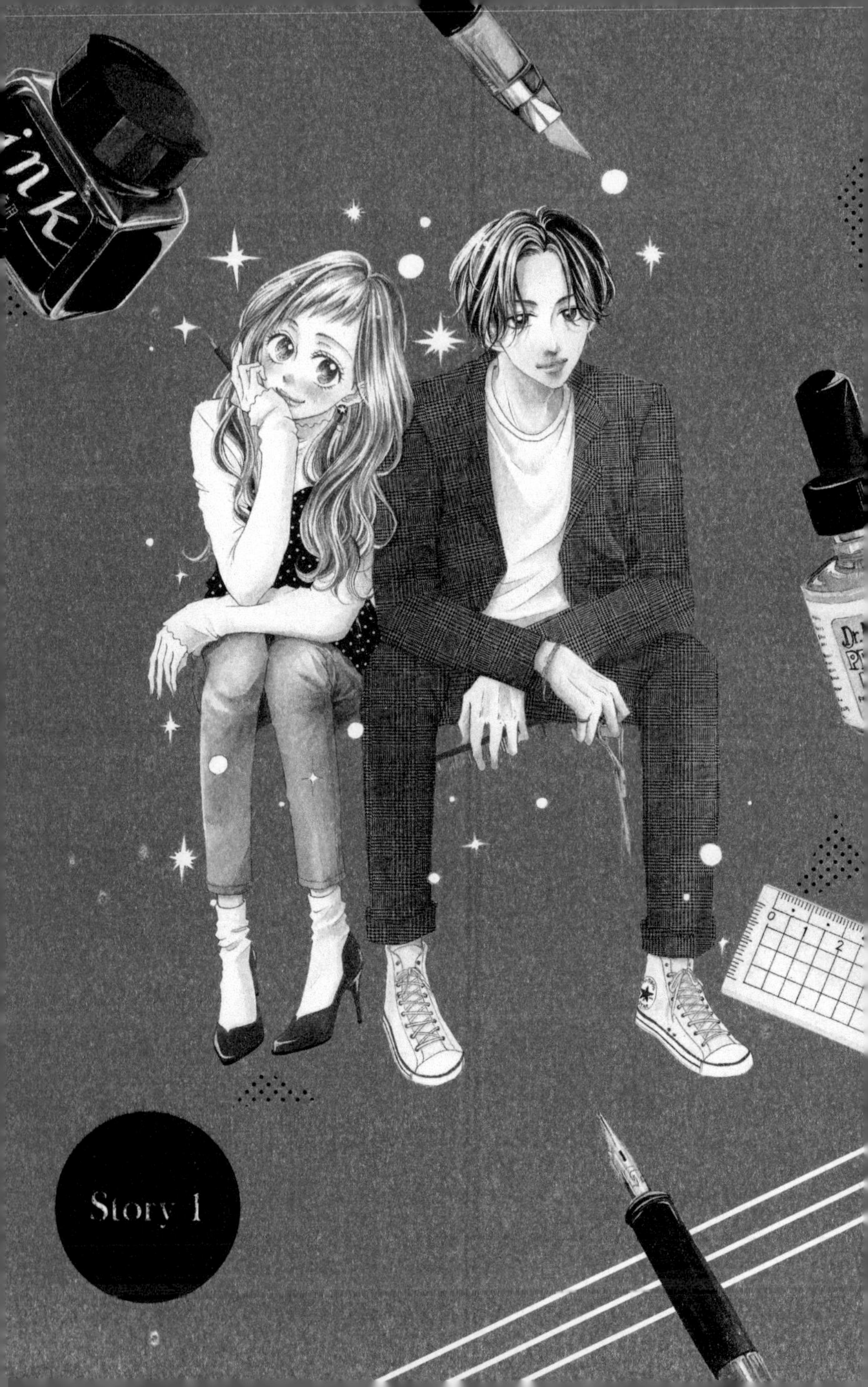
ink
Story 1

# Begrüßung

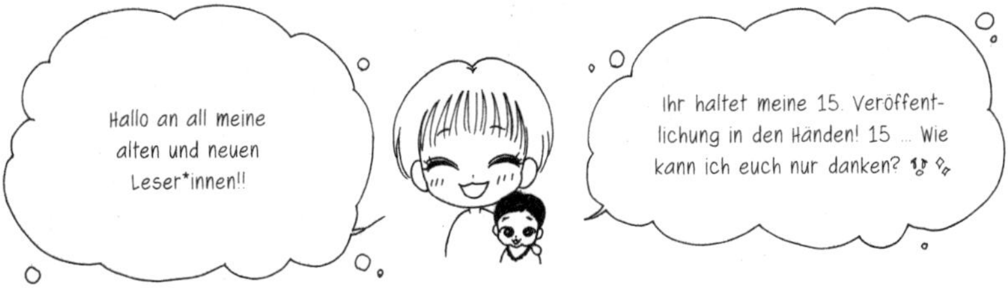


Vielen Dank, dass ihr den ersten Band von *Hey Sensei, Don't You Know?* gekauft habt! Vielleicht erkennt man schon auf dem Cover, um welches Pairing es geht.

Und bestimmt fragt ihr euch, wie eine Mangaka und ein Friseur zusammenpassen können. Aber ihr werdet sehen, wie heiß es zwischen den beiden hergehen kann!! Diese Geschichte dreht sich voll und ganz um ihre wilde Beziehung! Ha ha!
Der Titel ist schon etwas lang ... (←Aber ich weiß nicht, wie ich ihn abkürzen soll.)
Die Storys sind vollgepackt mit meinen Idealvorstellungen. Riichi ist wirklich mein Traumtyp.
Während ich an der Serie arbeite, überlege ich, wie der perfekte Freund sein müsste, damit man durch jeden noch so schweren Tag kommt. Ha ha!
Ich hoffe, dass alle hart arbeitenden Frauen, egal ob zu Hause, mit Kindern oder auf der Arbeit, diesen Manga lesen werden!! (Aber natürlich hoffe ich auch, dass Männer zugreifen!!)

Hier habe ich die zwei für meinen Neujahrsgruß gezeichnet. →

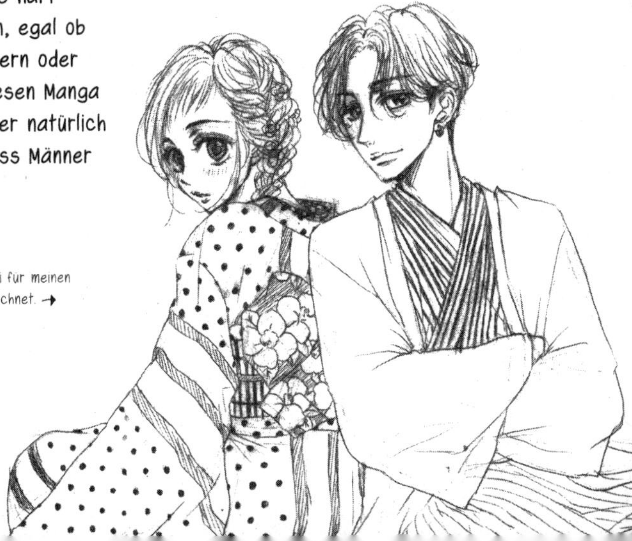

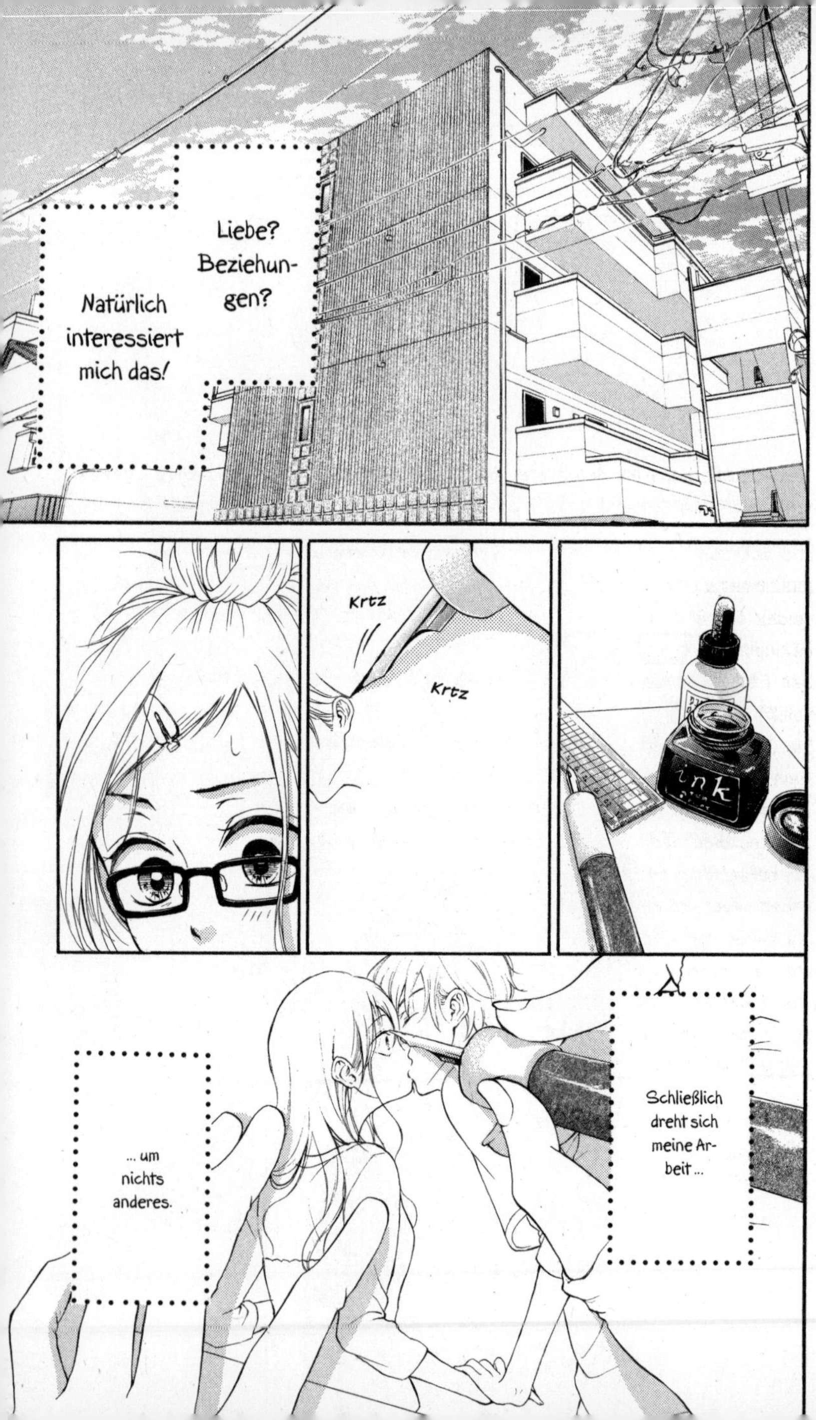
Liebe? Beziehungen?
Natürlich interessiert mich das!
Krtz
Krtz
ink
Schließlich dreht sich meine Arbeit ...
... um nichts anderes.

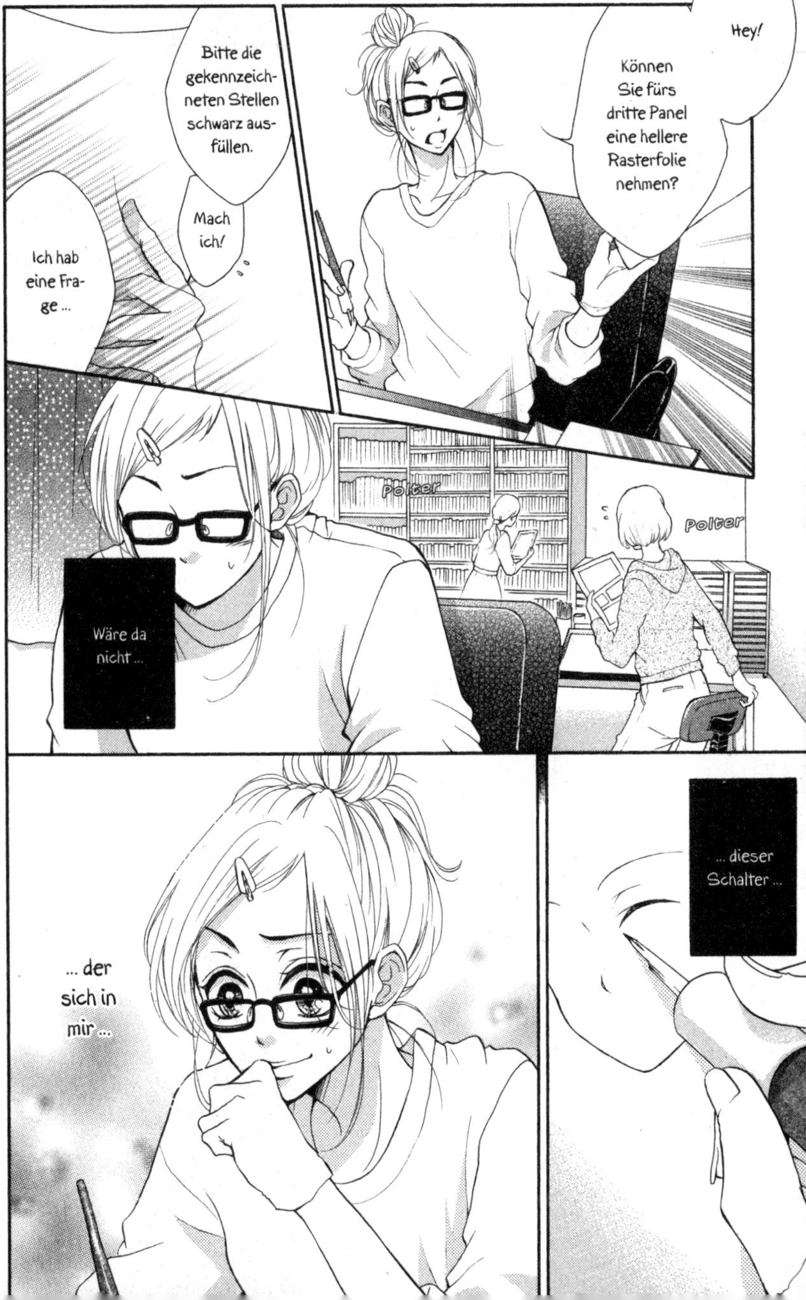
Hey!
Können Sie fürs dritte Panel eine hellere Rasterfolie nehmen?
Bitte die gekennzeichneten Stellen schwarz ausfüllen.
Mach ich!
Ich hab eine Frage ...
Polter
Polter
Wäre da nicht ...
... dieser Schalter ...
... der sich in mir ...

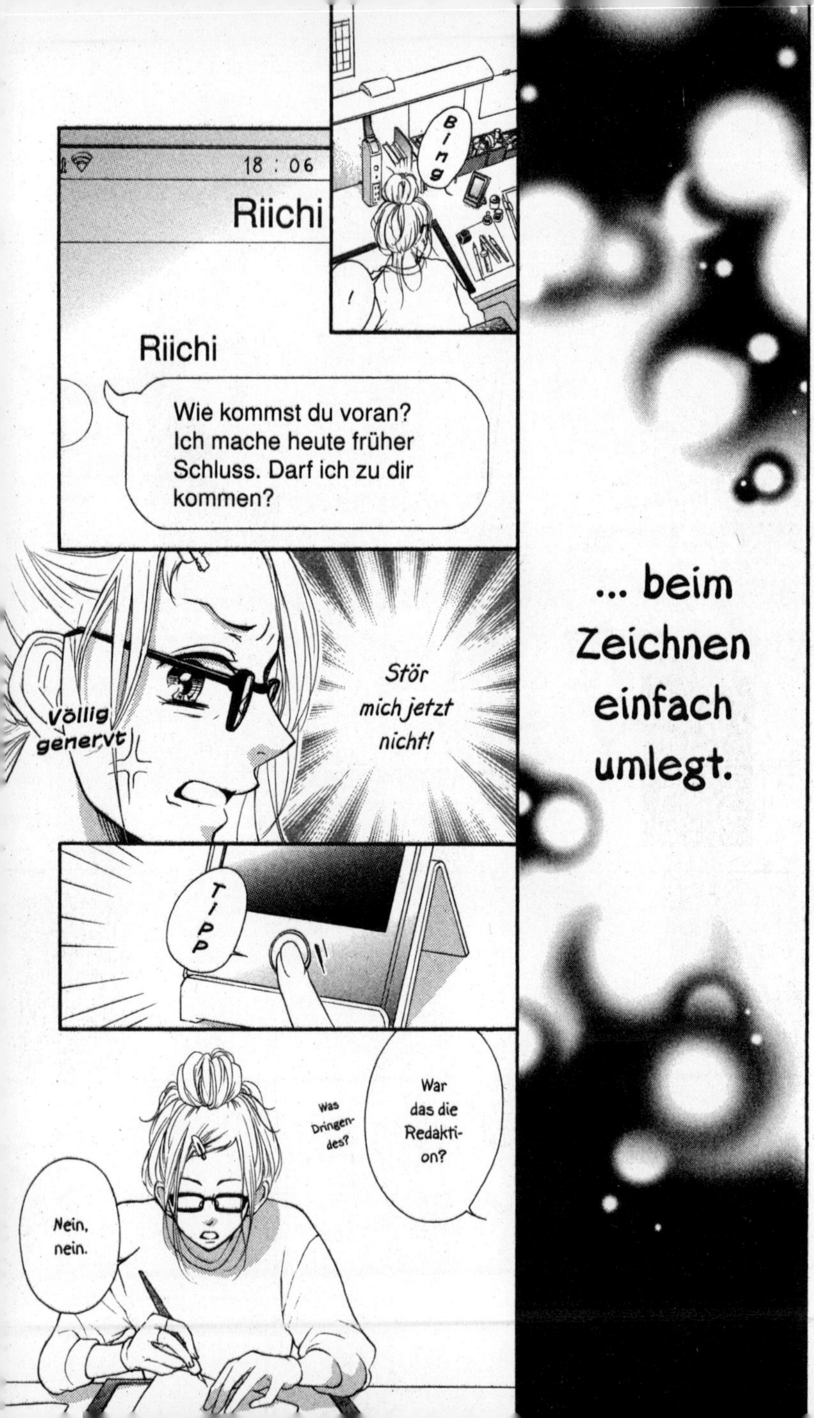
... beim Zeichnen einfach umlegt.
Bing
18 : 06
Riichi
Riichi
Wie kommst du voran? Ich mache heute früher Schluss. Darf ich zu dir kommen?
Stör mich jetzt nicht!
Völlig genervt
Tipp
War das die Redakti-on?
Was Dringen-des?
Nein, nein.

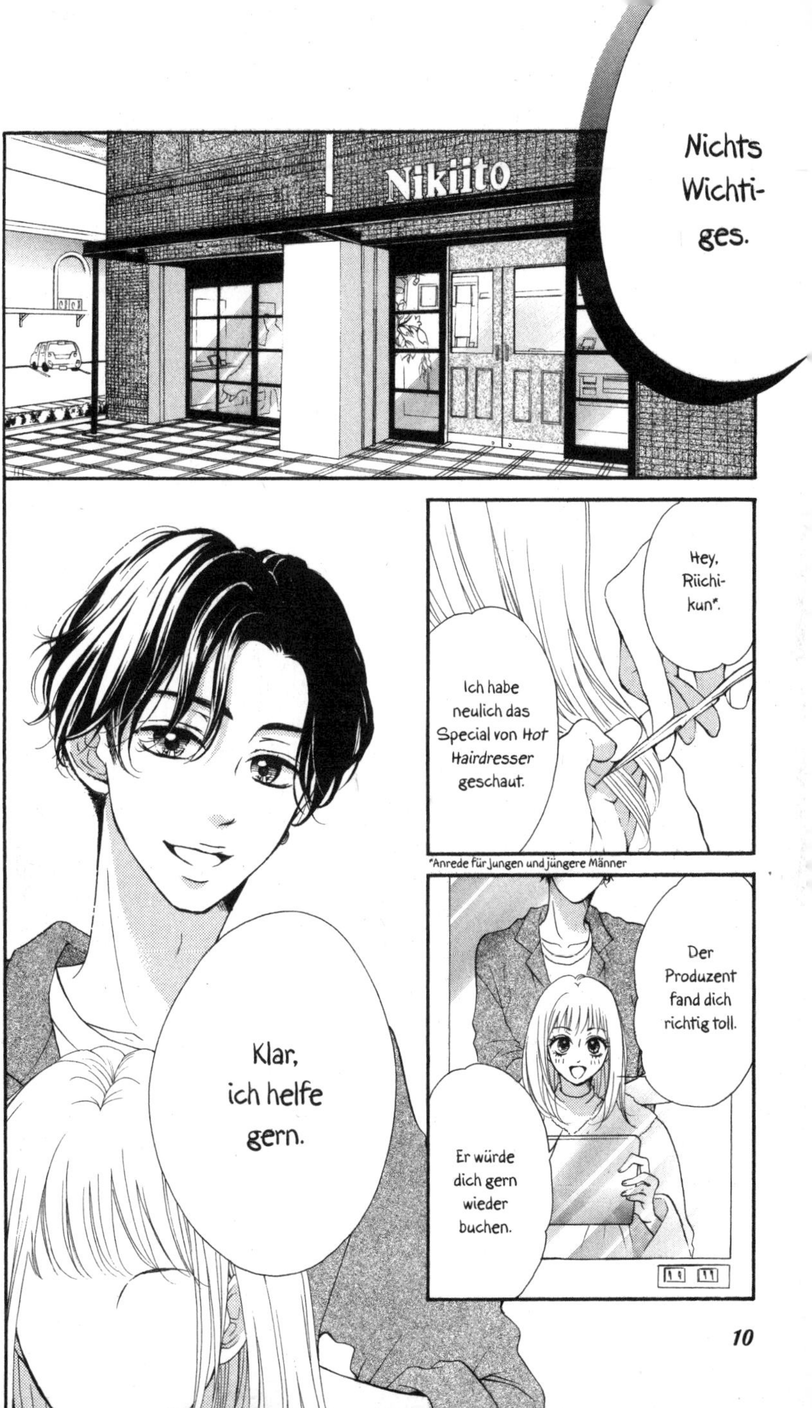


*Anrede für Jungen und jüngere Männer

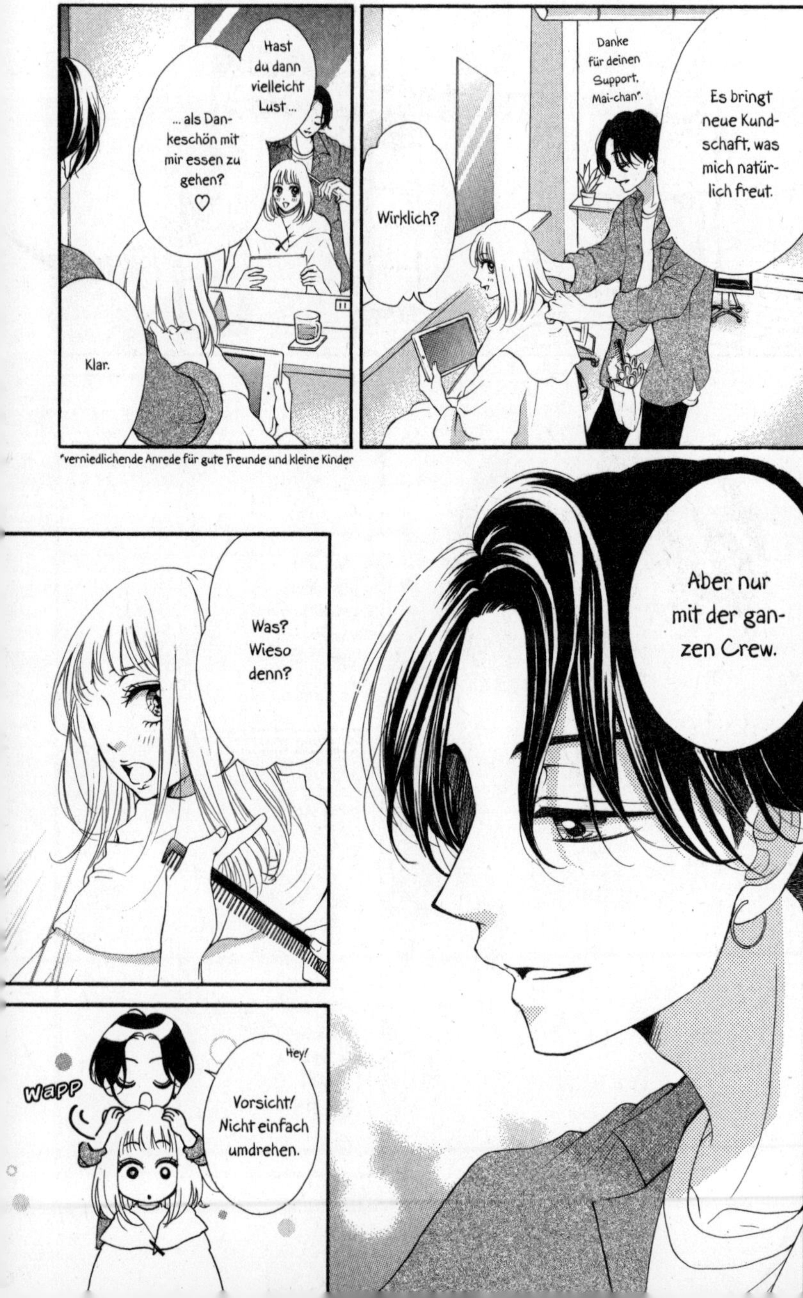


*verniedlichende Anrede für gute Freunde und kleine Kinder

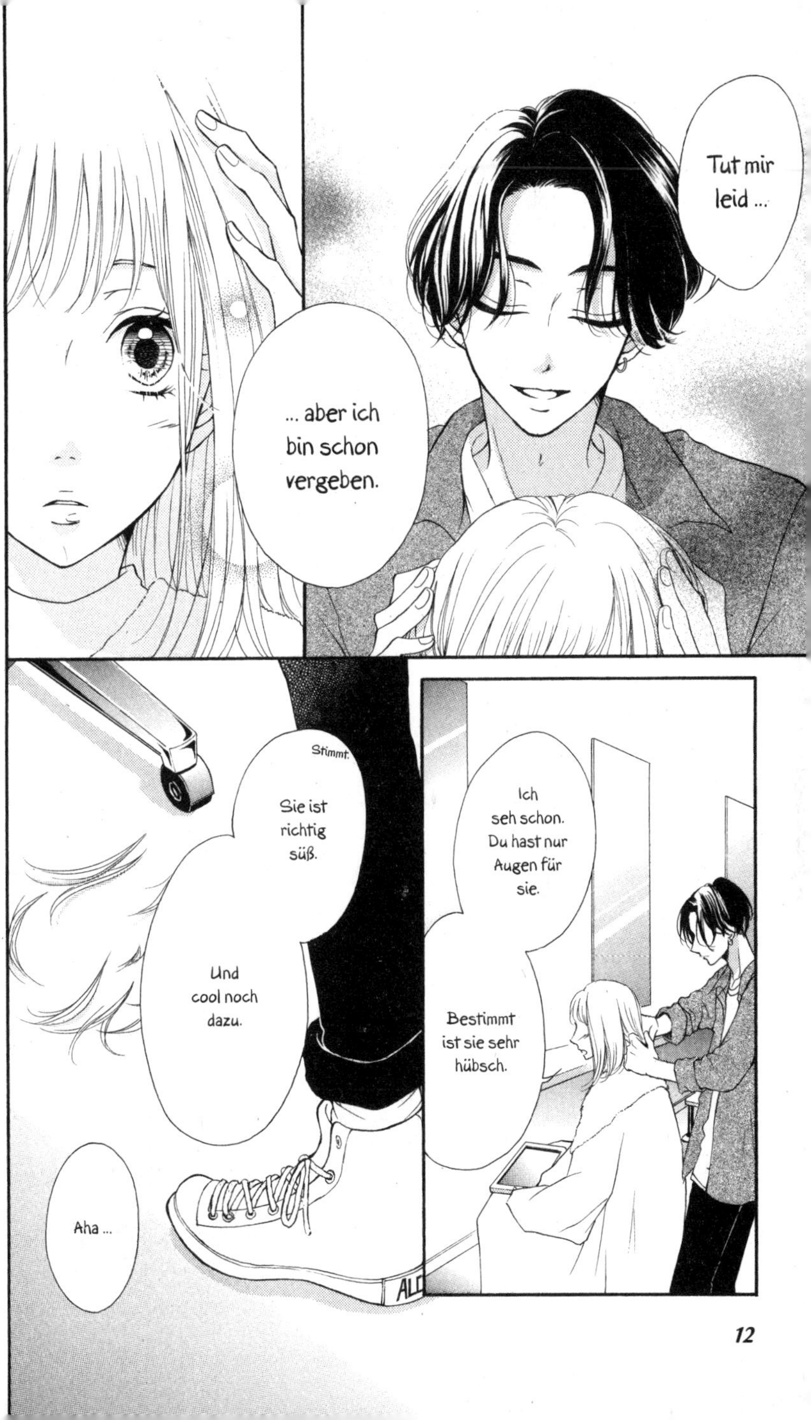

Tut mir leid ...
... aber ich bin schon vergeben.
Ich seh schon. Du hast nur Augen für sie.
Bestimmt ist sie sehr hübsch.
Stimmt.
Sie ist richtig süß.
Und cool noch dazu.
Aha ...

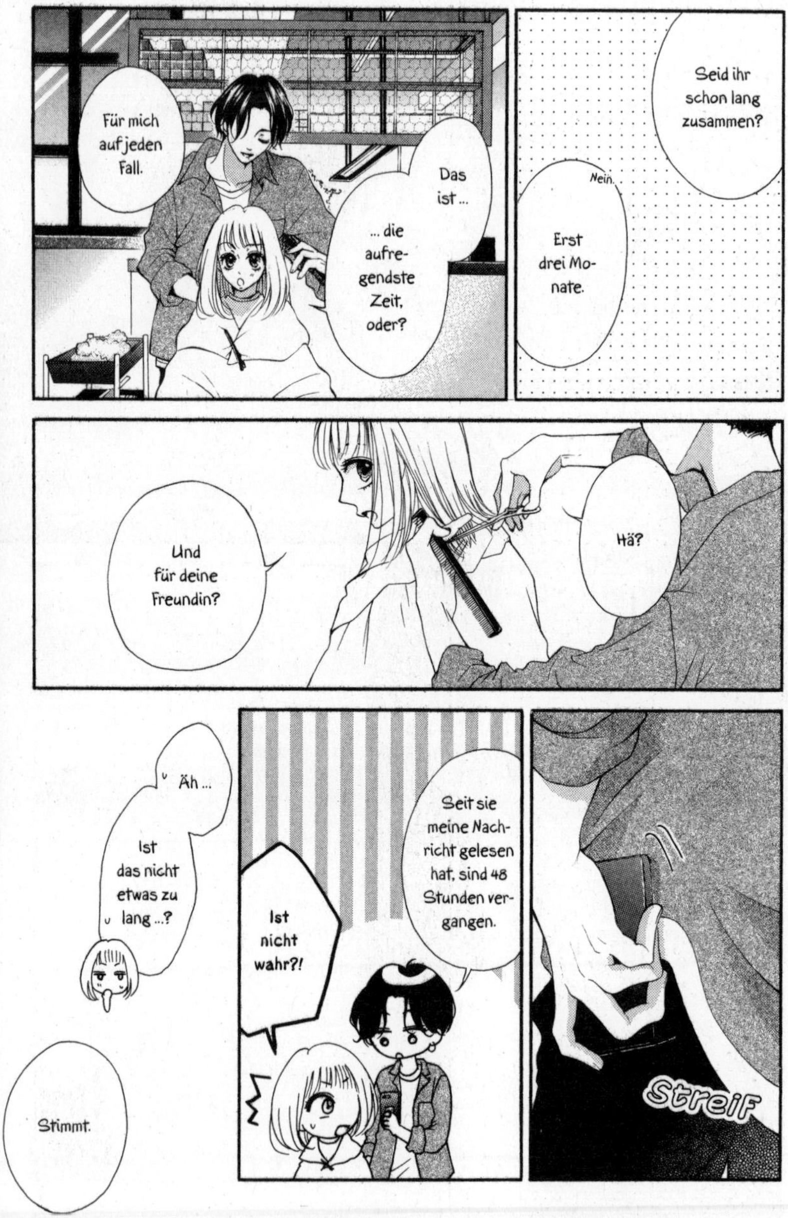
Seid ihr schon lang zusammen?
Nein.
Erst drei Monate.
Das ist ...
... die aufregendste Zeit, oder?
Für mich auf jeden Fall.
Hä?
Und für deine Freundin?
Streif
Seit sie meine Nachricht gelesen hat, sind 48 Stunden vergangen.
Ist nicht wahr?!
Äh ...
Ist das nicht etwas zu lang ...?
Stimmt.

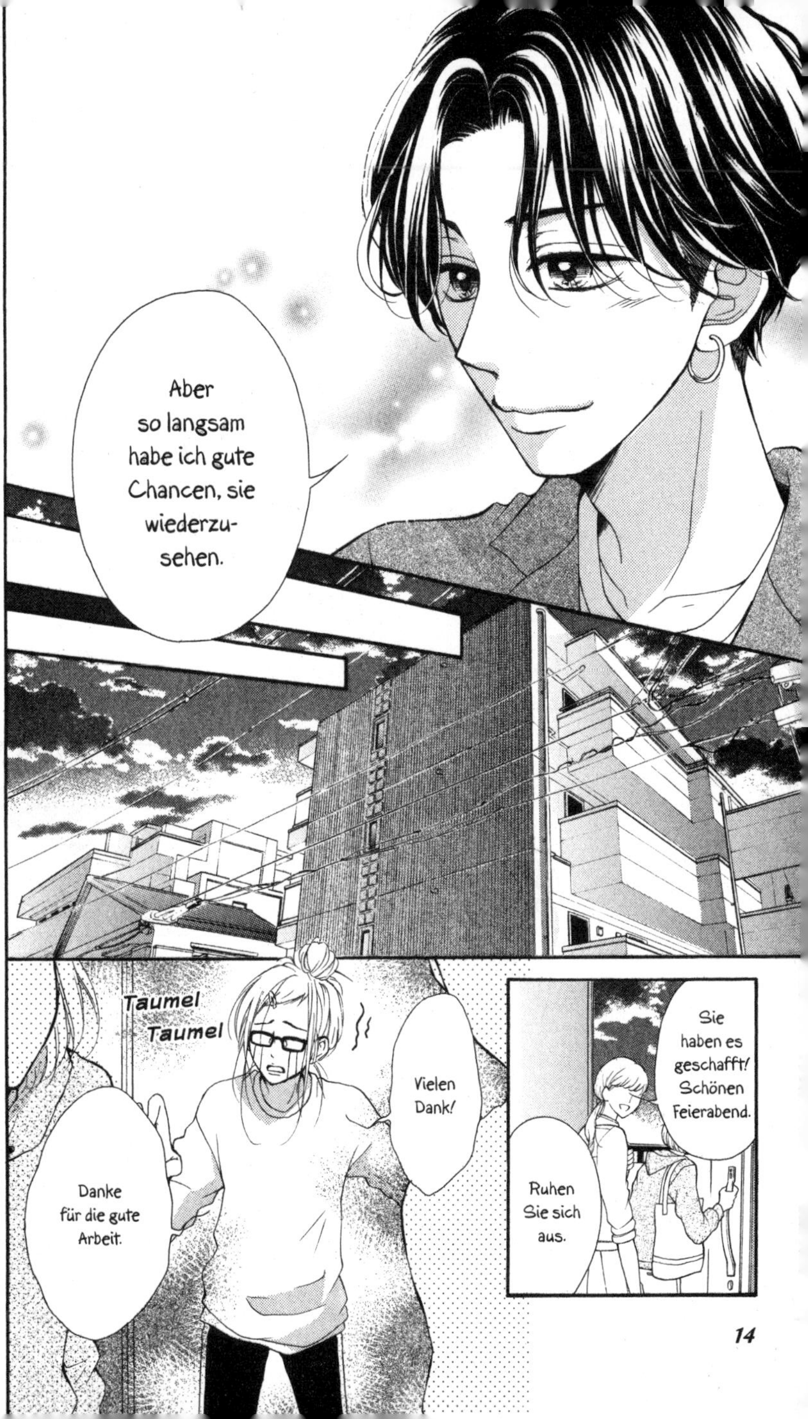
Aber so langsam habe ich gute Chancen, sie wiederzusehen.
Sie haben es geschafft! Schönen Feierabend.
Ruhen Sie sich aus.
Vielen Dank!
Taumel Taumel
Danke für die gute Arbeit.

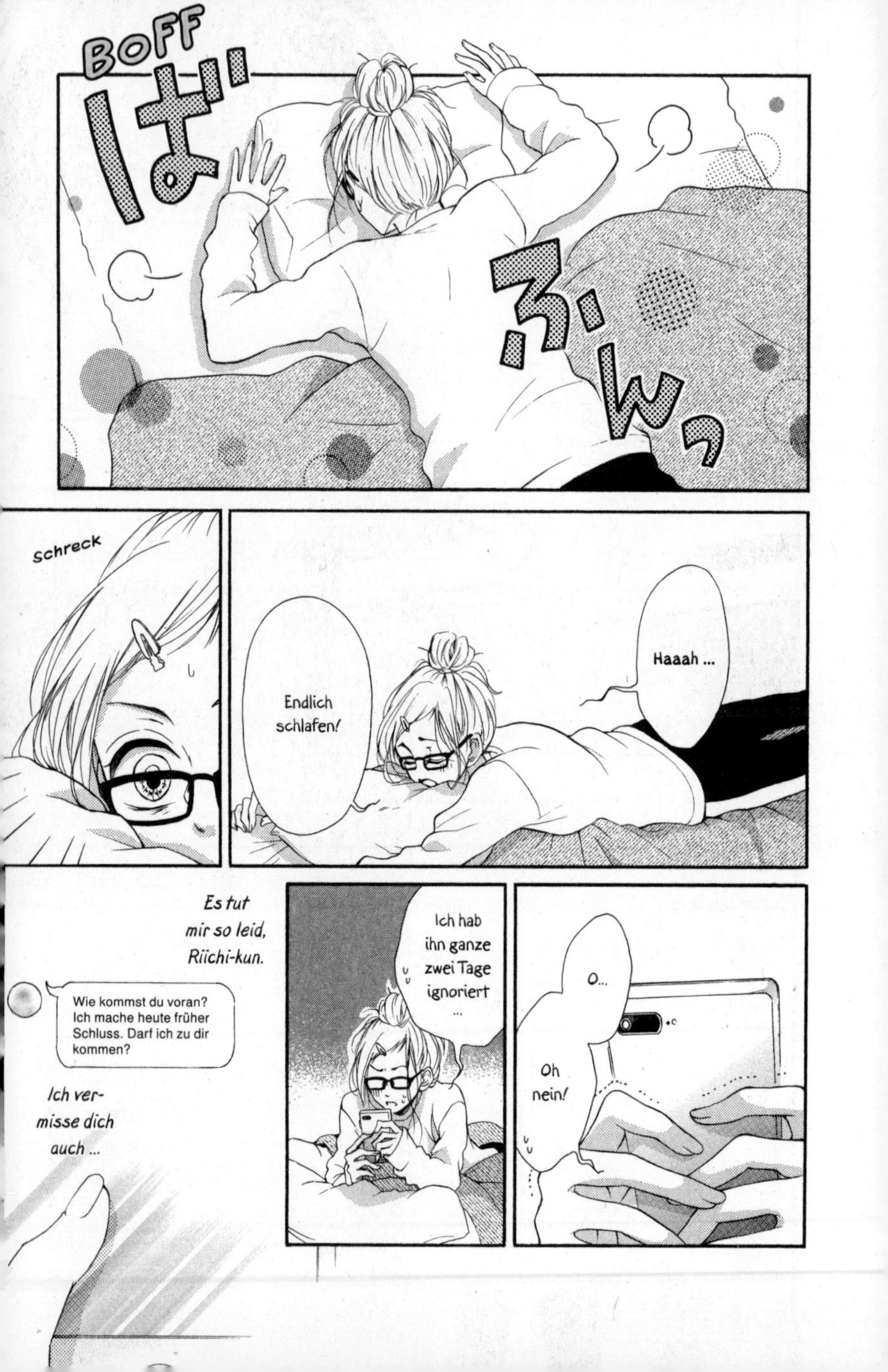
BOFF
Haaah ...
Endlich schlafen!
Schreck
O...
Oh nein!
Ich hab ihn ganze zwei Tage ignoriert ...
Es tut mir so leid, Riichi-kun.
Wie kommst du voran? Ich mache heute früher Schluss. Darf ich zu dir kommen?
Ich vermisse dich auch ...

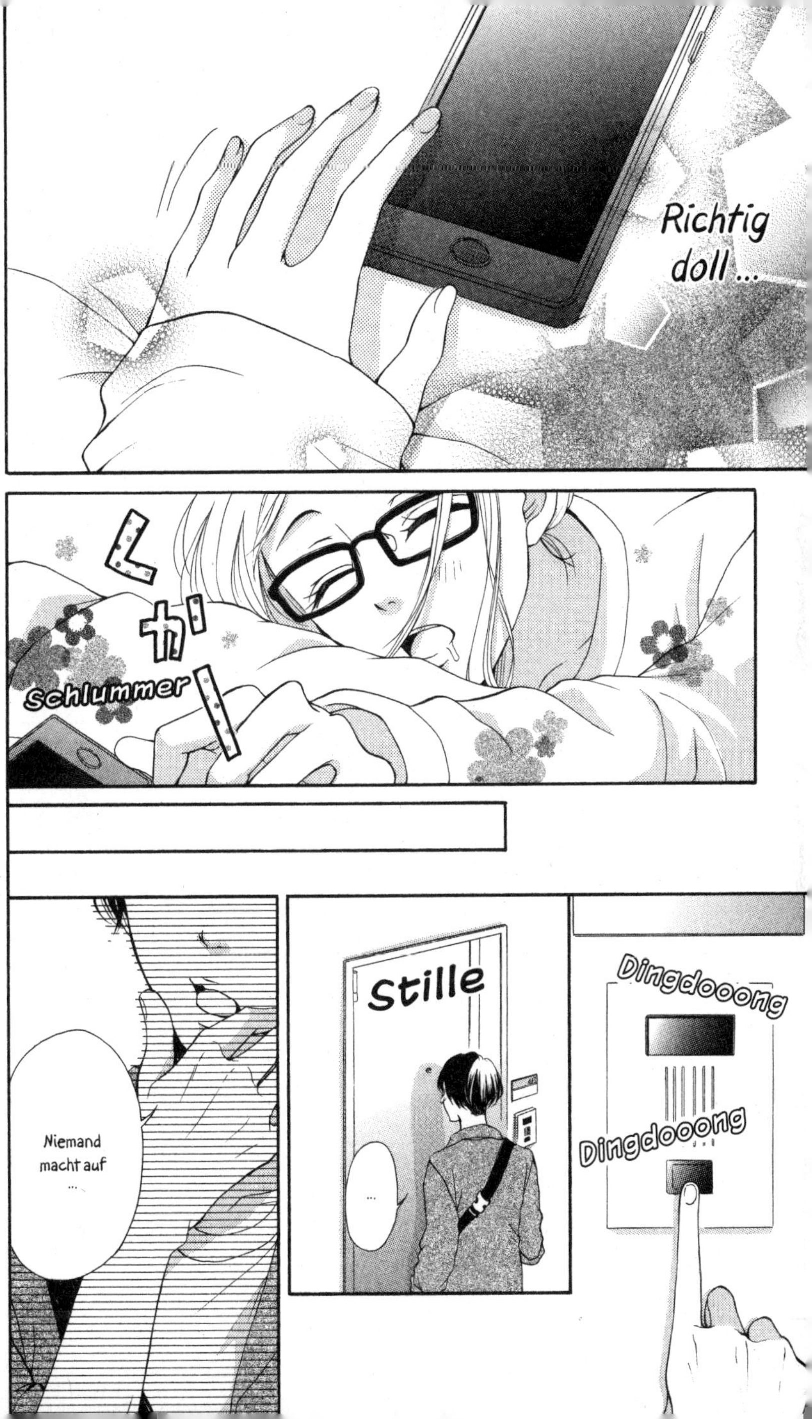

Richtig doll ...
しん
schlummer
Dingdooong
Dingdooong
Stille
...
Niemand macht auf ...

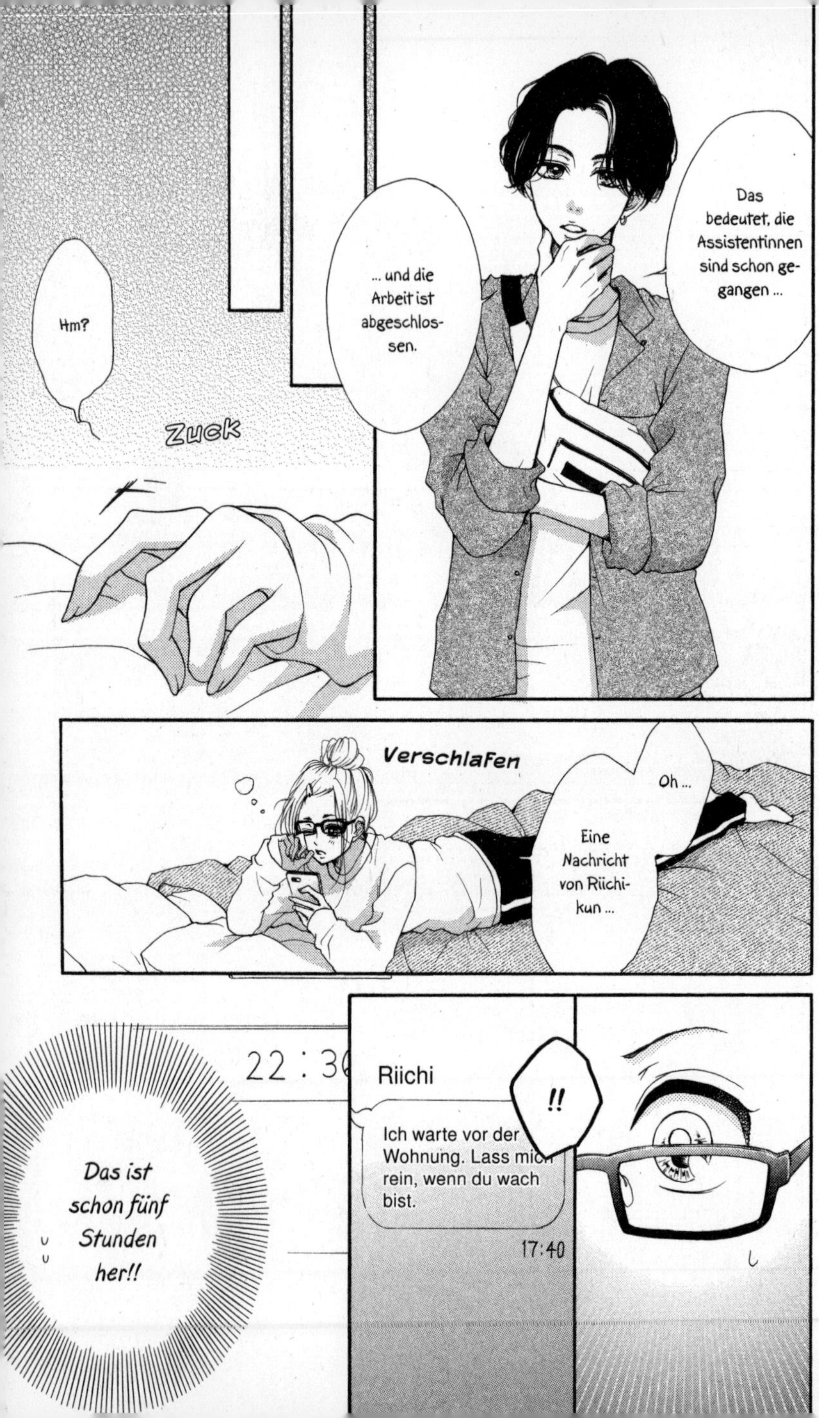
Das bedeutet, die Assistentinnen sind schon gegangen ...
... und die Arbeit ist abgeschlossen.
Hm?
Zuck
Verschlafen
Oh ...
Eine Nachricht von Riichi-kun ...
!!
22:3
Riichi
Ich warte vor der Wohnung. Lass mich rein, wenn du wach bist.
17:40
Das ist schon fünf Stunden her!!

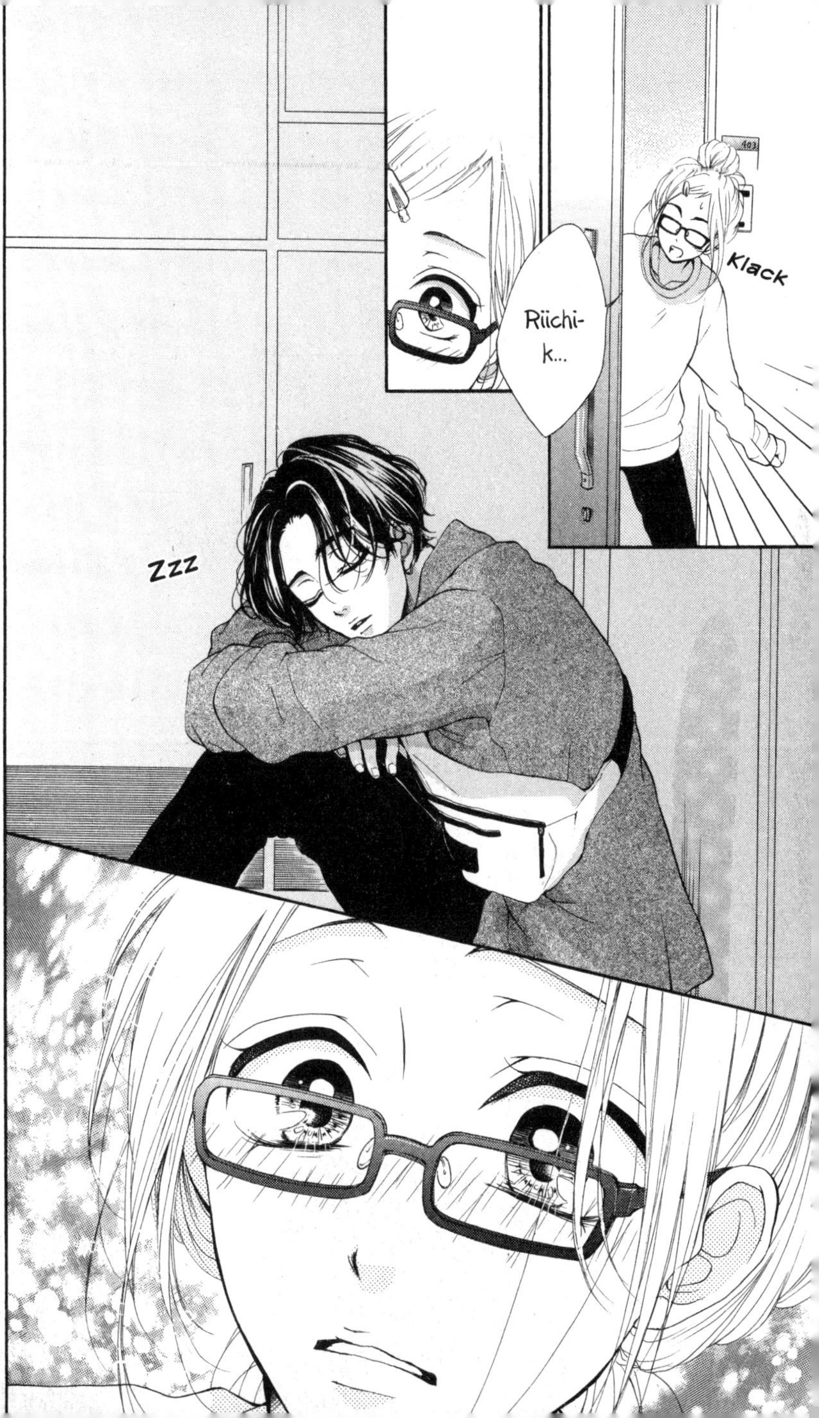
Klack
Riichi-
k...
Zzz

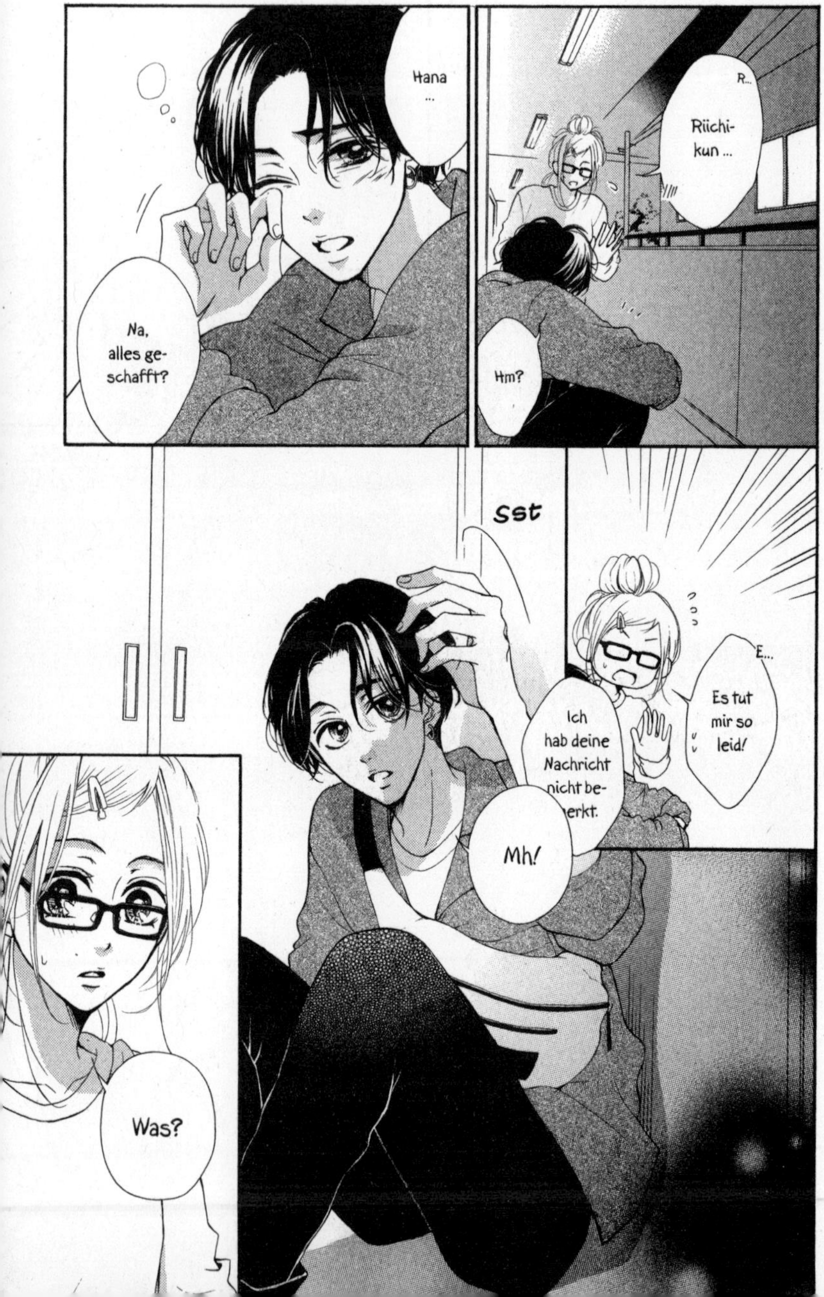
R... Riichi-kun ...
Hm?
Hana ...
Na, alles geschafft?
Sst
E... Es tut mir so leid!
Ich hab deine Nachricht nicht be- erkt.
Mh!
Was?

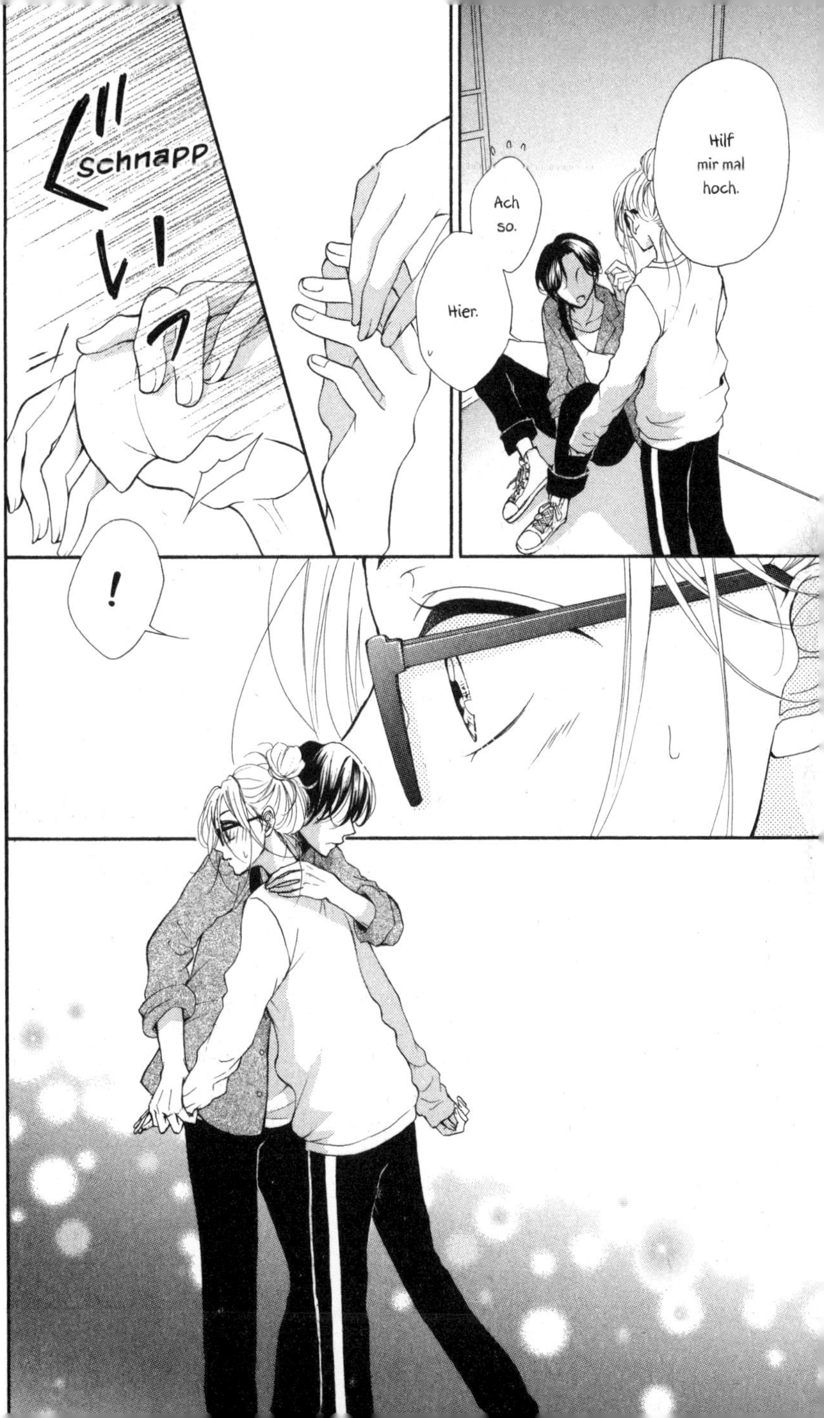
Hilf mir mal hoch.
Ach so.
Hier.
Schnapp
!

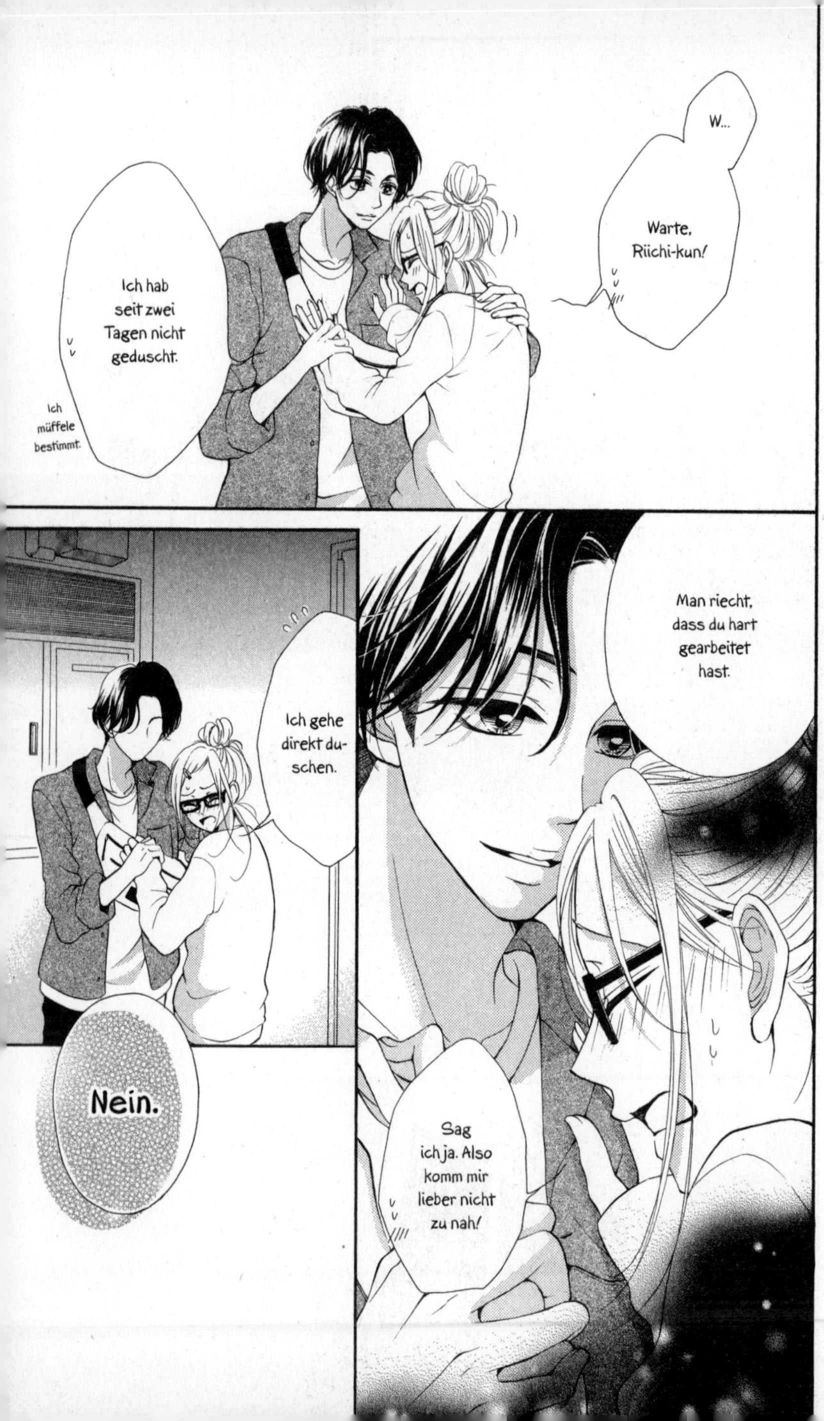
W...
Warte, Riichi-kun!
Ich hab seit zwei Tagen nicht geduscht.
Ich müffele bestimmt.
Ich gehe direkt duschen.
Nein.
Man riecht, dass du hart gearbeitet hast.
Sag ich ja. Also komm mir lieber nicht zu nah!

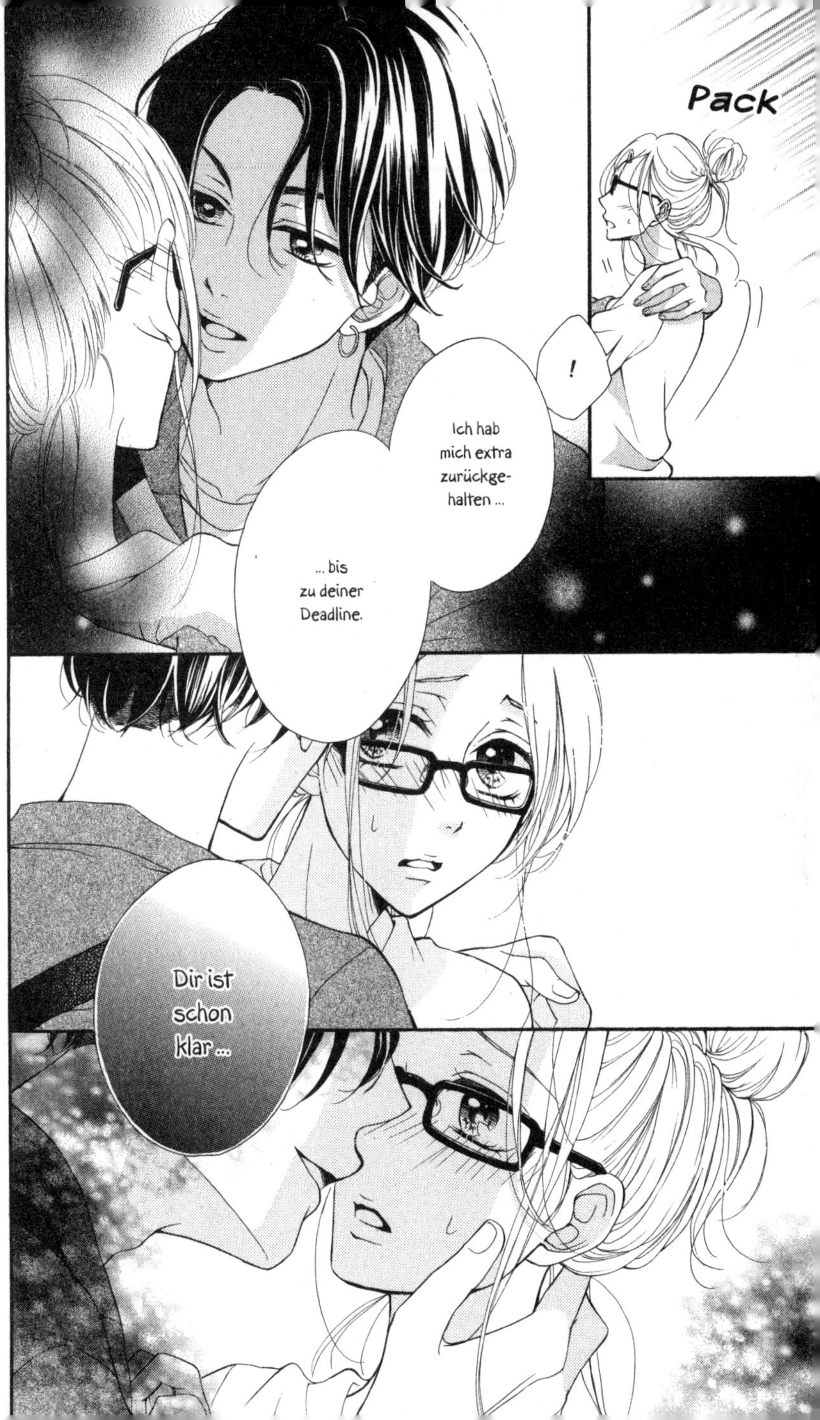
Pack
!
Ich hab mich extra zurückge-halten ...
... bis zu deiner Deadline.
Dir ist schon klar ...

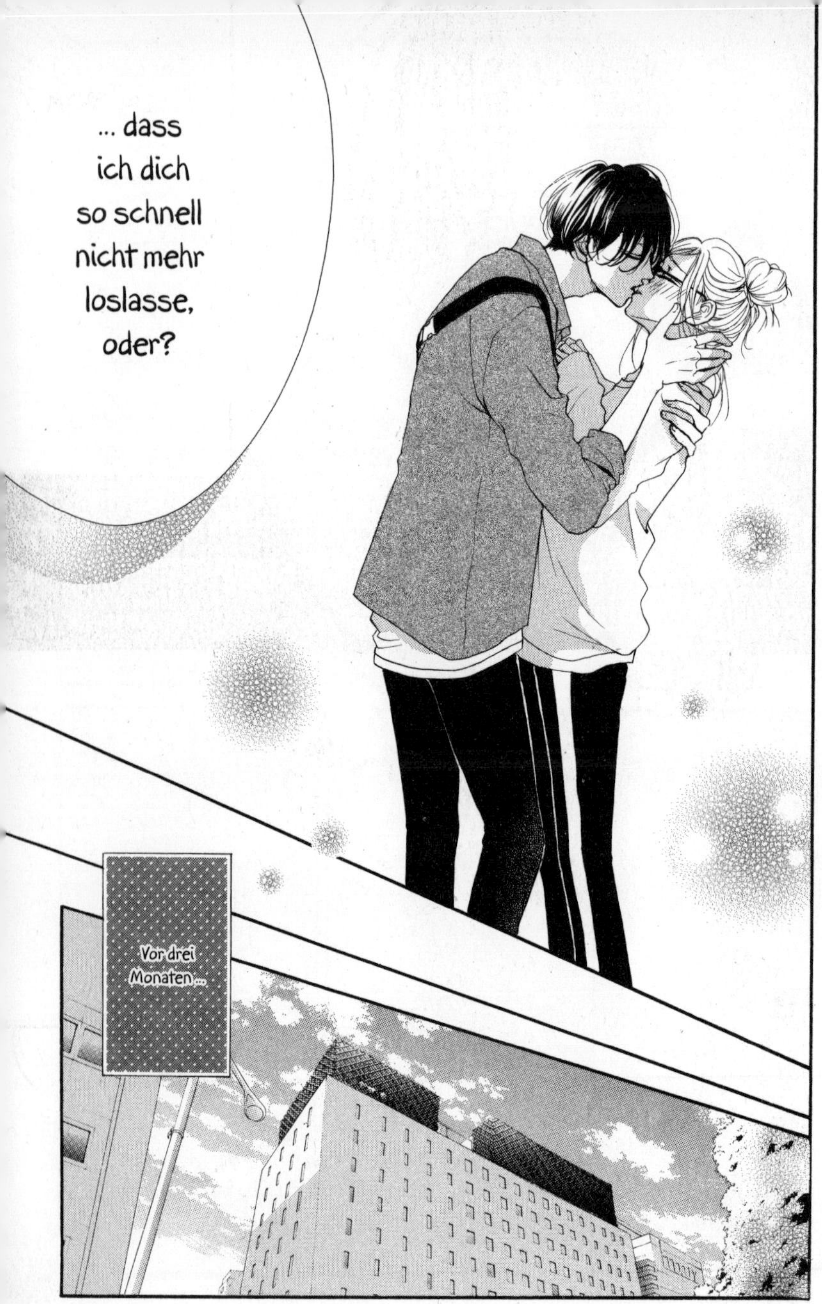

... dass ich dich so schnell nicht mehr loslasse, oder?
Vor drei Monaten ...

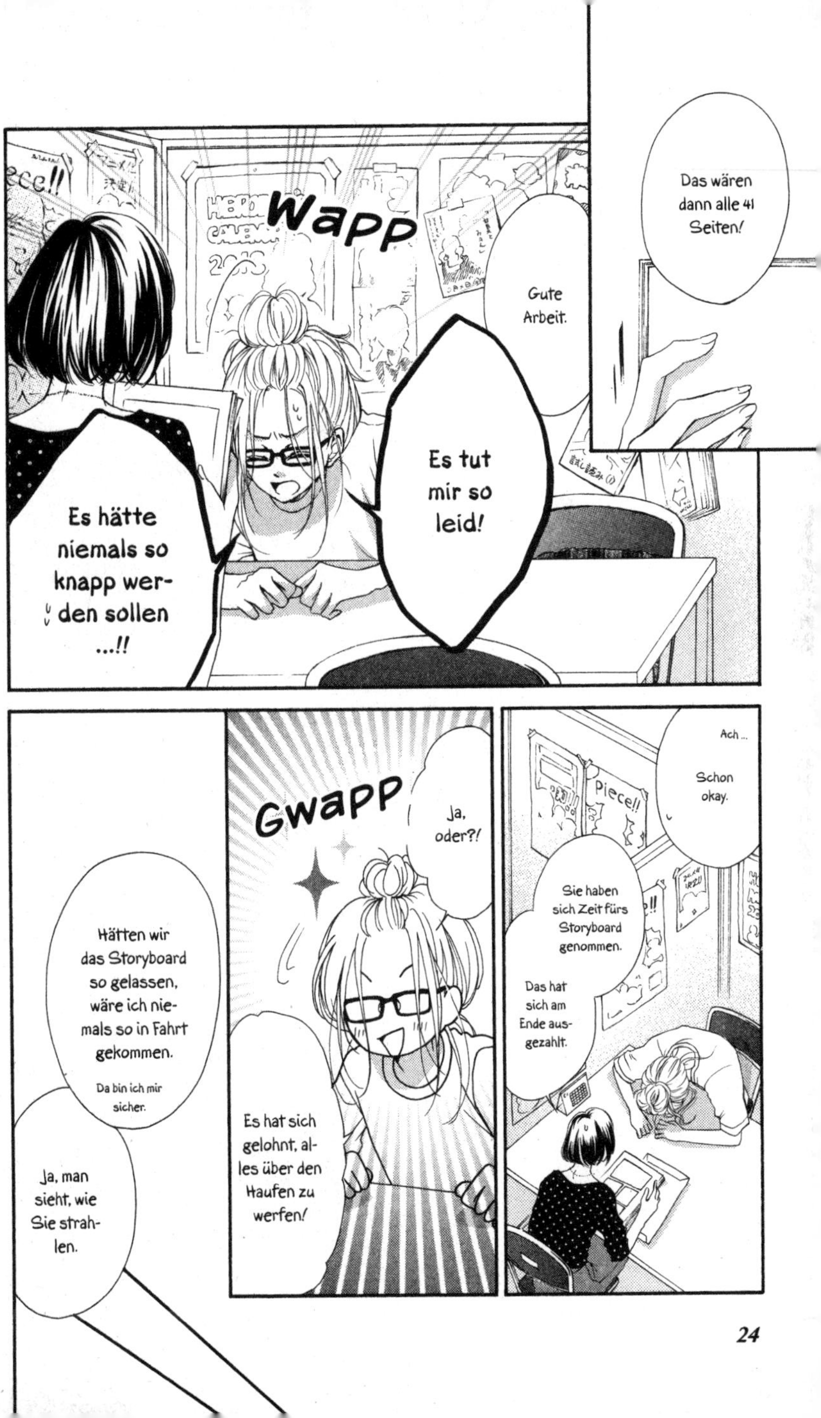
Das wären dann alle 41 Seiten!
Gute Arbeit.
Wapp
Es tut mir so leid!
Es hätte niemals so knapp werden sollen ...!!
Ach ...
Schon okay.
Sie haben sich Zeit fürs Storyboard genommen.
Das hat sich am Ende ausgezahlt.
Ja, oder?!
Gwapp
Es hat sich gelohnt, alles über den Haufen zu werfen!
Hätten wir das Storyboard so gelassen, wäre ich niemals so in Fahrt gekommen.
Da bin ich mir sicher.
Ja, man sieht, wie Sie strahlen.

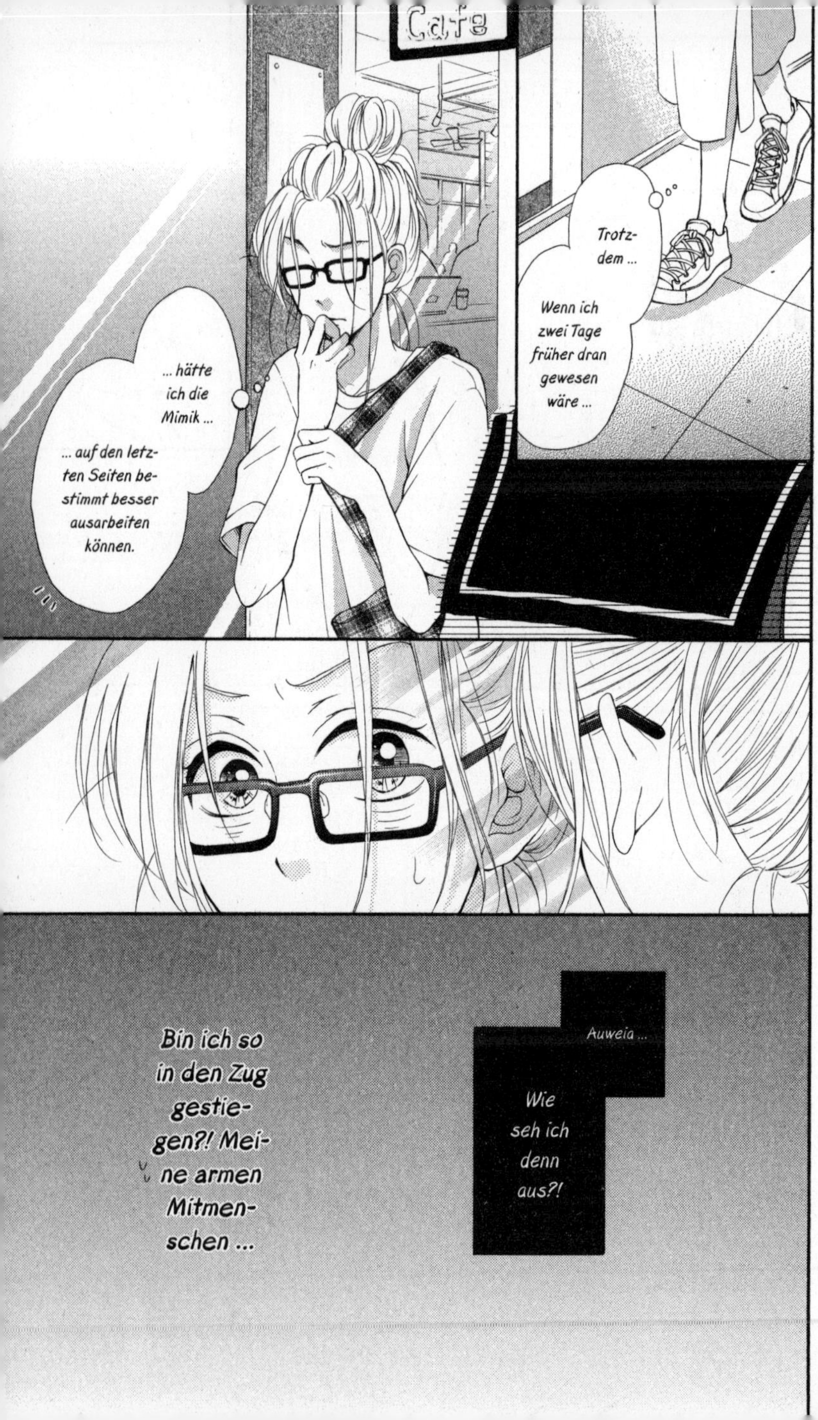
Cafe
Trotz-dem ...
Wenn ich zwei Tage früher dran gewesen wäre ...
... hätte ich die Mimik ...
... auf den letz-ten Seiten be-stimmt besser ausarbeiten können.
Auweia ...
Wie seh ich denn aus?!
Bin ich so in den Zug gestie-gen?! Mei-ne armen Mitmen-schen ...

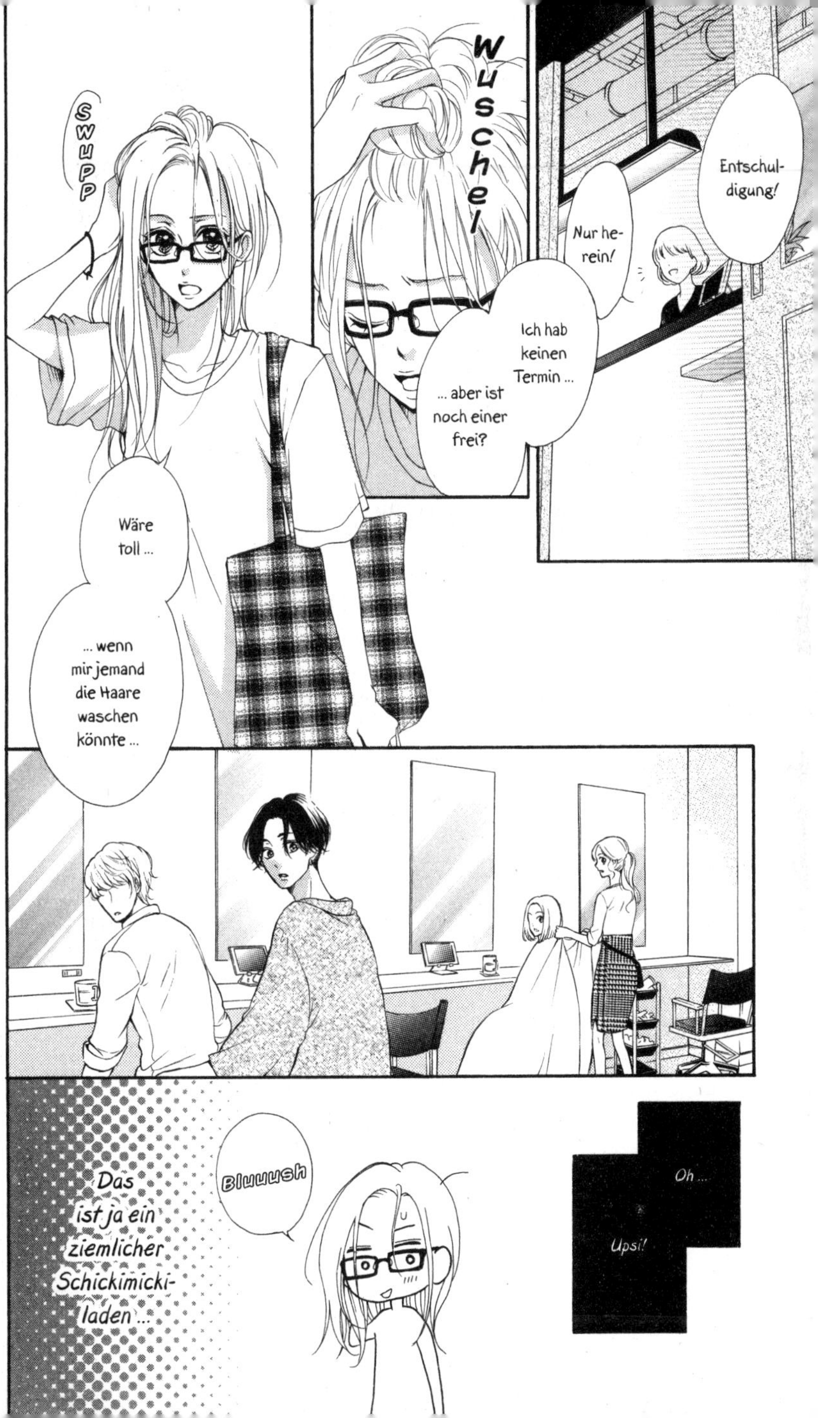
Entschul-
digung!
Nur he-
rein!
Wuschel
Ich hab keinen Termin ...
... aber ist noch einer frei?
Swupp
Wäre toll ...
... wenn mir jemand die Haare waschen könnte ...
Oh ...
Upsi!
Bluuush
Das ist ja ein ziemlicher Schickimicki-laden ...

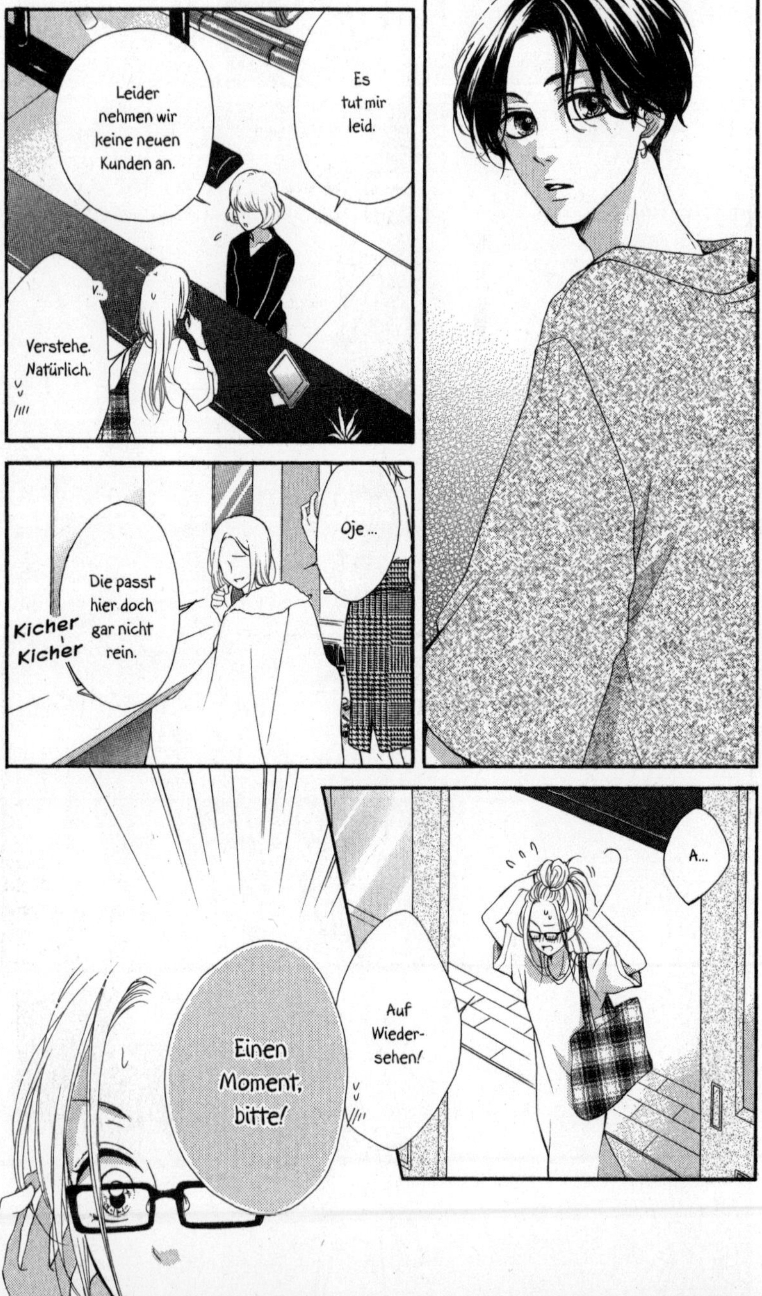
Es tut mir leid.
Leider nehmen wir keine neuen Kunden an.
V...
Verstehe. Natürlich.
Oje ...
Die passt hier doch gar nicht rein.
Kicher Kicher
A...
Auf Wieder-sehen!
Einen Moment, bitte!

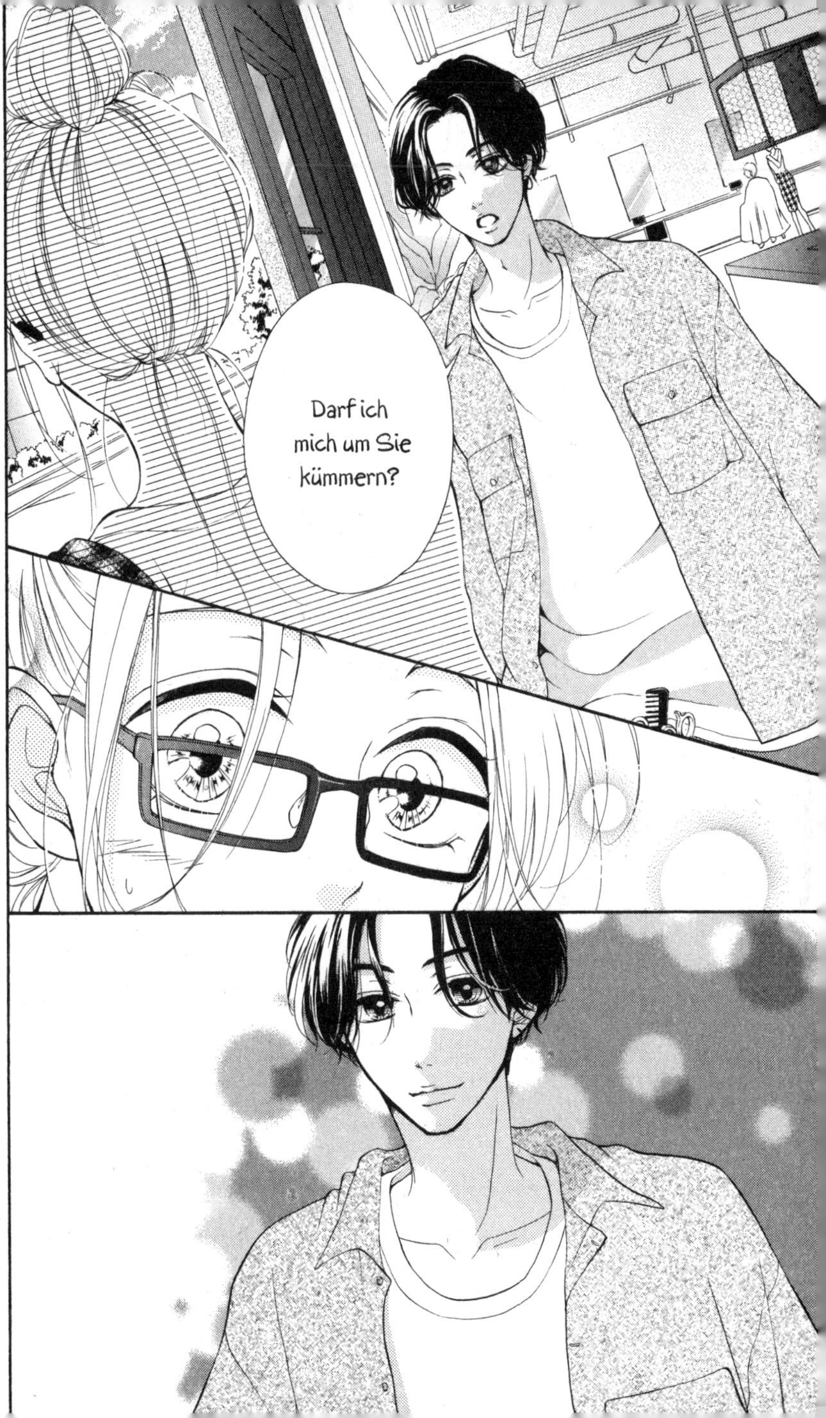
Darf ich
mich um Sie
kümmern?

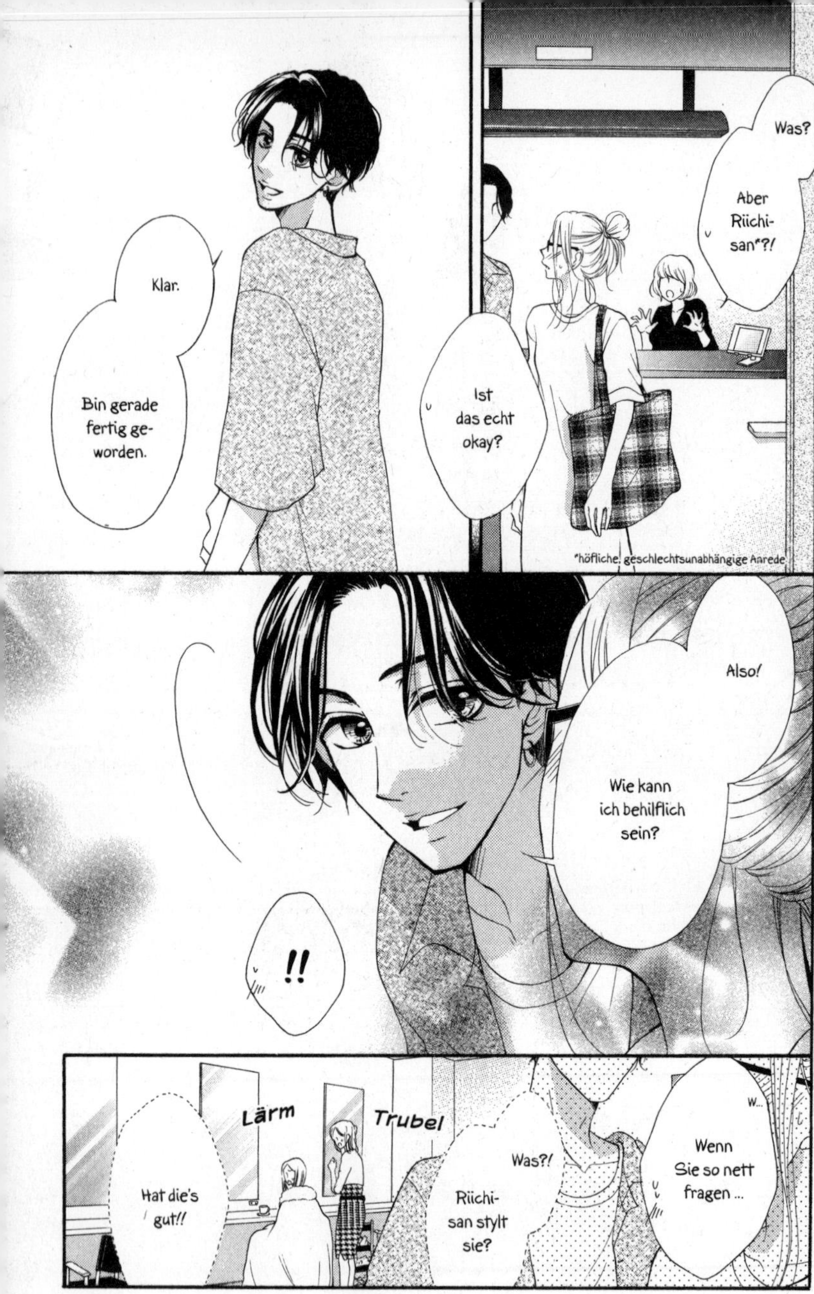
Was?
Aber Riichi-san*?!
Ist das echt okay?
*höfliche, geschlechtsunabhängige Anrede
Klar.
Bin gerade fertig geworden.
Also!
Wie kann ich behilflich sein?
!!
W...
Wenn Sie so nett fragen ...
Trubel
Was?!
Riichi-san stylt sie?
Lärm
Hat die's gut!!

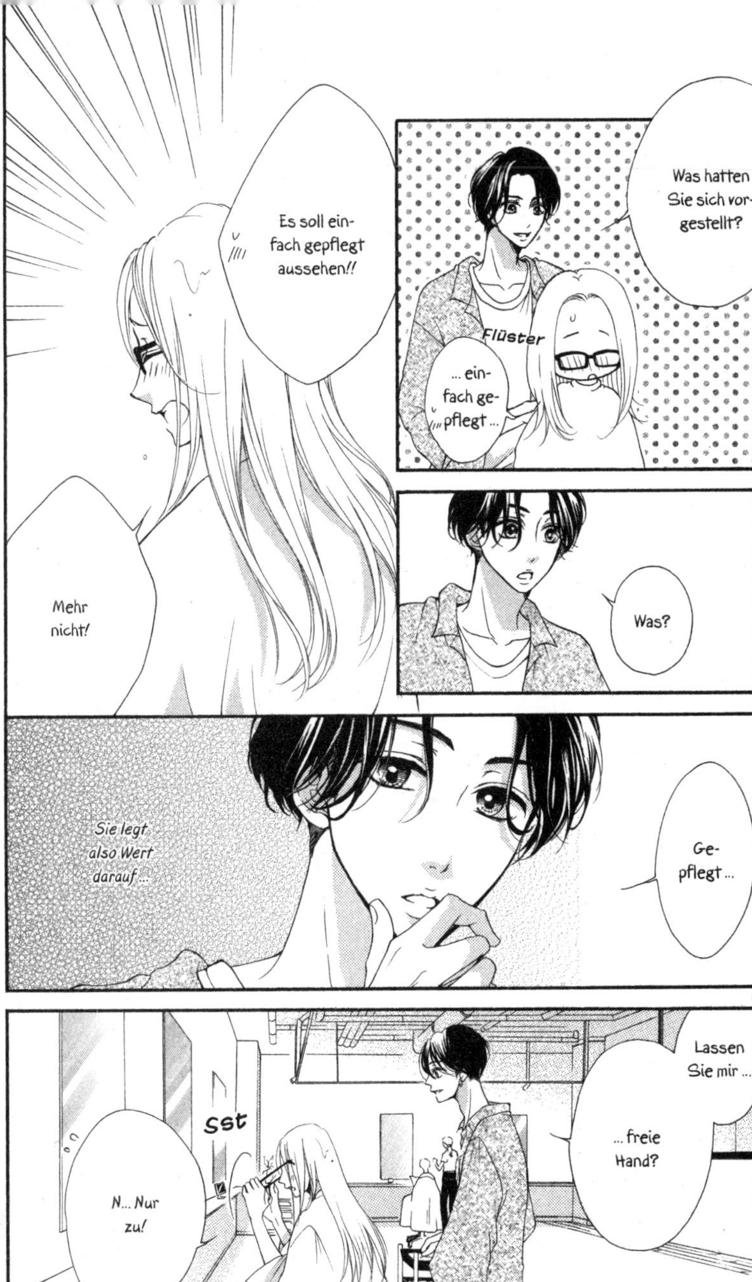
Was hatten Sie sich vorgestellt?
... einfach gepflegt ...
Flüster
Was?
Es soll einfach gepflegt aussehen!!
Mehr nicht!
Gepflegt ...
Sie legt also Wert darauf ...
Lassen Sie mir ...
... freie Hand?
Sst
N... Nur zu!

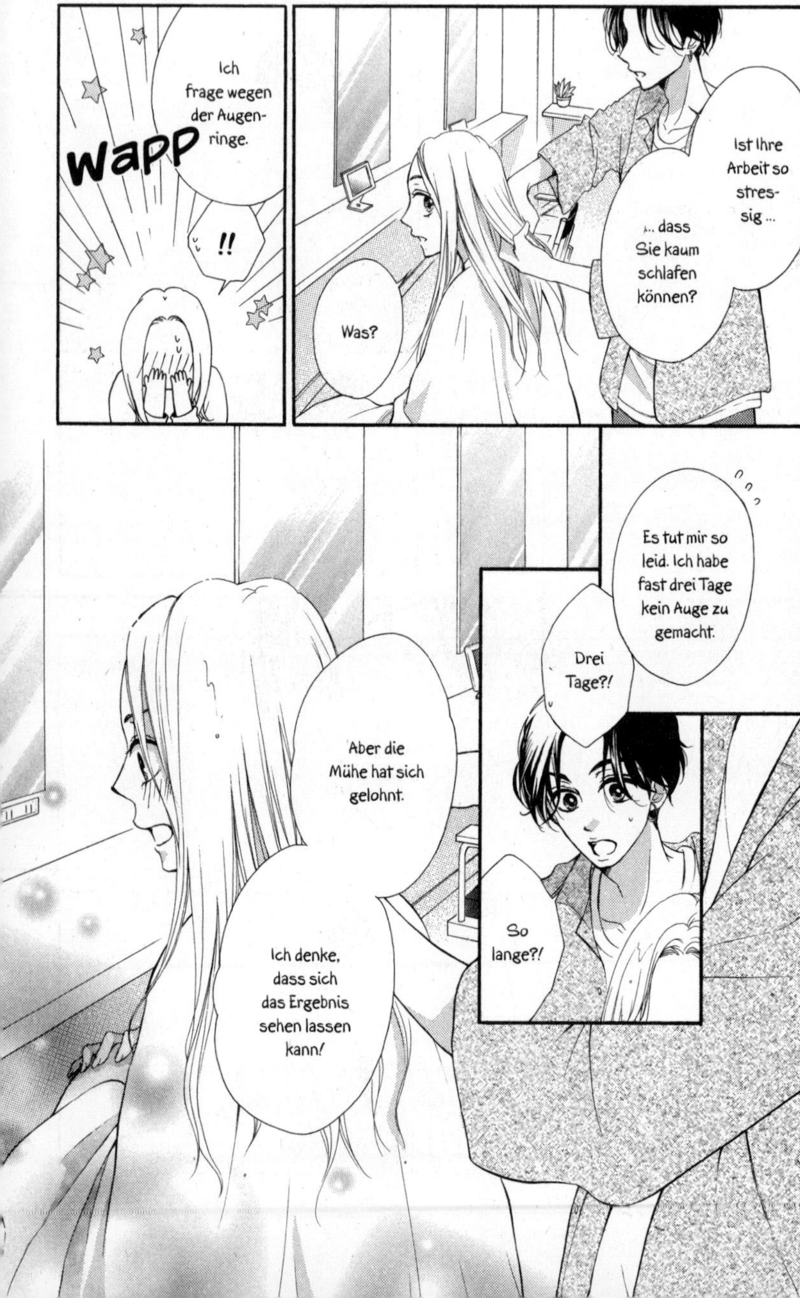
Ist Ihre Arbeit so stres-sig ...
... dass Sie kaum schlafen können?
Was?
Ich frage wegen der Augen-ringe.
Wapp
!!
Es tut mir so leid. Ich habe fast drei Tage kein Auge zu gemacht.
Drei Tage?!
So lange?!
Aber die Mühe hat sich gelohnt.
Ich denke, dass sich das Ergebnis sehen lassen kann!

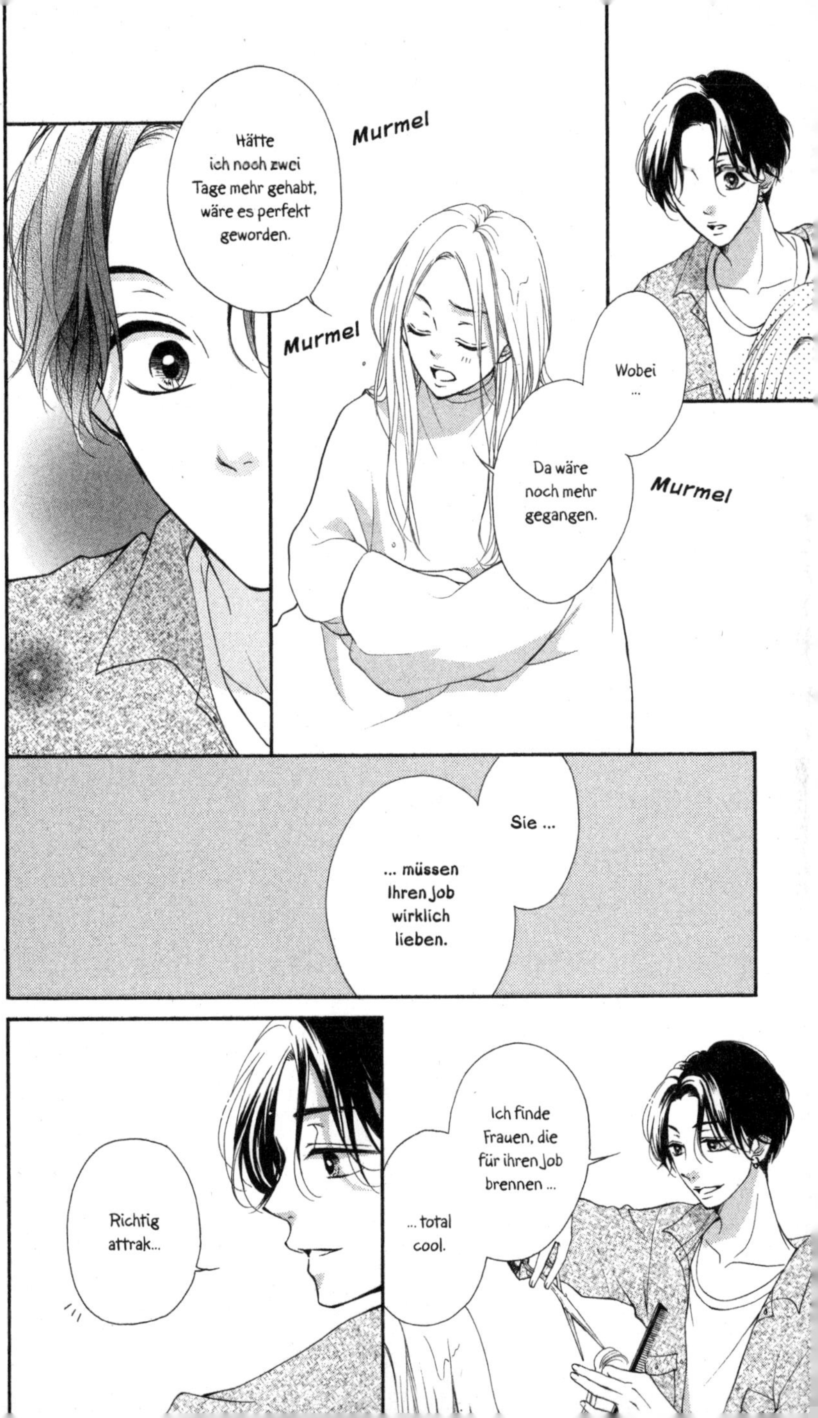

Murmel
Hätte ich noch zwei Tage mehr gehabt, wäre es perfekt geworden.
Murmel
Wobei ...
Da wäre noch mehr gegangen.
Murmel
Sie ...
... müssen Ihren Job wirklich lieben.
Ich finde Frauen, die für ihren Job brennen ...
... total cool.
Richtig attrak...

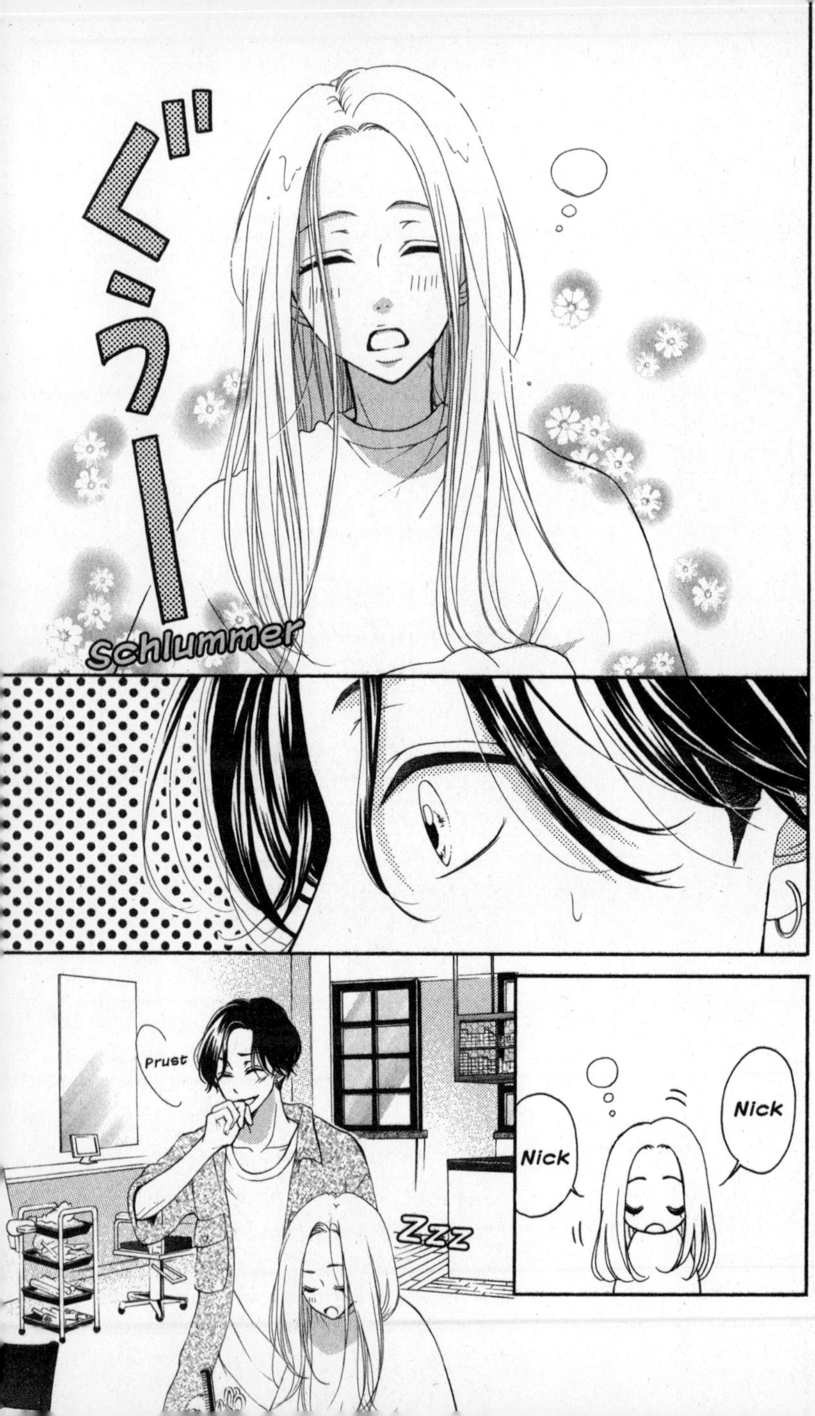
ぐぅー
Schlummer
Nick
Nick
Prust
Zzz

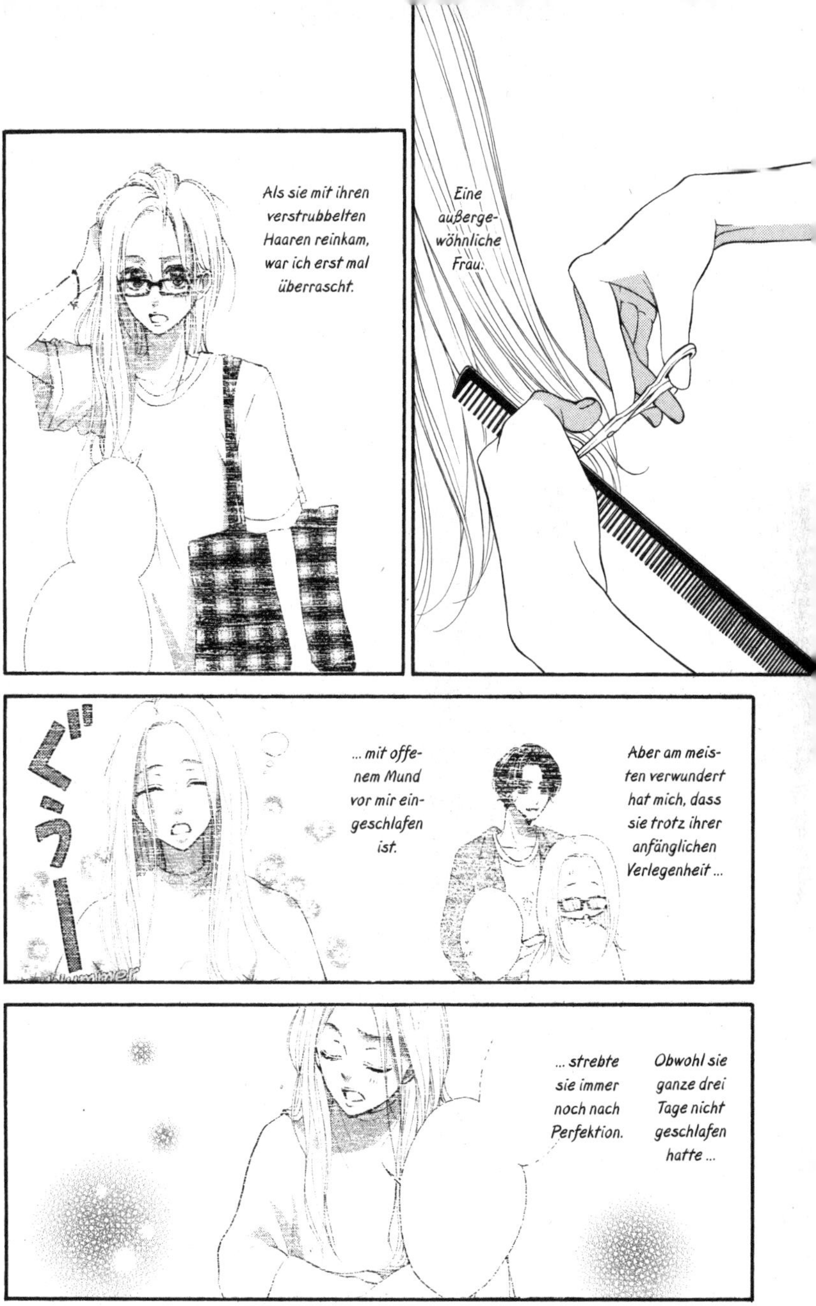
Eine außergewöhnliche Frau.
Als sie mit ihren verstrubbelten Haaren reinkam, war ich erst mal überrascht.
Aber am meisten verwundert hat mich, dass sie trotz ihrer anfänglichen Verlegenheit ...
... mit offenem Mund vor mir eingeschlafen ist.
Obwohl sie ganze drei Tage nicht geschlafen hatte ...
... strebte sie immer noch nach Perfektion.

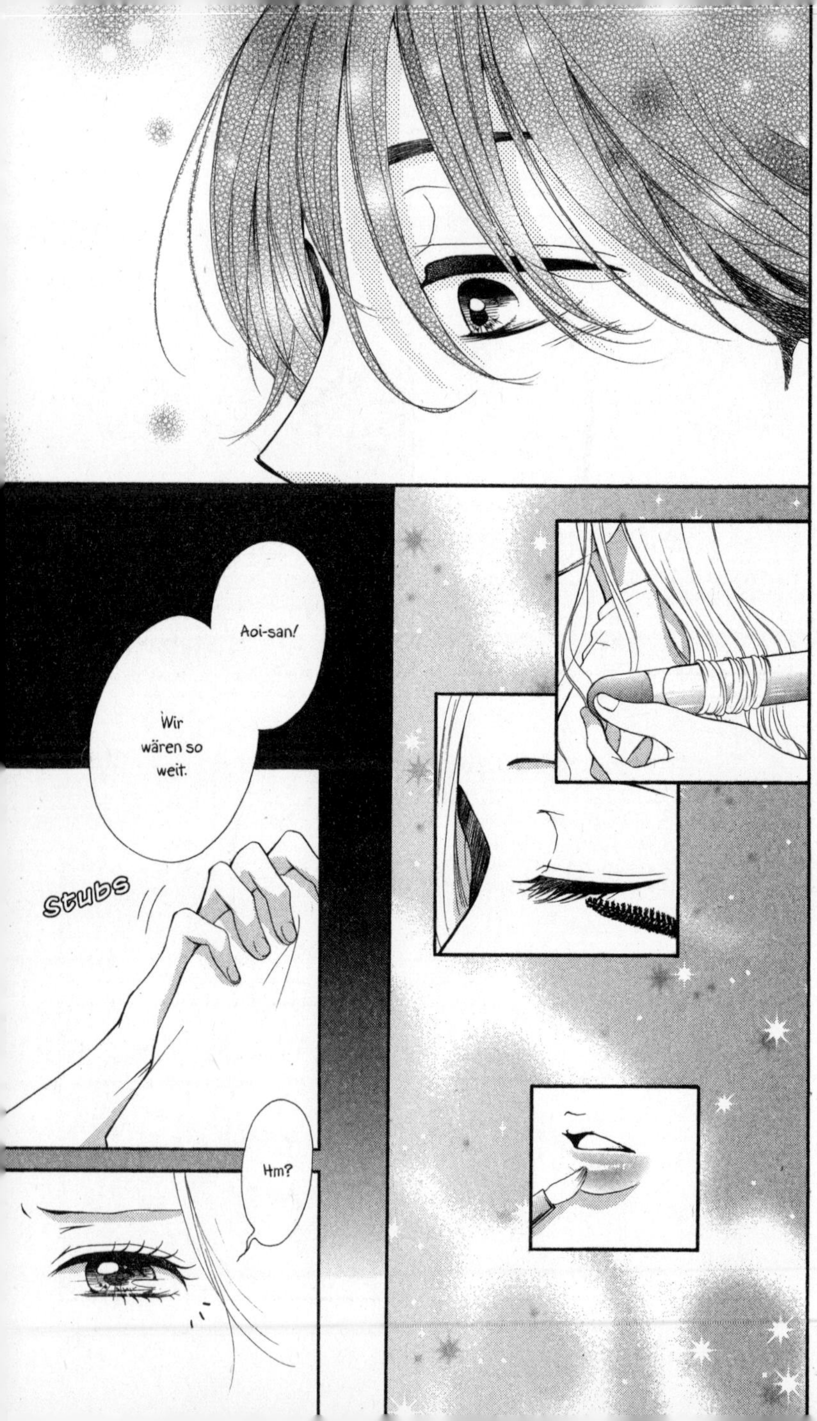
Aoi-san!
Wir wären so weit.
Stubs
Hm?

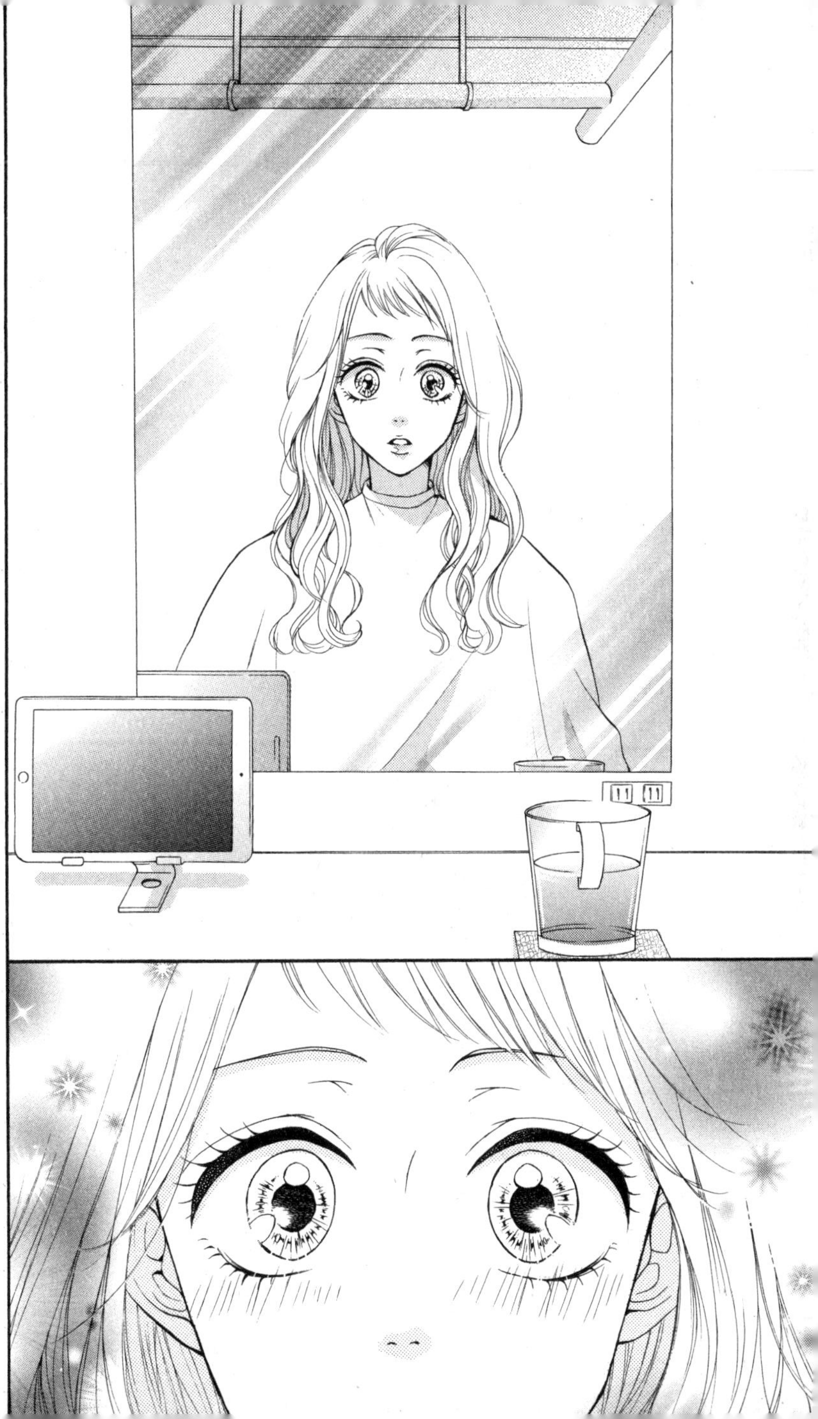

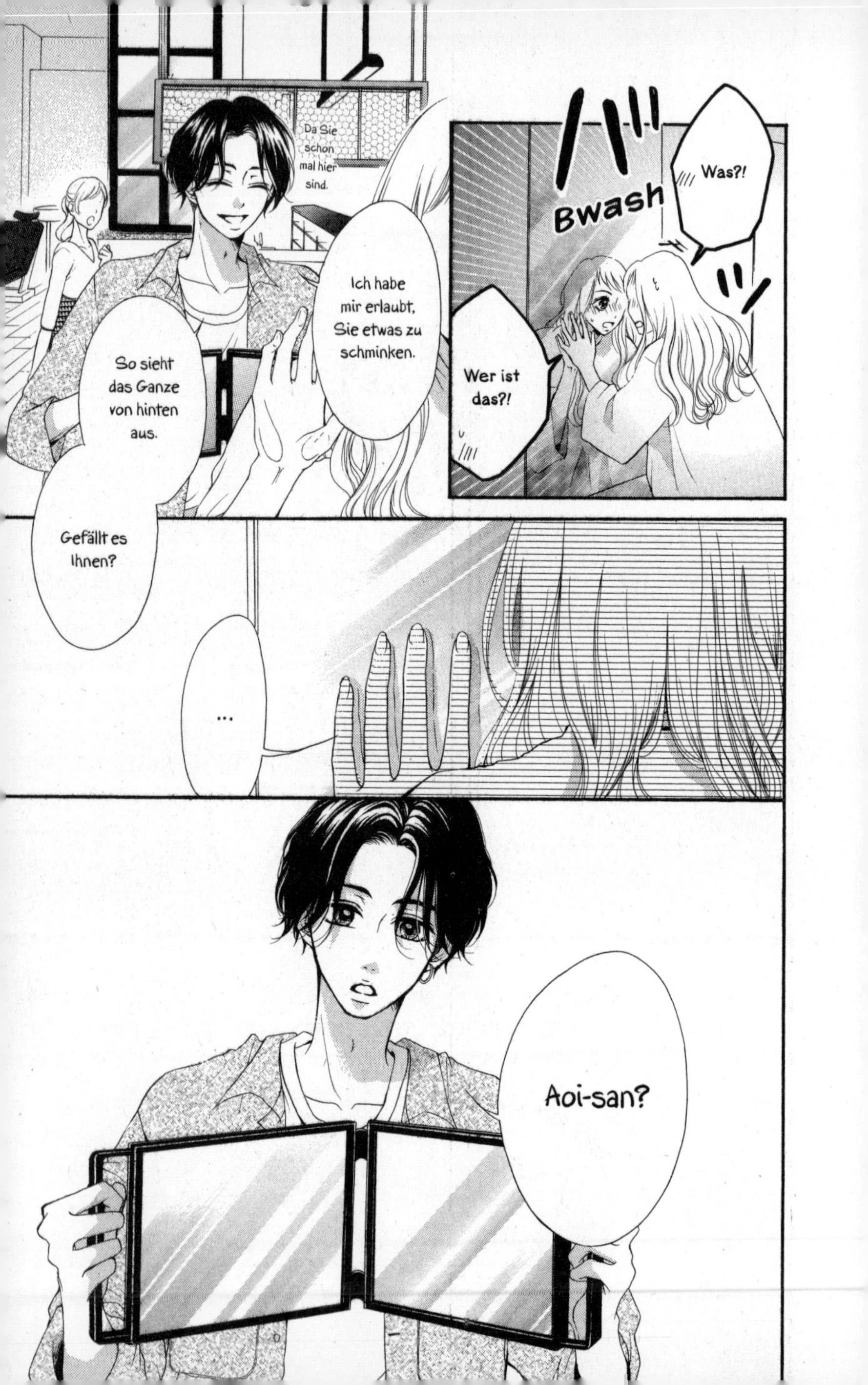
Bwash
Was?!
Wer ist das?!
Da Sie schon mal hier sind.
Ich habe mir erlaubt, Sie etwas zu schminken.
So sieht das Ganze von hinten aus.
Gefällt es Ihnen?
...
Aoi-san?

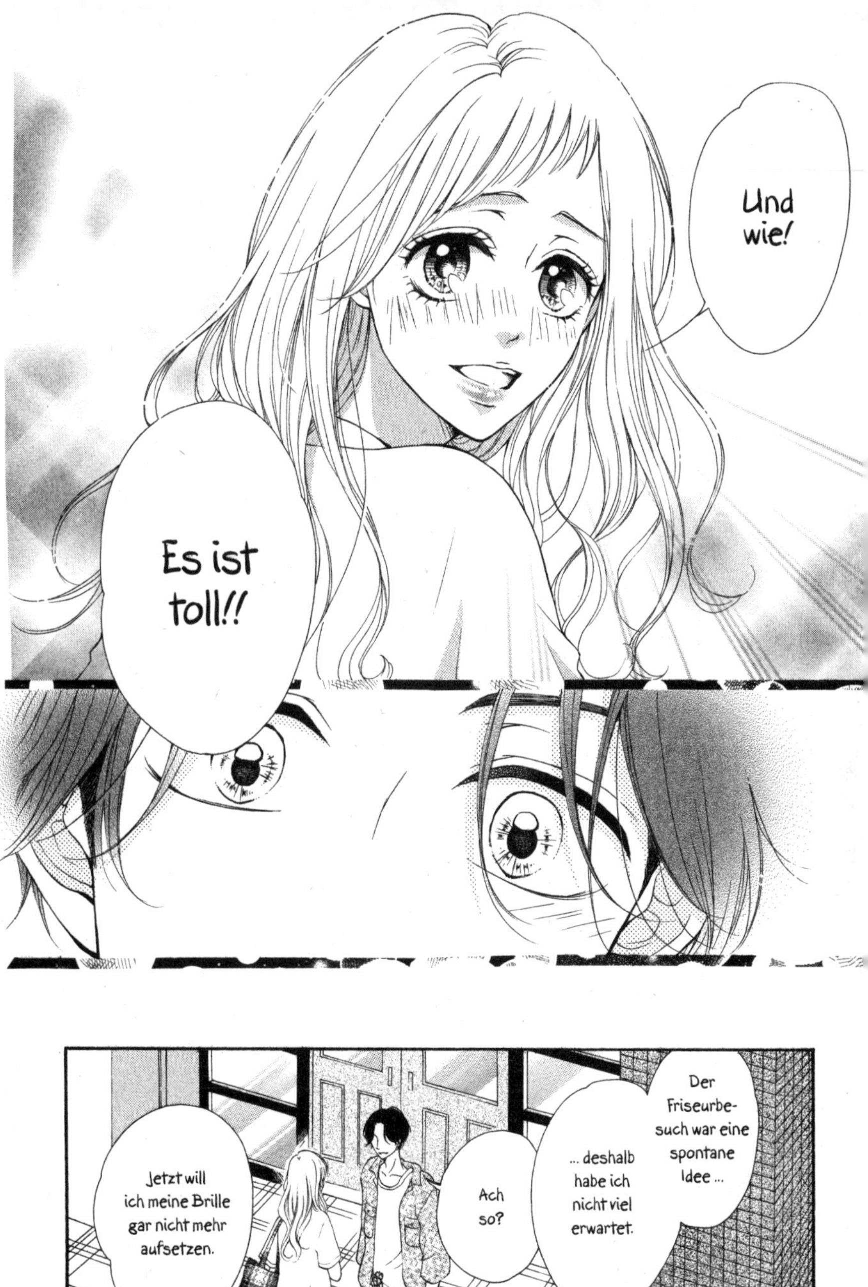
Und wie!
Es ist toll!!
Der Friseurbe-such war eine spontane Idee …
… deshalb habe ich nicht viel erwartet.
Ach so?
Jetzt will ich meine Brille gar nicht mehr aufsetzen.

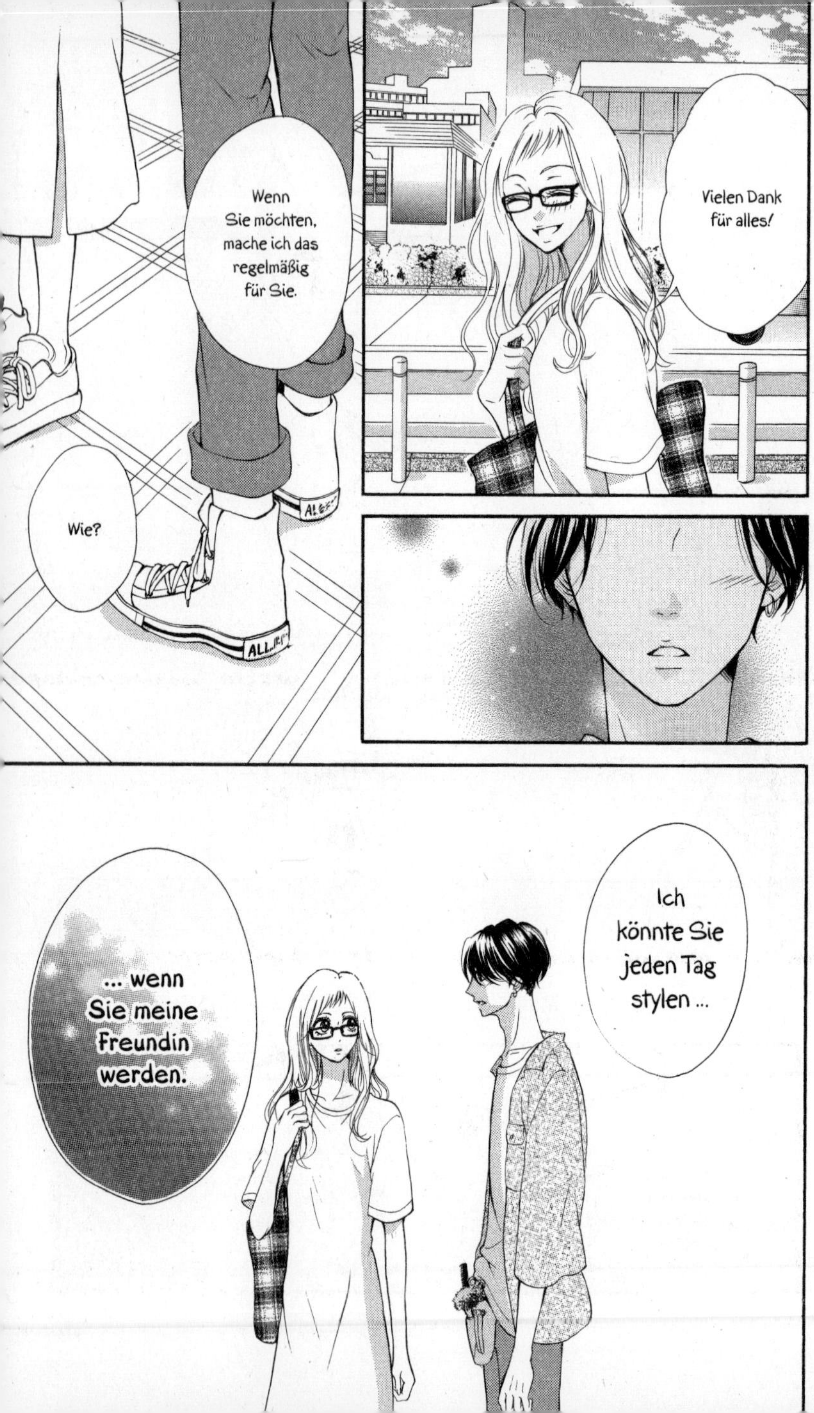
Vielen Dank für alles!
Wenn Sie möchten, mache ich das regelmäßig für Sie.
Wie?
Ich könnte Sie jeden Tag stylen ...
... wenn Sie meine Freundin werden.

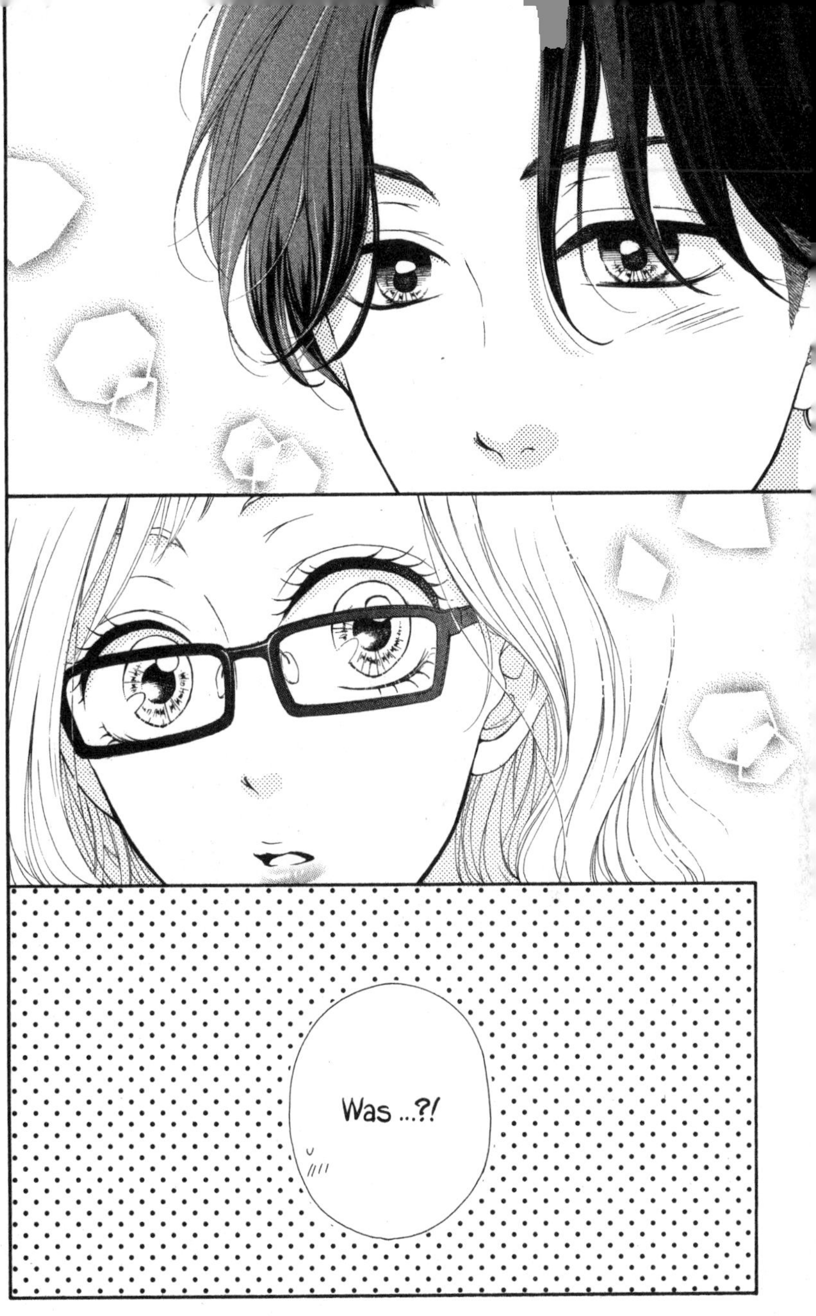
Was ...?!

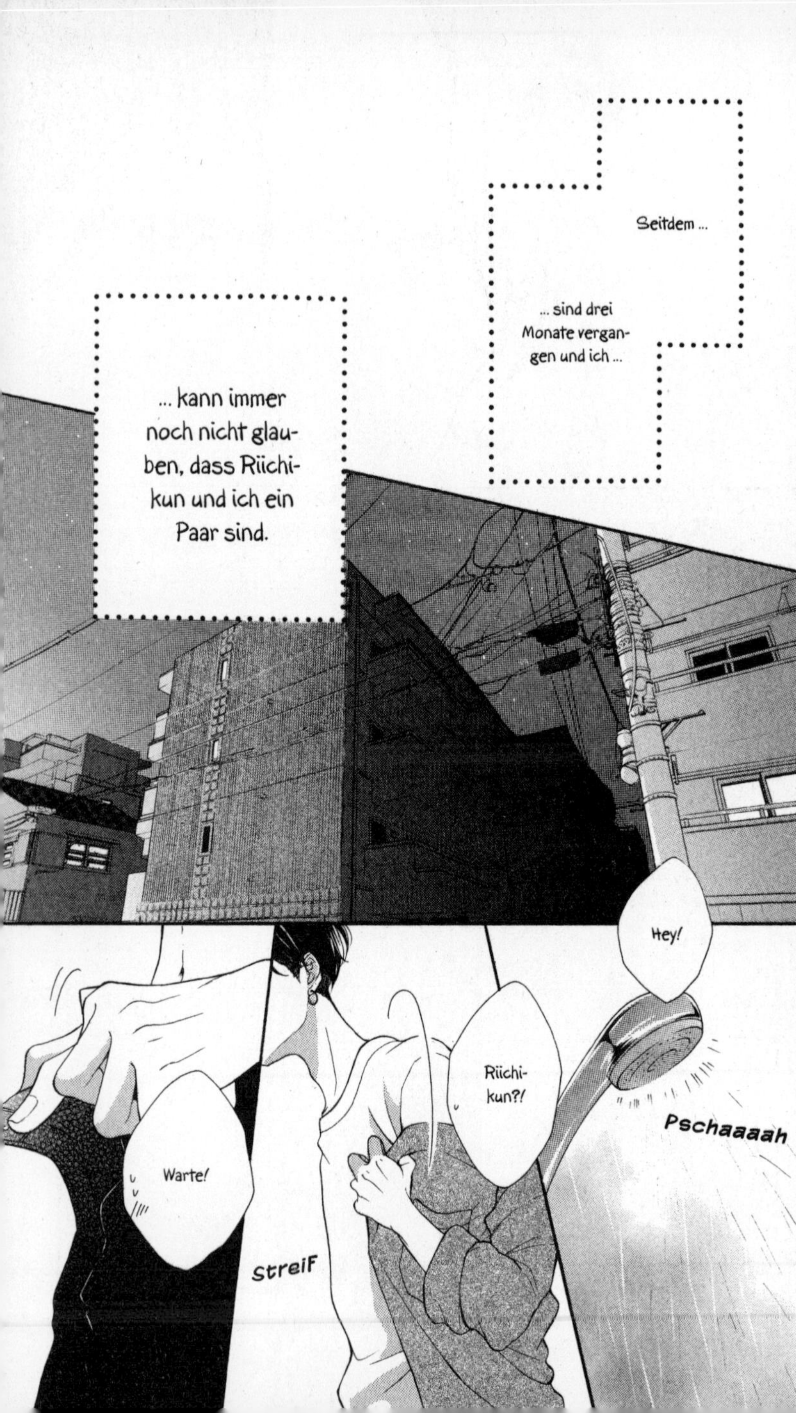

Seitdem ...
... sind drei Monate vergangen und ich ...
... kann immer noch nicht glauben, dass Riichi-kun und ich ein Paar sind.
Hey!
Pschaaaah
Riichi-kun?!
Warte!
Streif

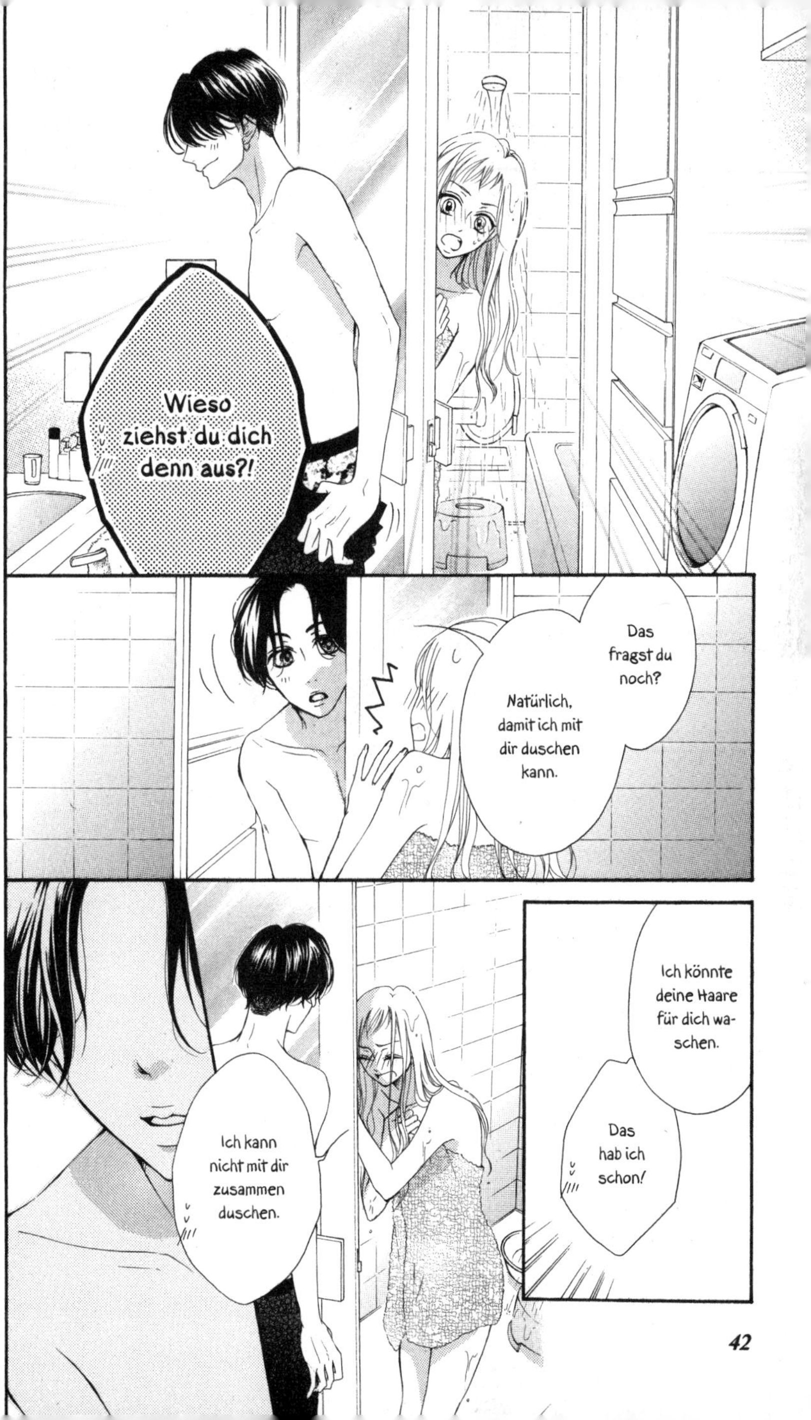
Wieso ziehst du dich denn aus?!
Das fragst du noch?
Natürlich, damit ich mit dir duschen kann.
Ich könnte deine Haare für dich waschen.
Das hab ich schon!
Ich kann nicht mit dir zusammen duschen.

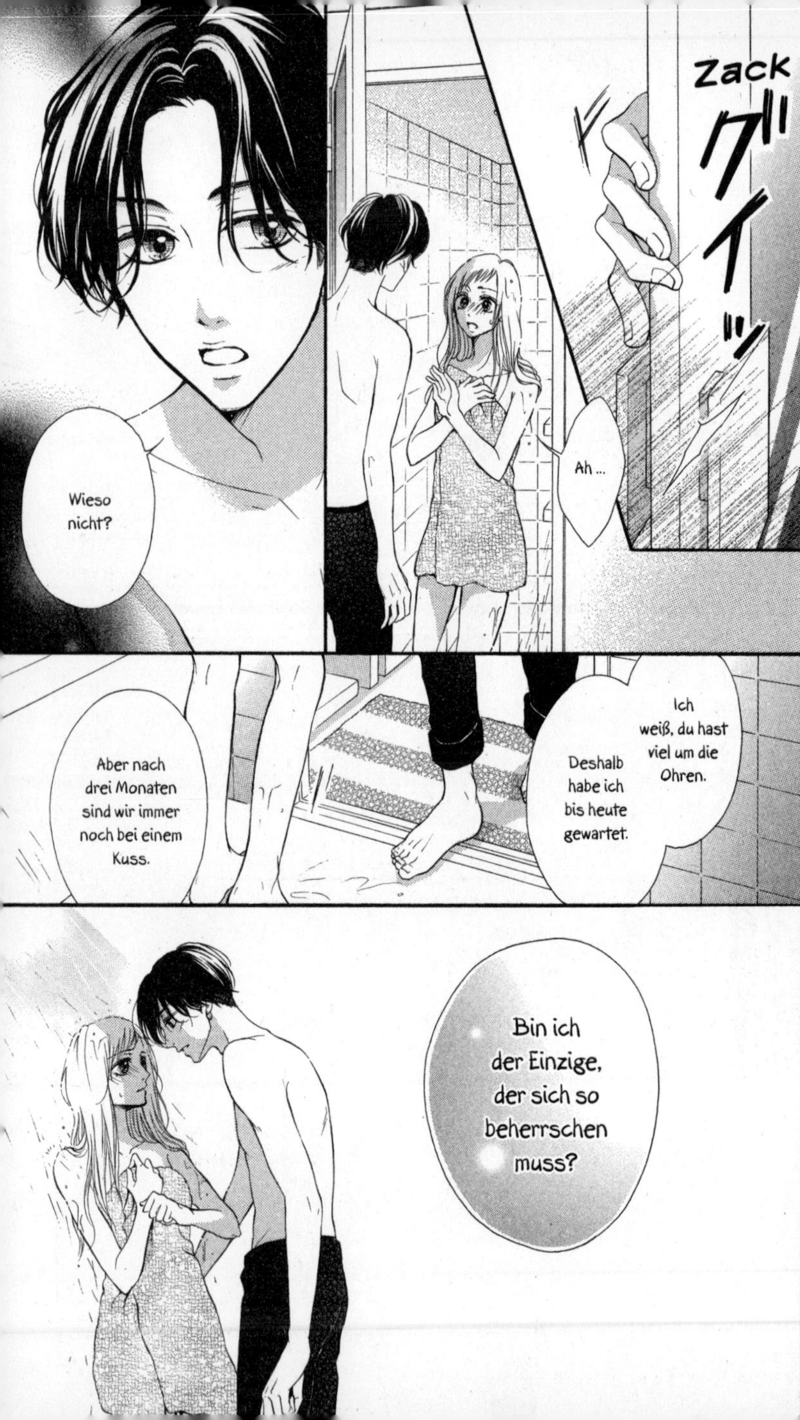
Zack
グイッ
Ah ...
Wieso nicht?
Ich weiß, du hast viel um die Ohren.
Deshalb habe ich bis heute gewartet.
Aber nach drei Monaten sind wir immer noch bei einem Kuss.
Bin ich der Einzige, der sich so beherrschen muss?

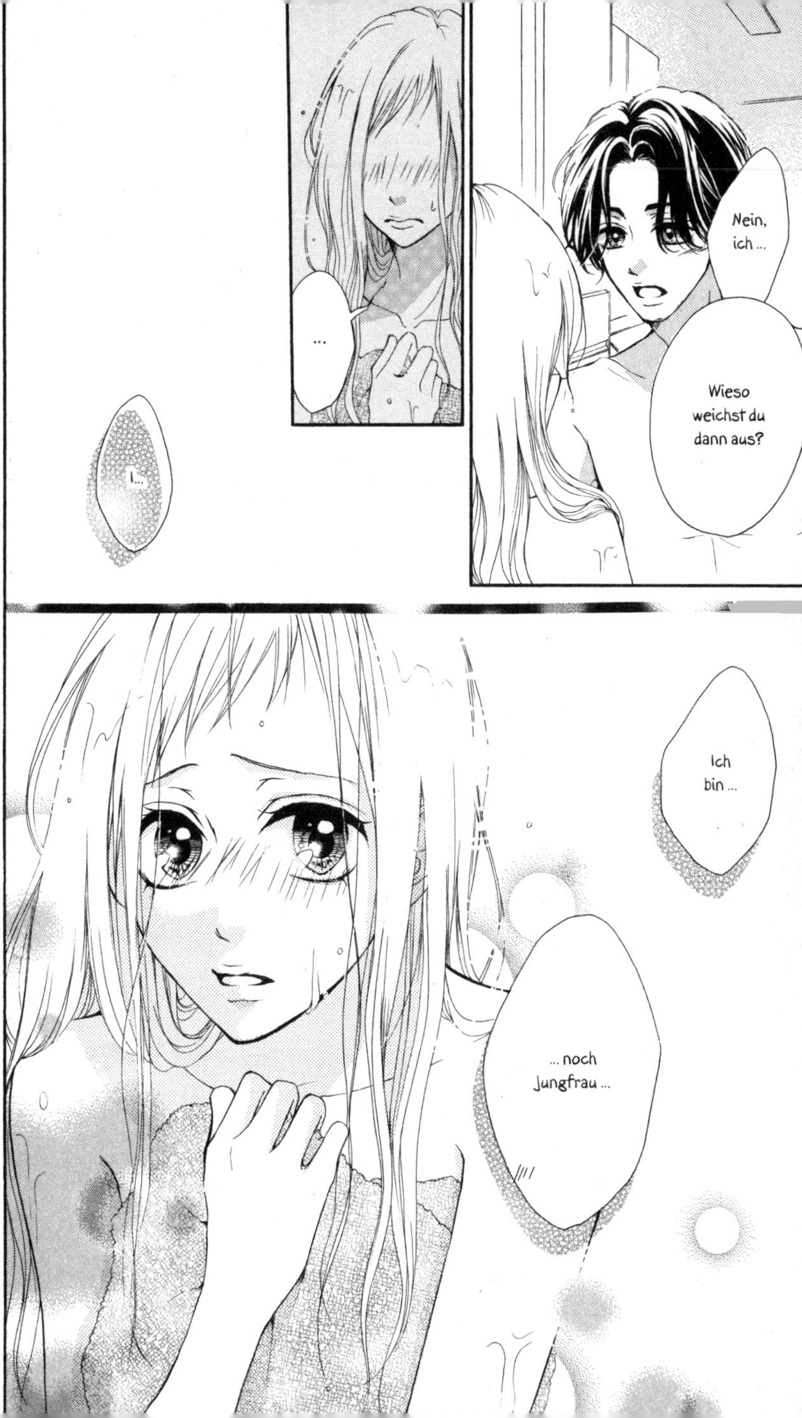
Nein, ich ...
Wieso weichst du dann aus?
...
I...
Ich bin ...
... noch Jungfrau ...

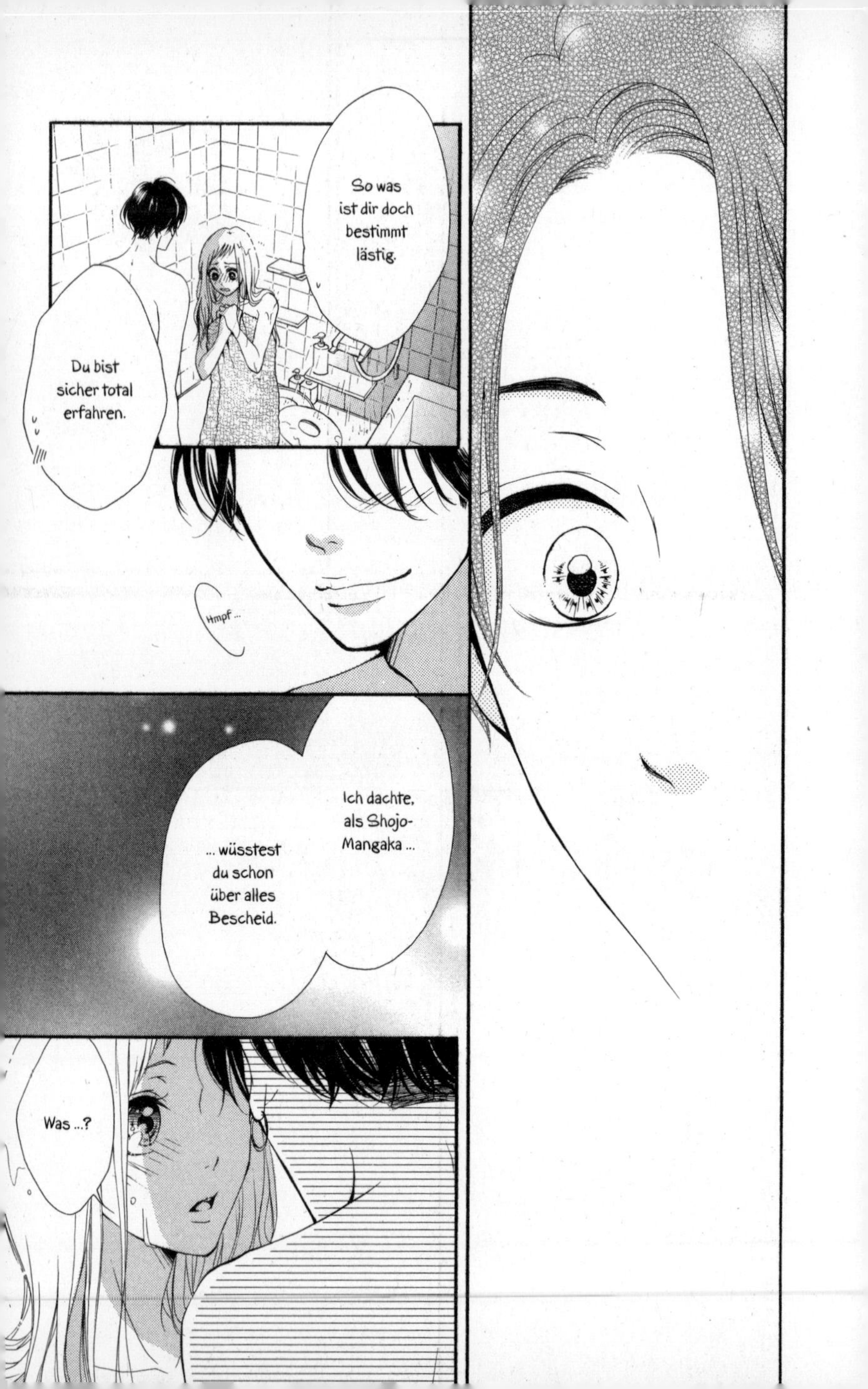
So was ist dir doch bestimmt lästig.
Du bist sicher total erfahren.
Hmpf ...
Ich dachte, als Shojo-Mangaka ...
... wüsstest du schon über alles Bescheid.
Was ...?

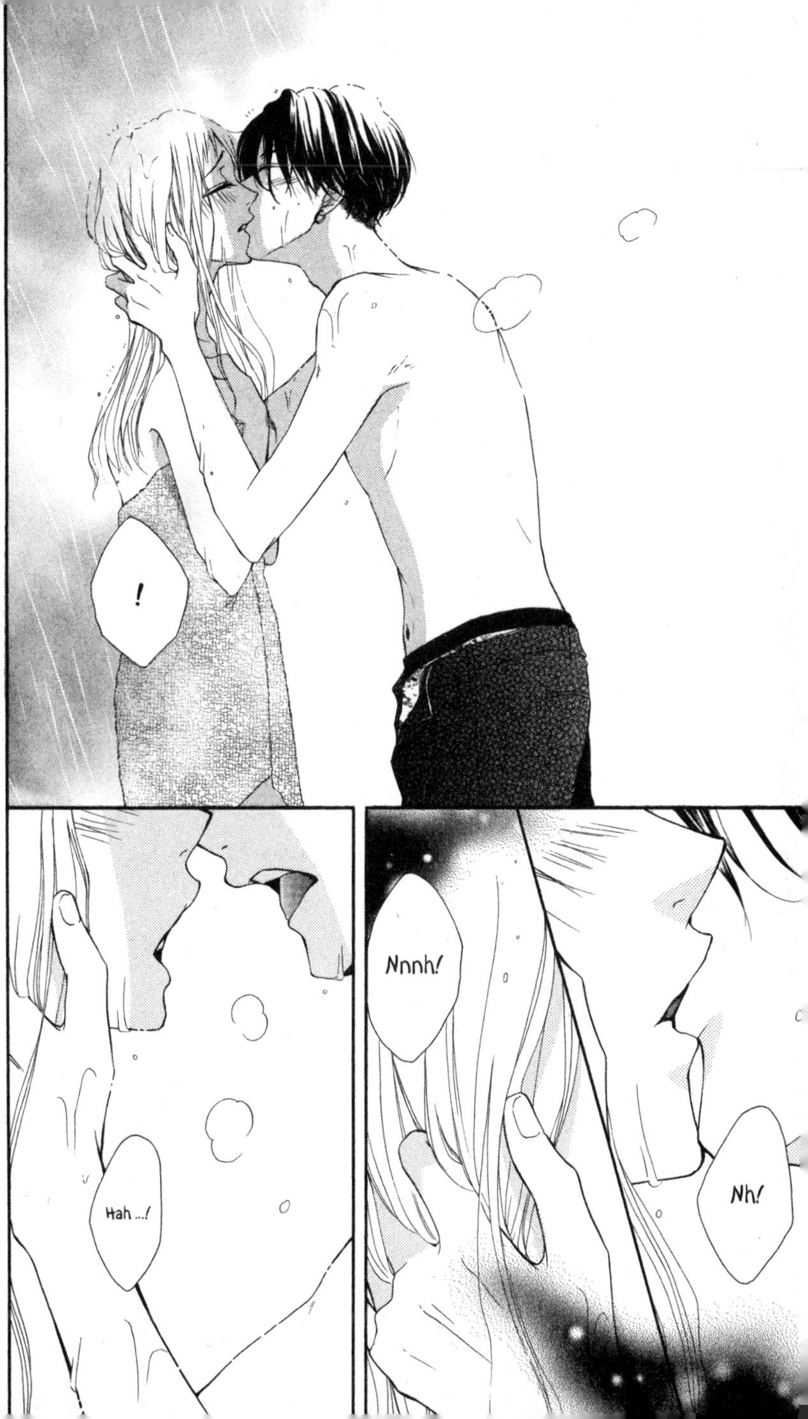
!
Nnnh!
Nh!
Hah ...!

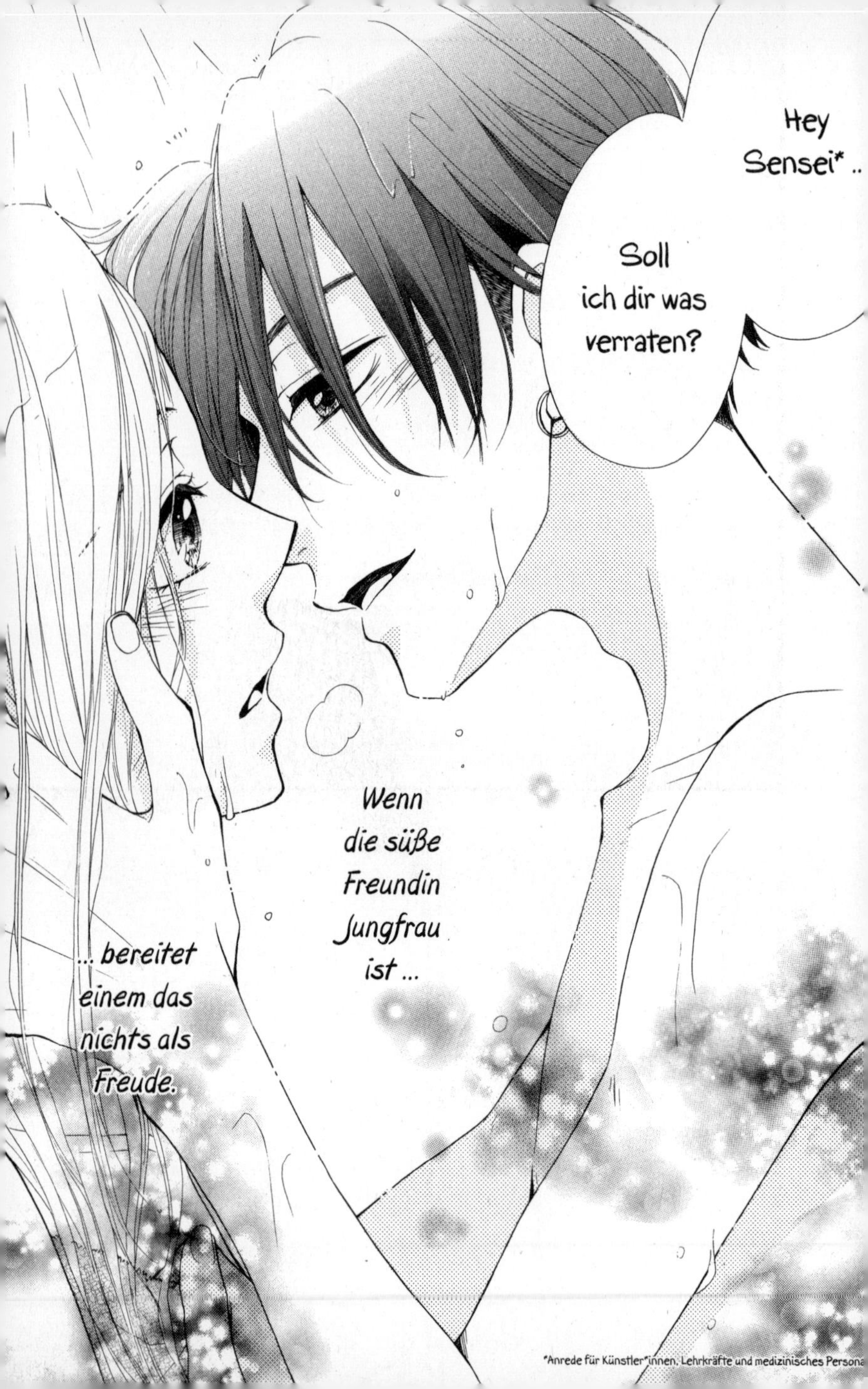


*Anrede für Künstler*innen, Lehrkräfte und medizinisches Persona

# Charaktervorstellung Teil ①

- **Hana Aoi** (Pseudonym Ao Hanai)

Ha na Ao I → Ao Ha na I

(Silbe des Vor- und Nachnamens wurden ausgetauscht. Selbst ich komme da durcheinander.)

- Geboren am 18. Februar, Blutgruppe AB
- Shojo-Mangaka (Hatte im dritten Jahr der Highschool* mit 18 ihr Debüt.)

*entspricht der 12. Klasse

- Multitasking ist nicht ihre Stärke.
  Vor allem wenn es ums Zeichnen geht.
- Unerfahren, was Beziehungen angeht ↙ Sie kann leider auch nicht gut kochen ...
- Wenn man sie beim Zeichnen allein lässt, isst sie tagelang nichts. Riichi macht sich deshalb schon Sorgen.
- Sie ist zwar mit Riichi zusammen, aber Manga kommen bei ihr an erster Stelle. (Deshalb lässt sie ihn manchmal links liegen ... )

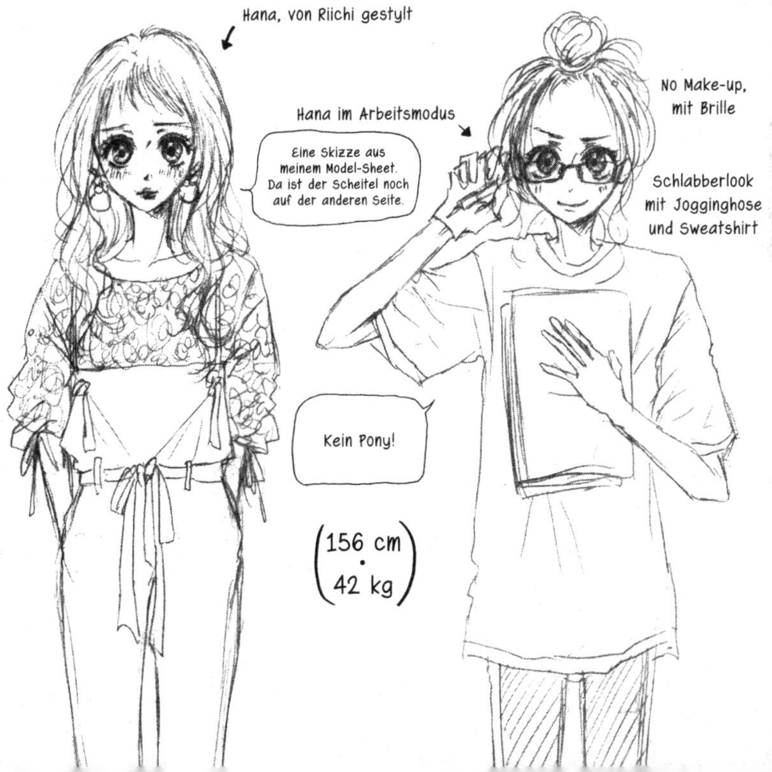

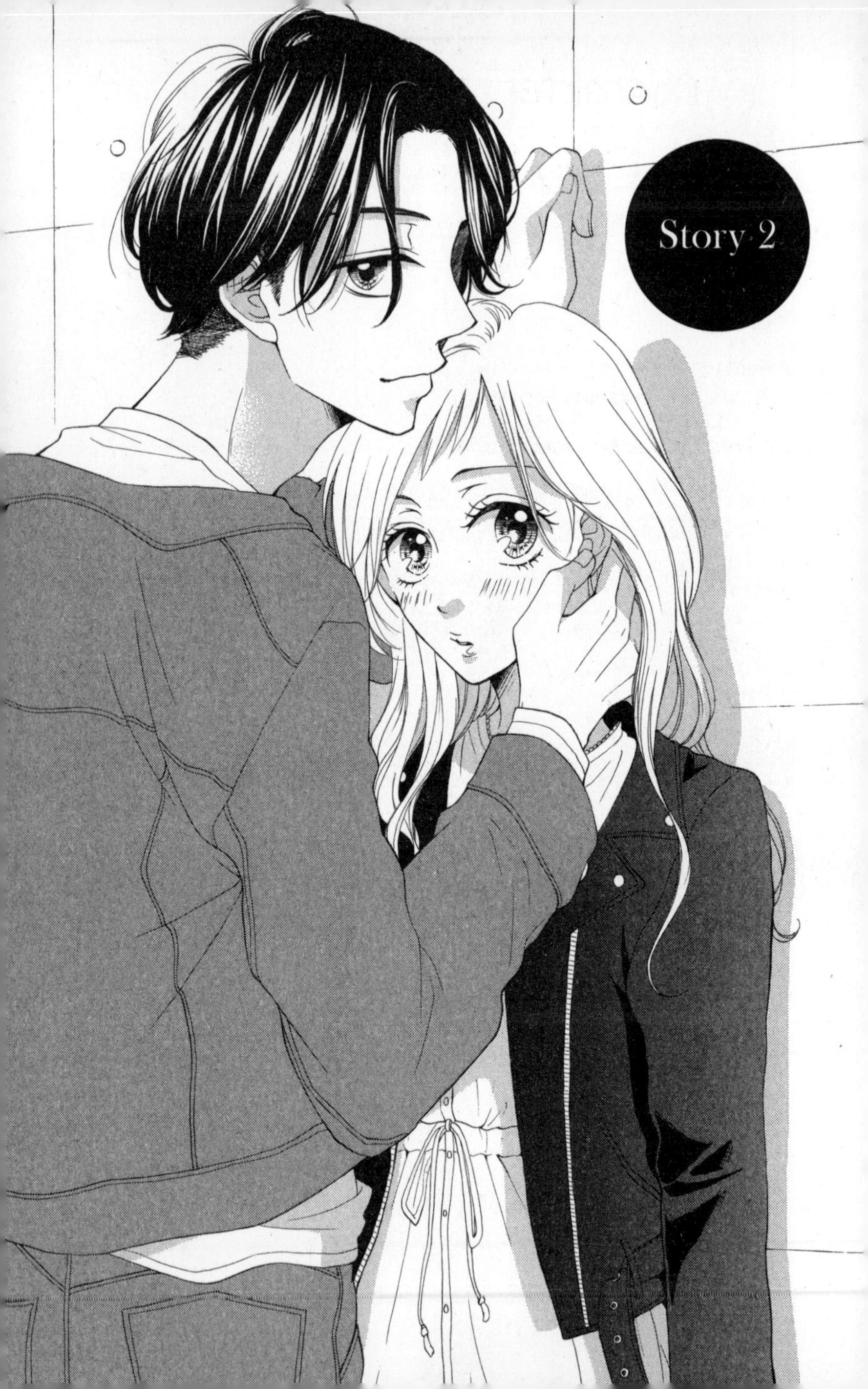
Story 2

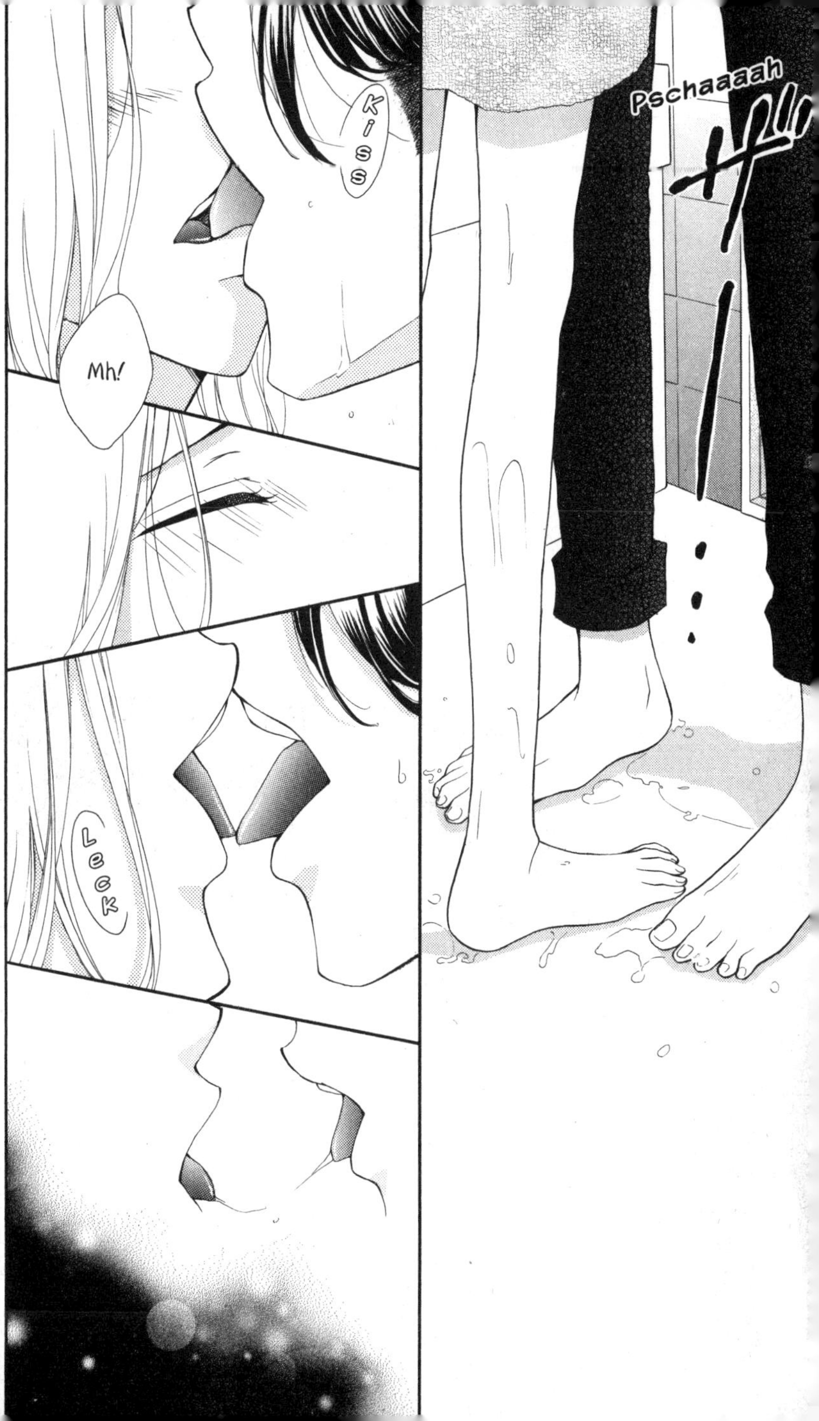

Pschaaaah
Kiss
Mh!
Leck

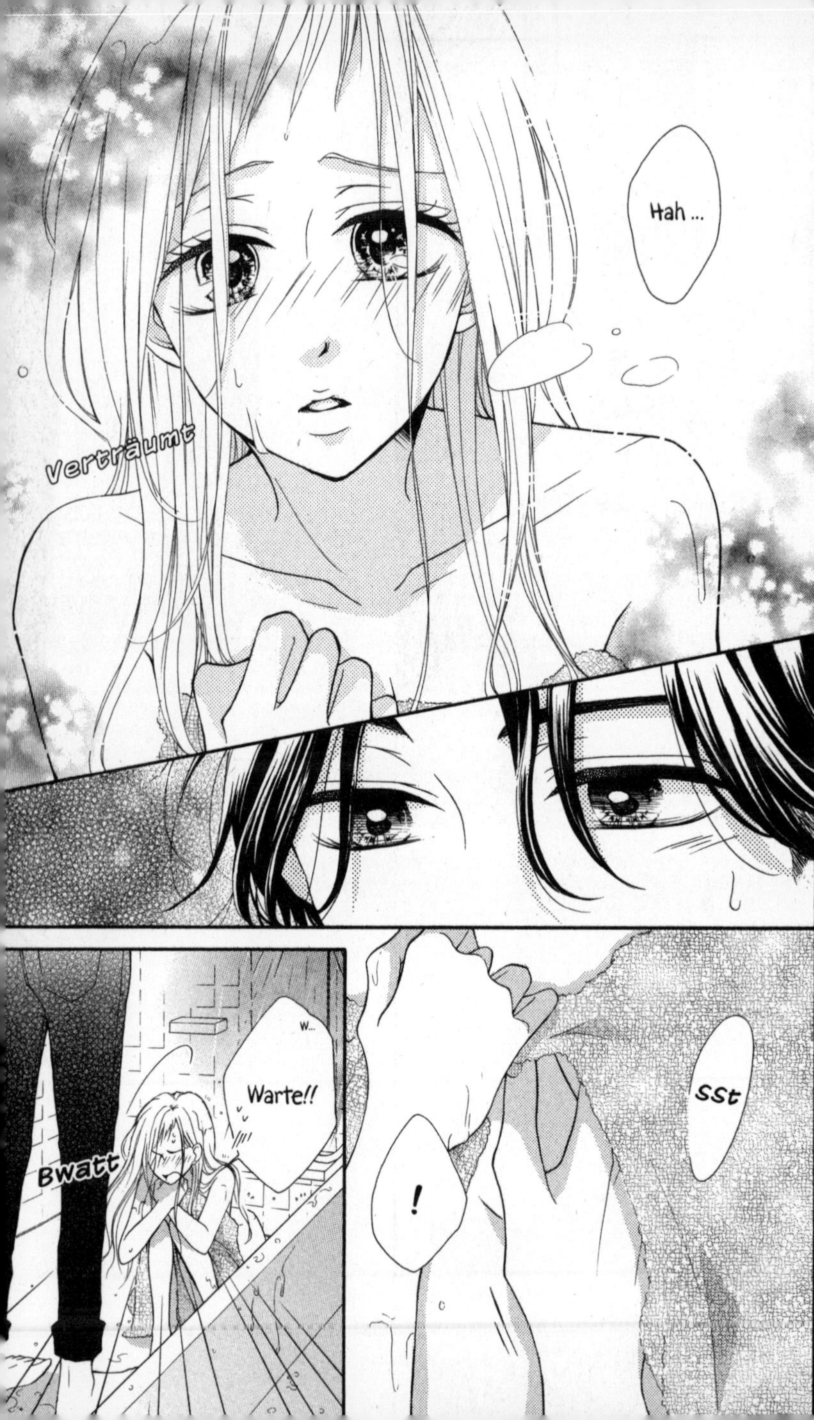
Hah ...
Verträumt
Sst
!
W...
Warte!!
Bwatt

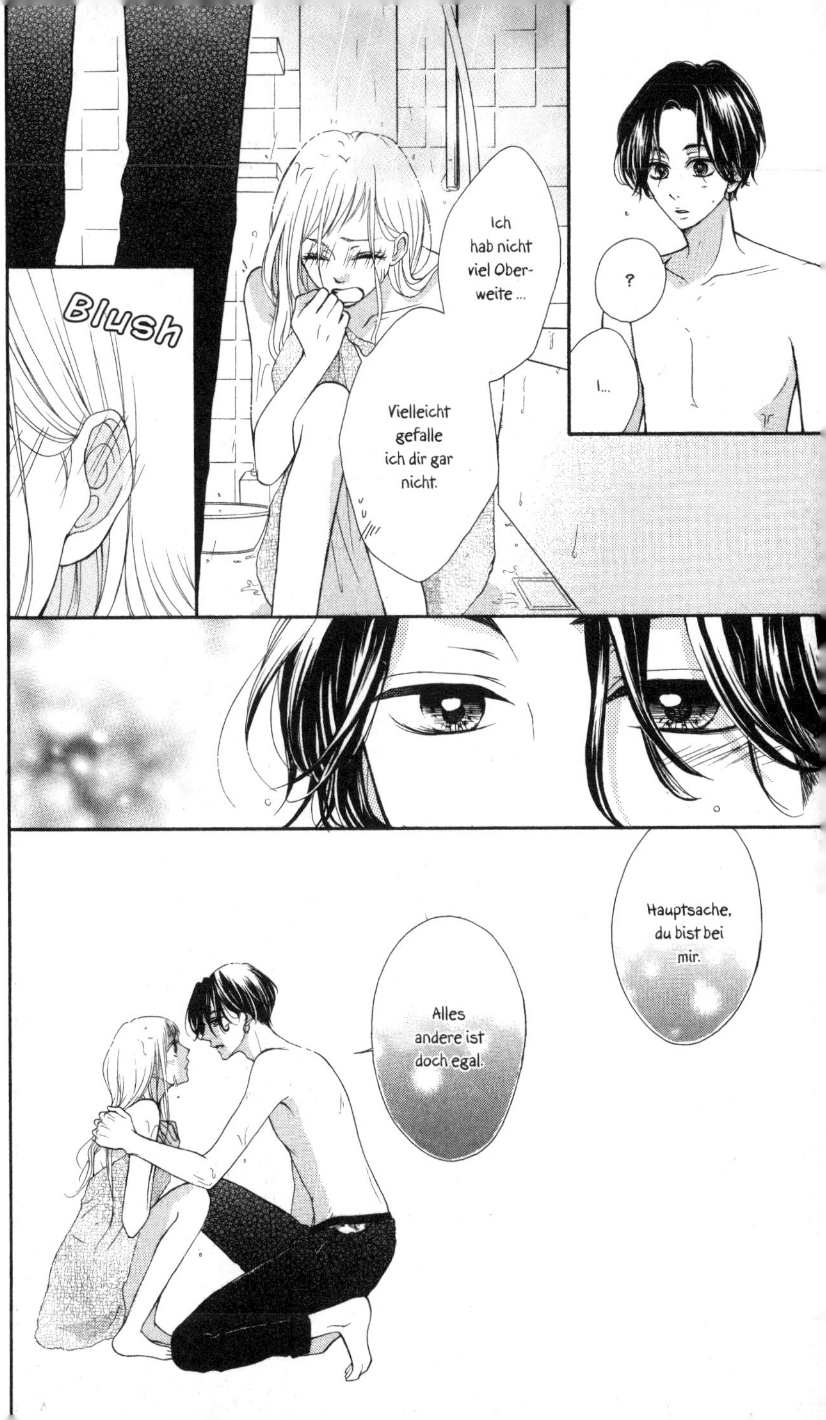
?
I...
Ich hab nicht viel Ober-weite ...
Vielleicht gefalle ich dir gar nicht.
Blush
Hauptsache, du bist bei mir.
Alles andere ist doch egal.

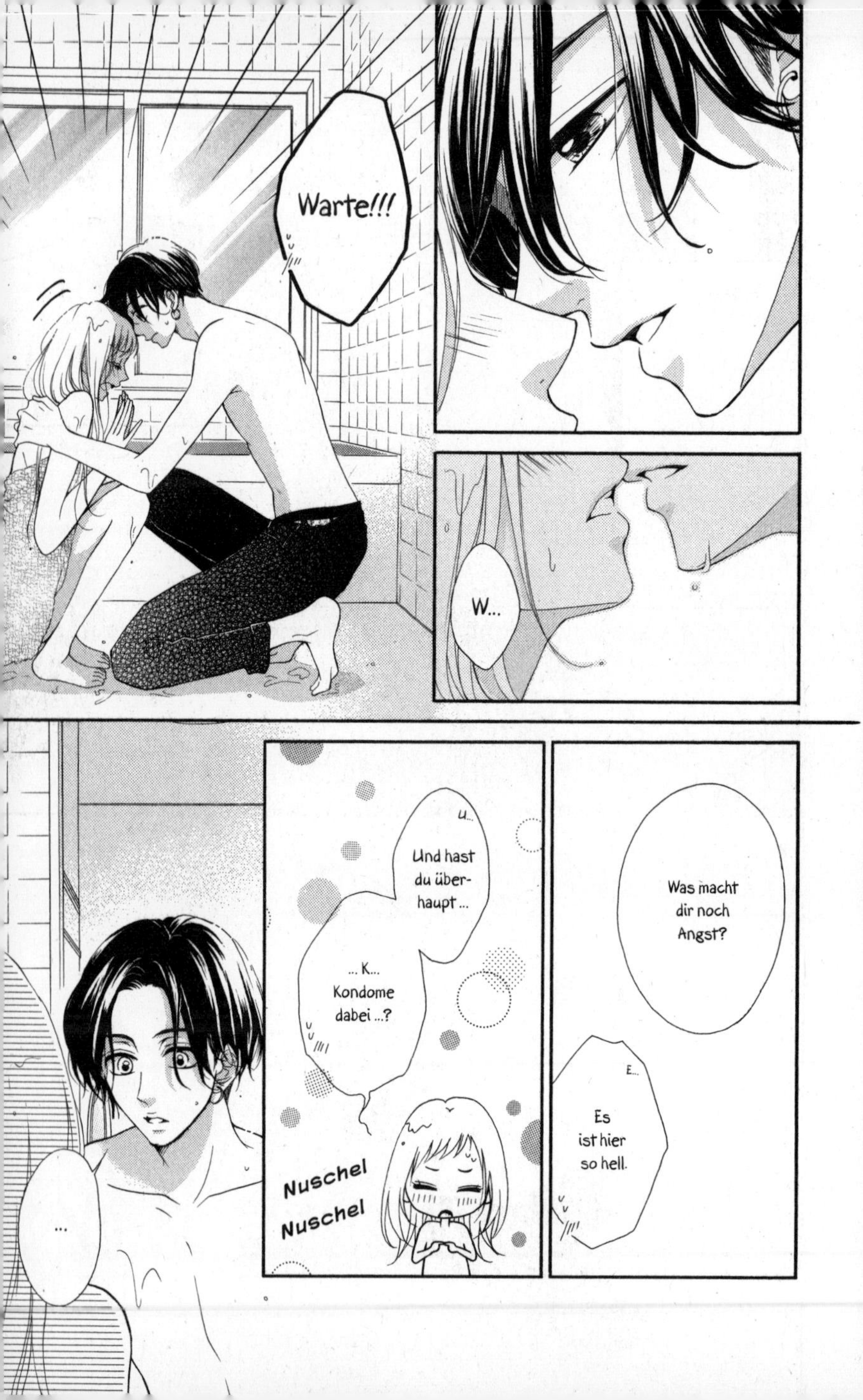
W...
Warte!!!
Was macht dir noch Angst?
E... Es ist hier so hell.
U... Und hast du überhaupt ...
... K... Kondome dabei ...?
Nuschel Nuschel
...

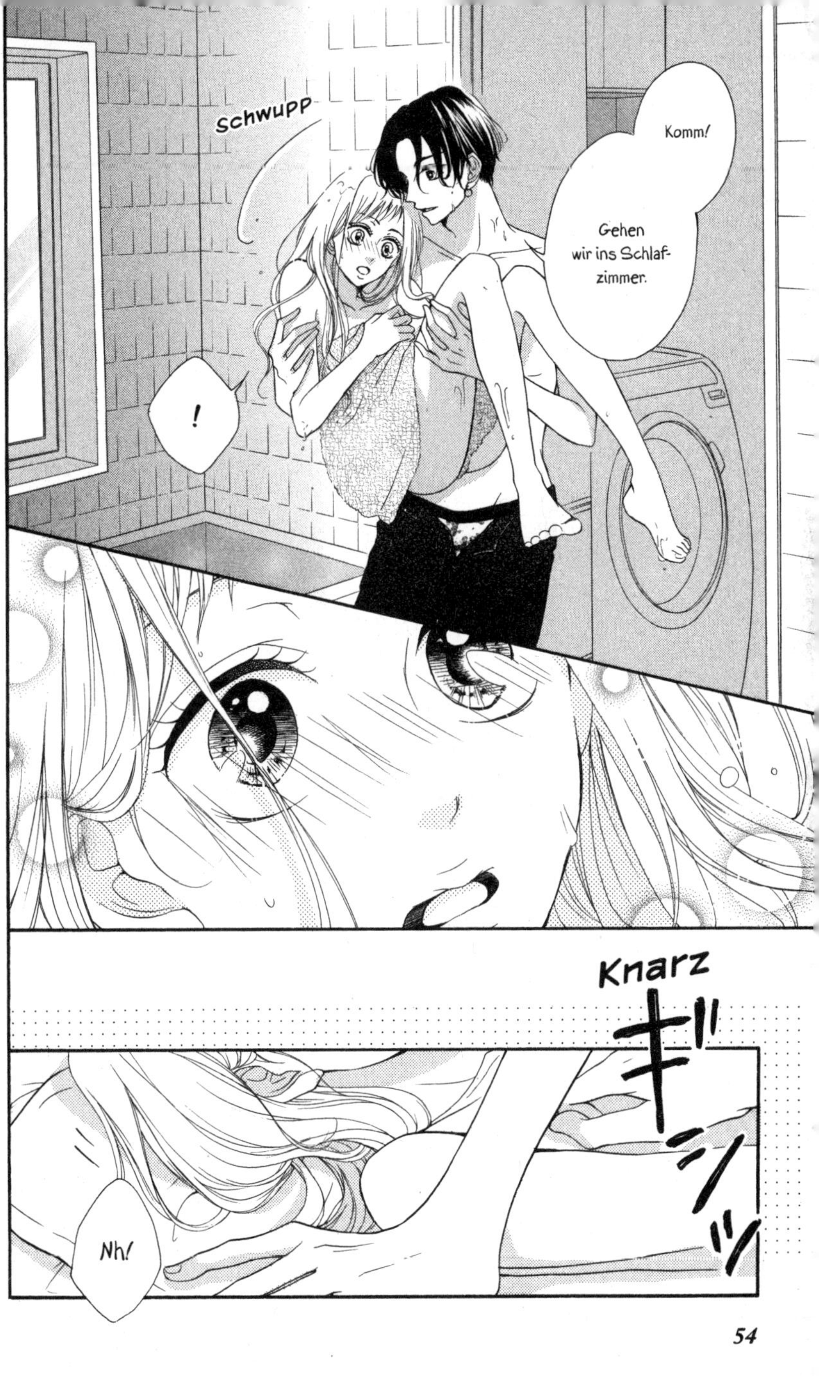
Komm!
Gehen wir ins Schlaf-zimmer.
Schwupp
!
Knarz
ギシッ
Nh!

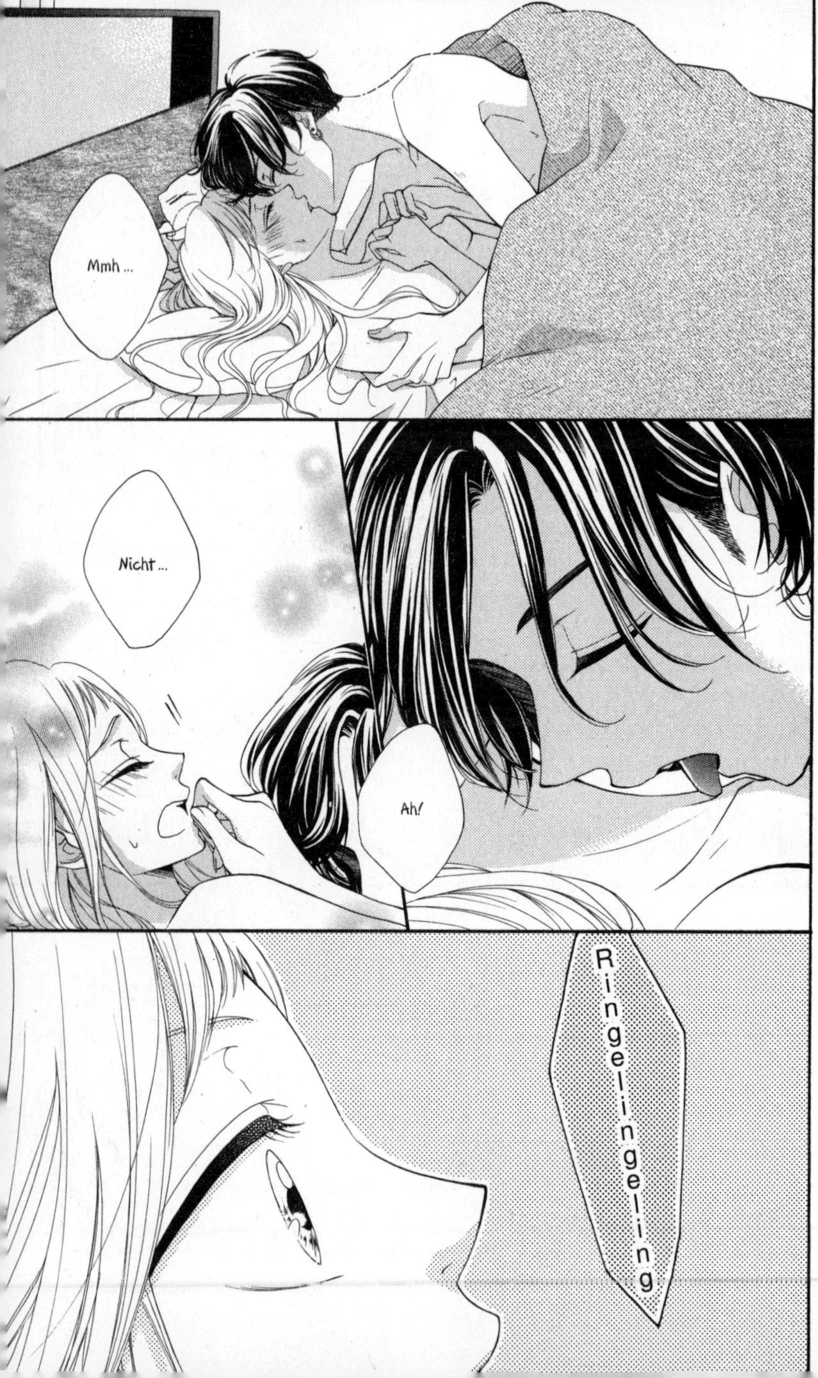
Mmh ...
Nicht ...
Ah!
Ringelingeling

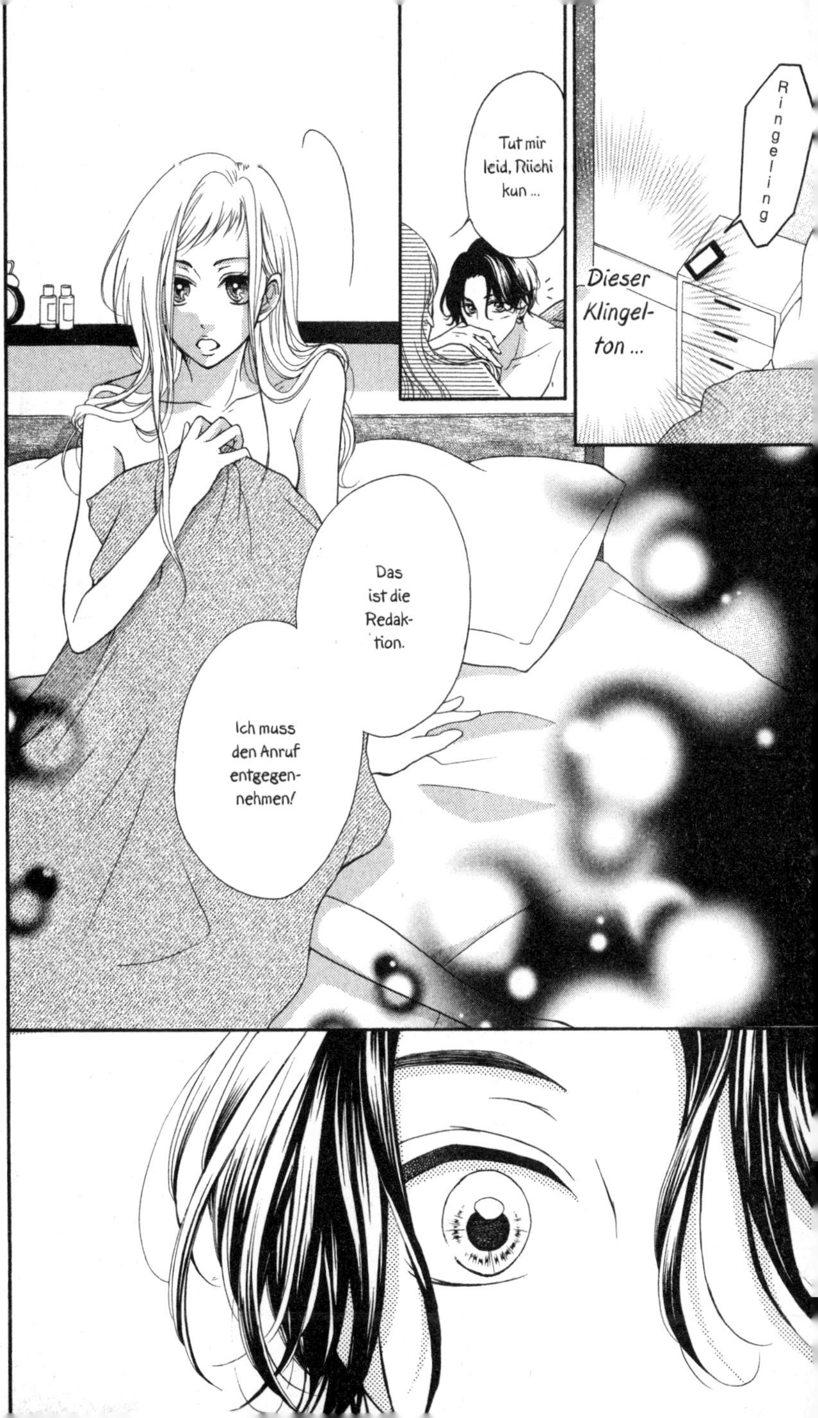
Ringeling
Dieser Klingelton ...
Tut mir leid, Riichi kun ...
Das ist die Redaktion.
Ich muss den Anruf entgegennehmen!

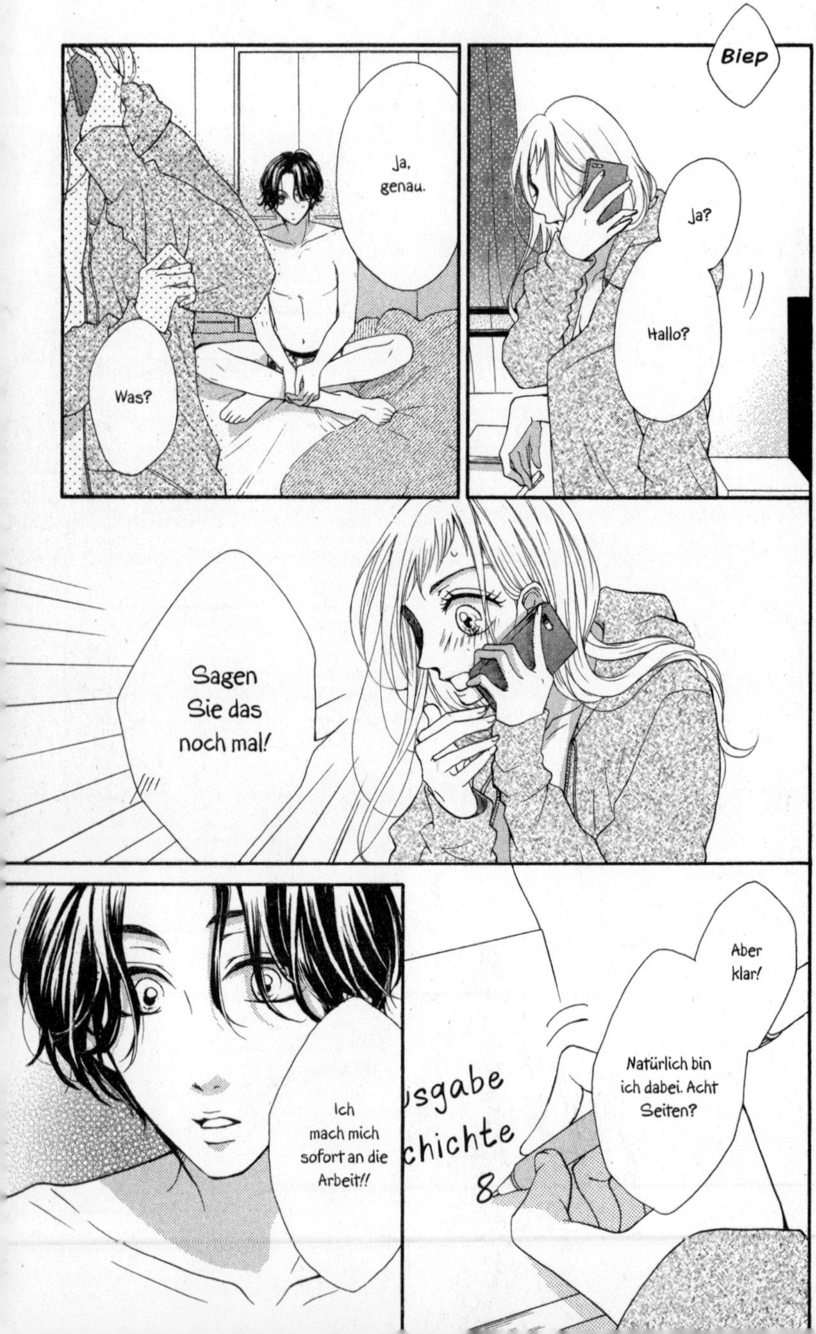
Biep
Ja?
Hallo?
Ja, genau.
Was?
Sagen Sie das noch mal!
Aber klar!
Natürlich bin ich dabei. Acht Seiten?
Ich mach mich sofort an die Arbeit!!

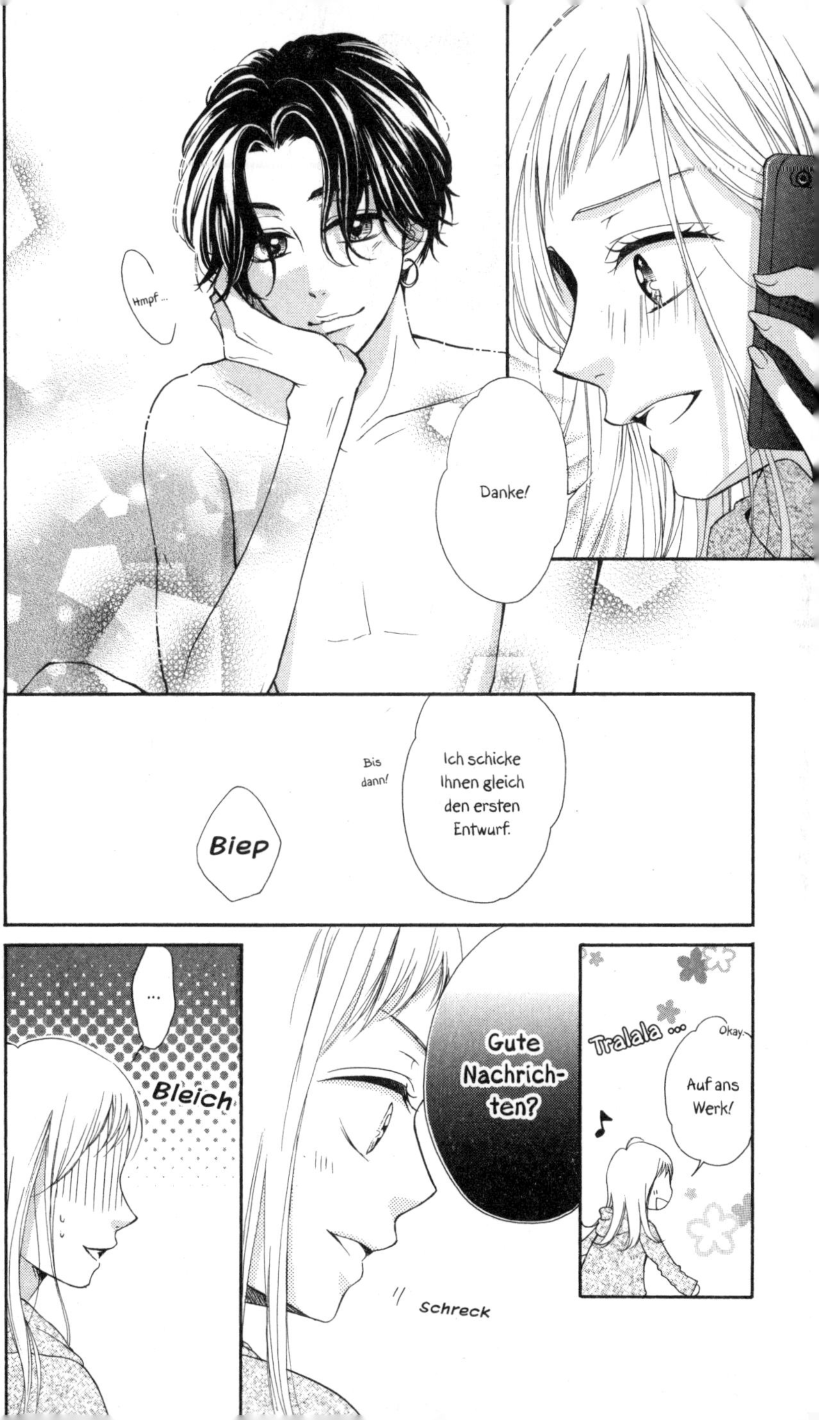

Danke!
Hmpf ...
Ich schicke Ihnen gleich den ersten Entwurf.
Bis dann!
Biep
Okay.
Auf ans Werk!
Tralala ...
Gute Nachrichten?
Schreck
...
Bleich

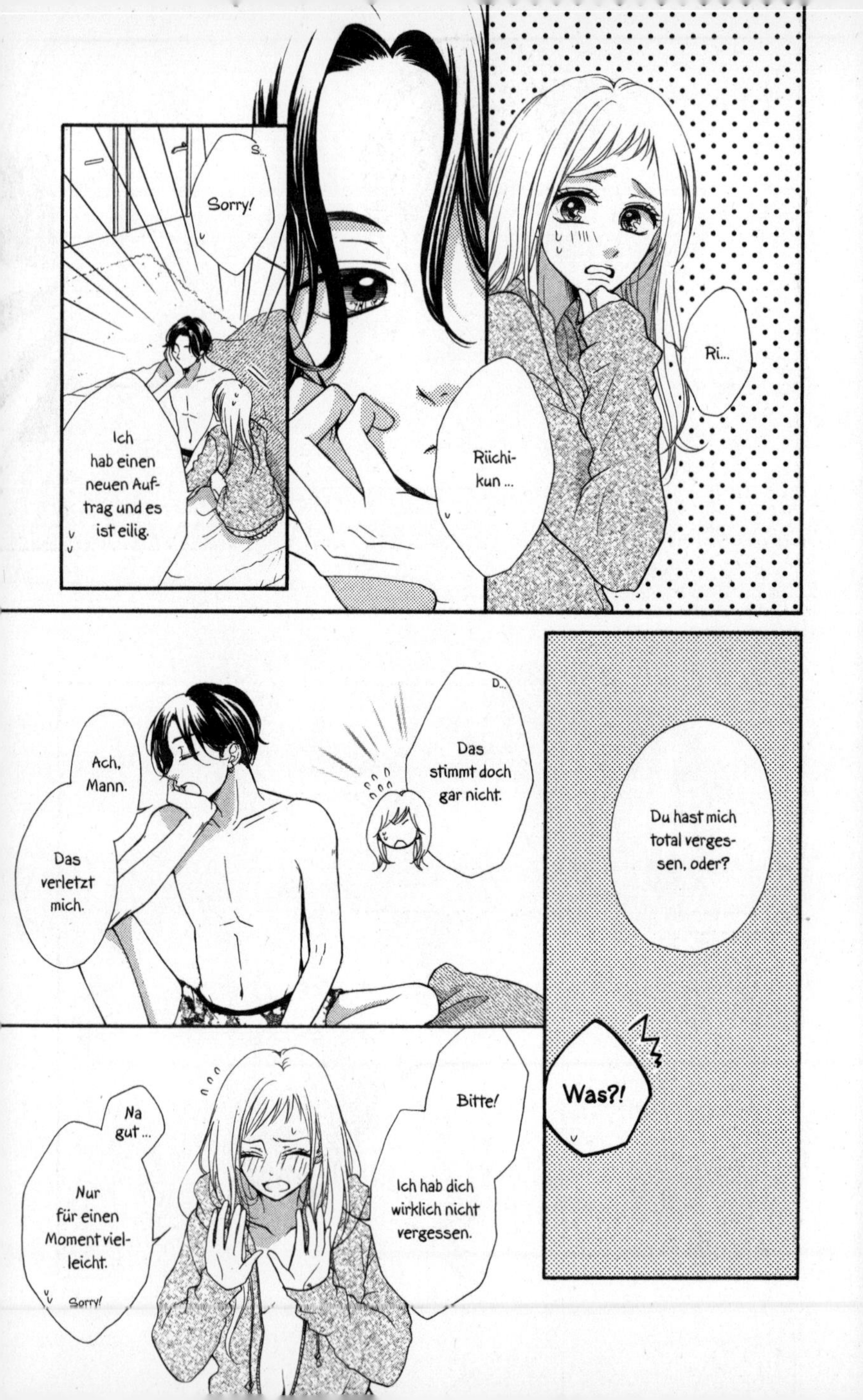
Ri...
Riichi-kun ...
S... Sorry!
Ich hab einen neuen Auftrag und es ist eilig.
Du hast mich total vergessen, oder?
D... Das stimmt doch gar nicht.
Ach, Mann.
Das verletzt mich.
Was?!
Bitte!
Ich hab dich wirklich nicht vergessen.
Na gut ...
Nur für einen Moment vielleicht.
Sorry!

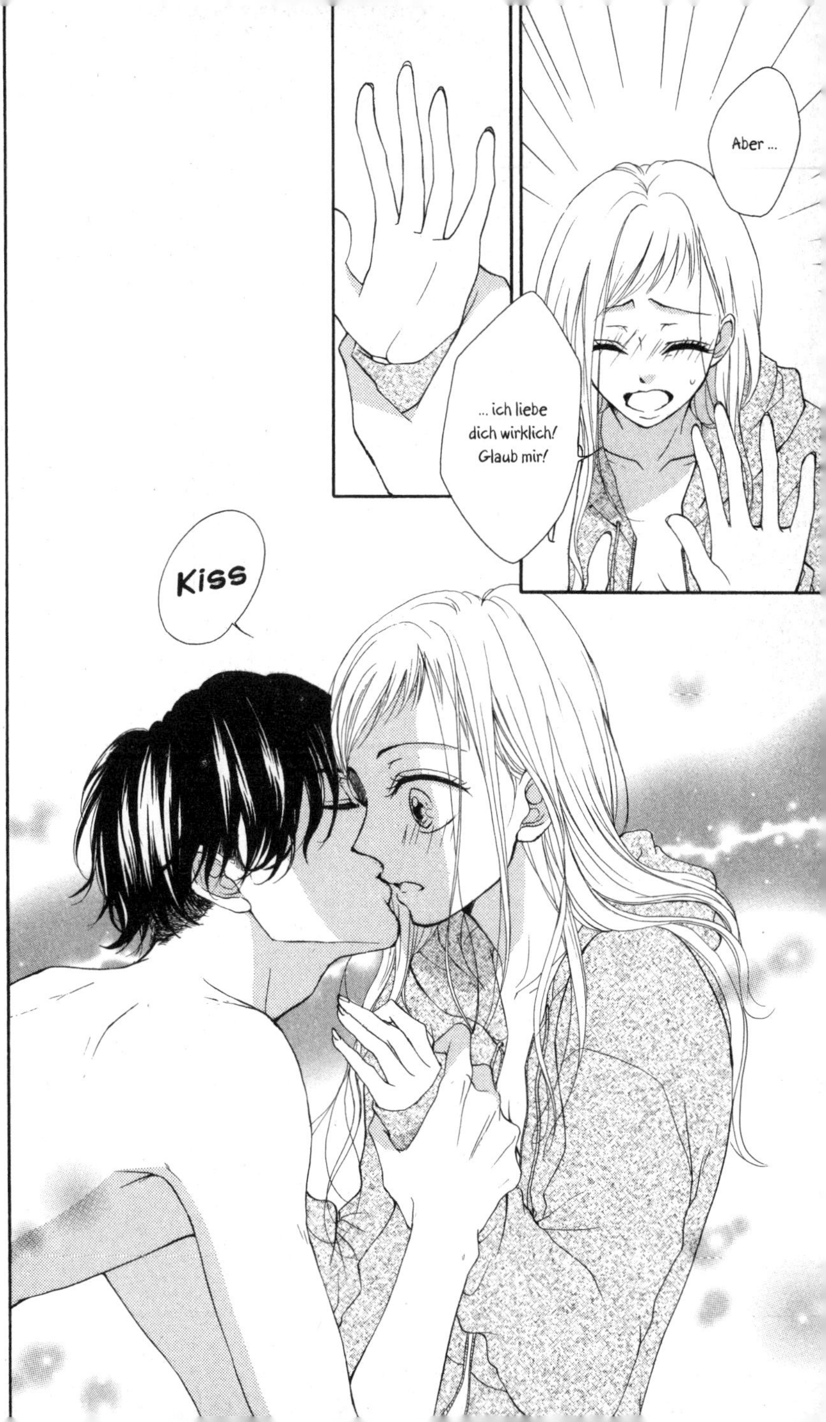
Aber ...
... ich liebe dich wirklich! Glaub mir!
Kiss

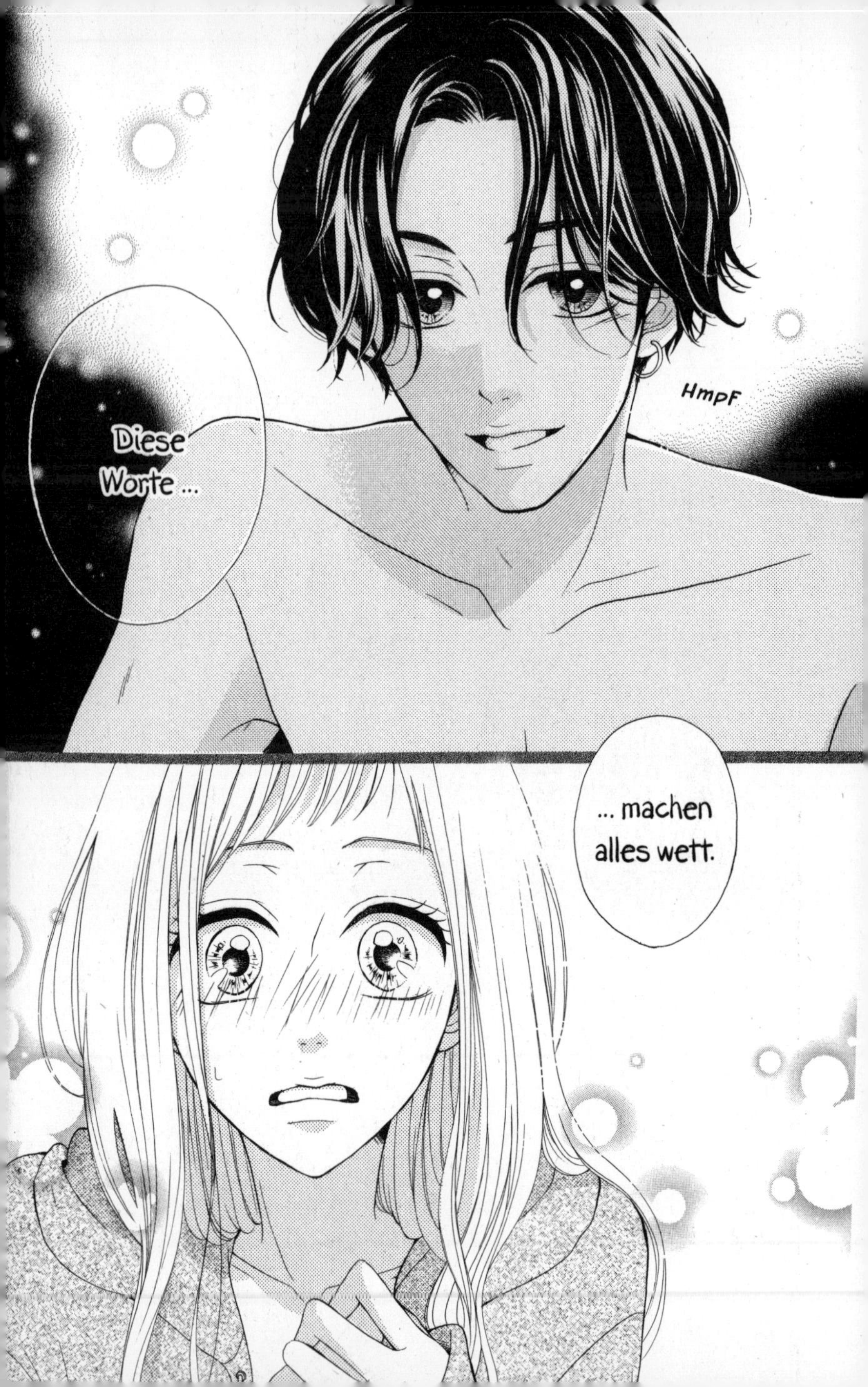
HmpF
Diese Worte ...
... machen alles wett.

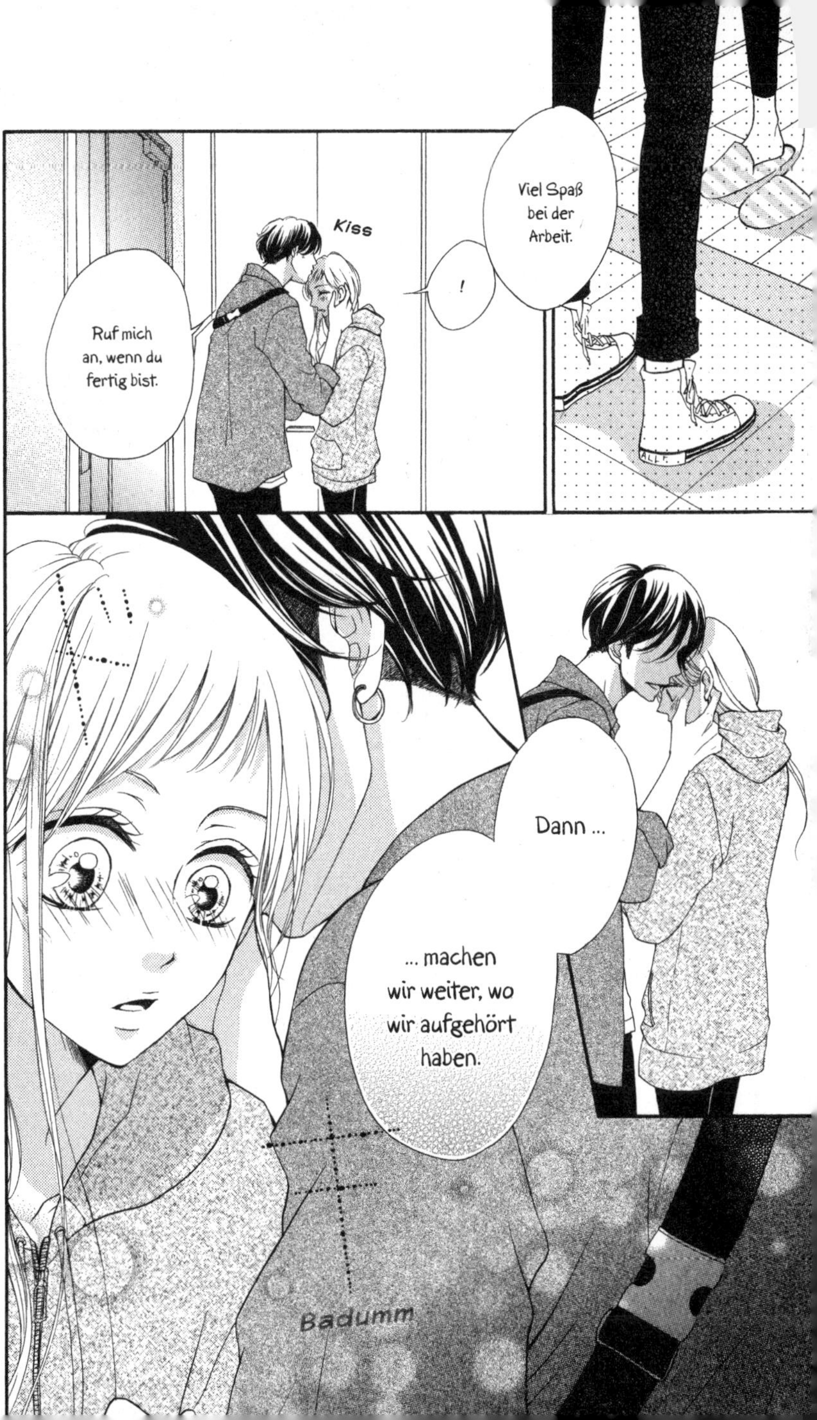
Viel Spaß bei der Arbeit.
!
Kiss
Ruf mich an, wenn du fertig bist.
Dann ...
... machen wir weiter, wo wir aufgehört haben.
Badumm

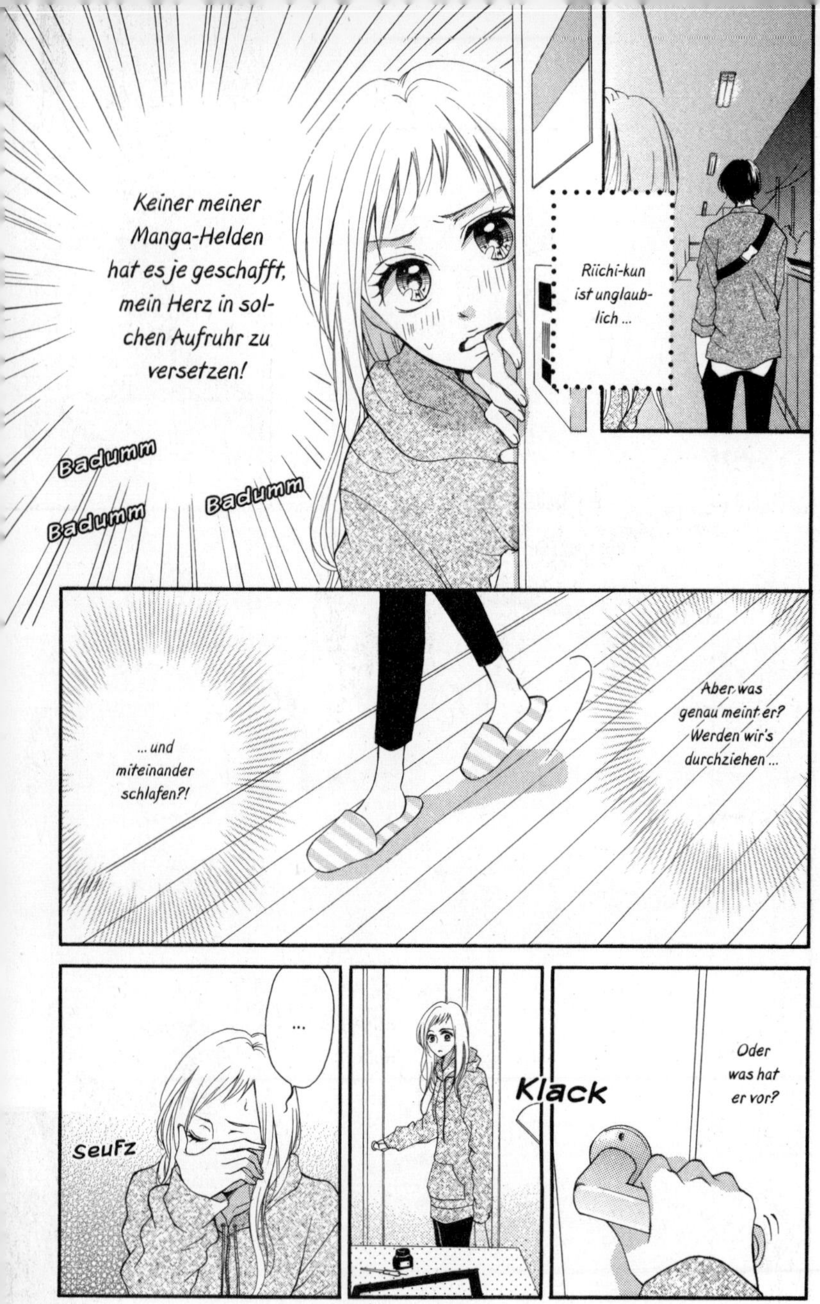
Riichi-kun ist unglaublich ...
Keiner meiner Manga-Helden hat es je geschafft, mein Herz in solchen Aufruhr zu versetzen!
Badumm
Badumm
Badumm
Aber was genau meint er? Werden wir's durchziehen ...
... und miteinander schlafen?!
Oder was hat er vor?
Klack
...
Seufz

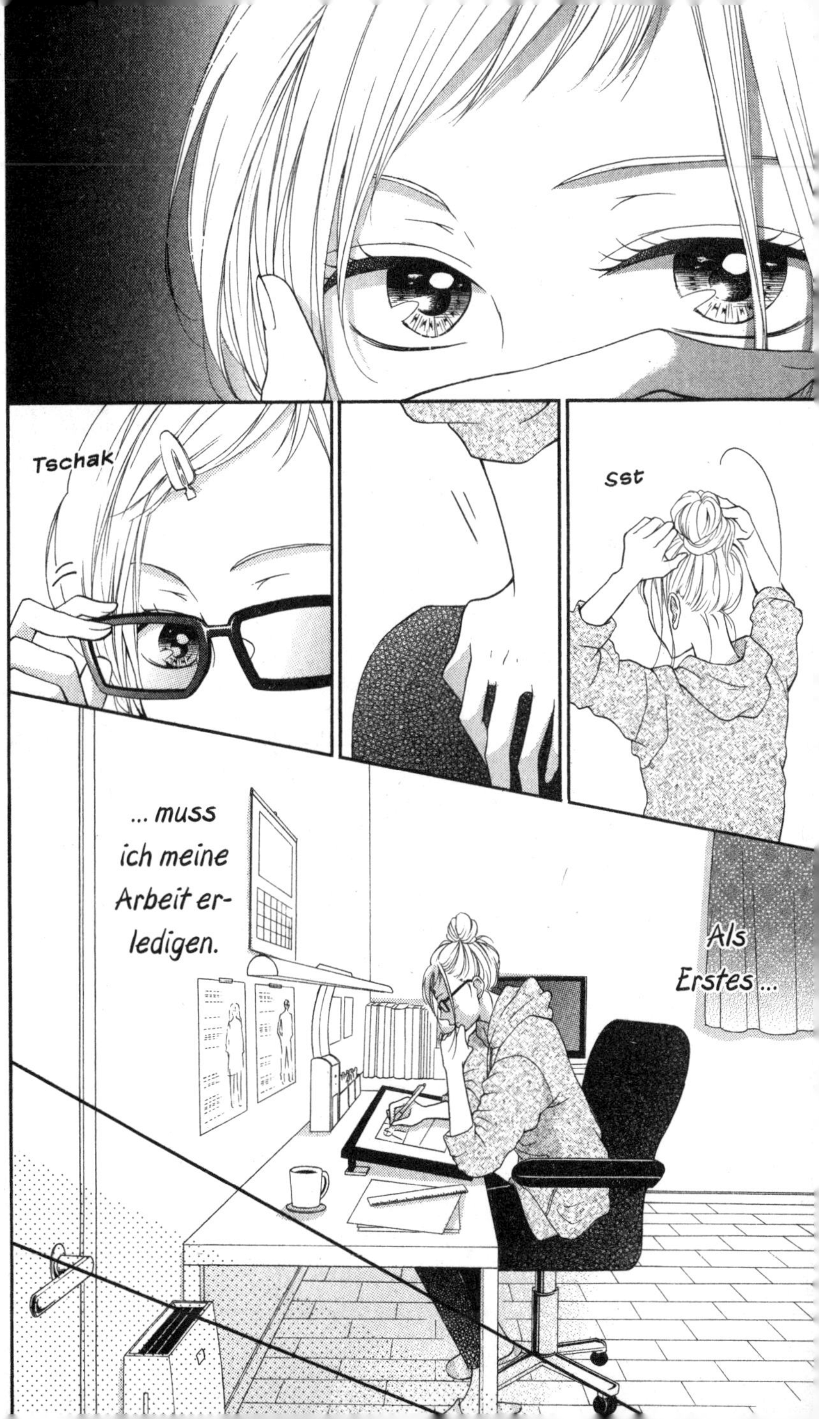
Sst
Tschak
Als Erstes ...
... muss ich meine Arbeit erledigen.

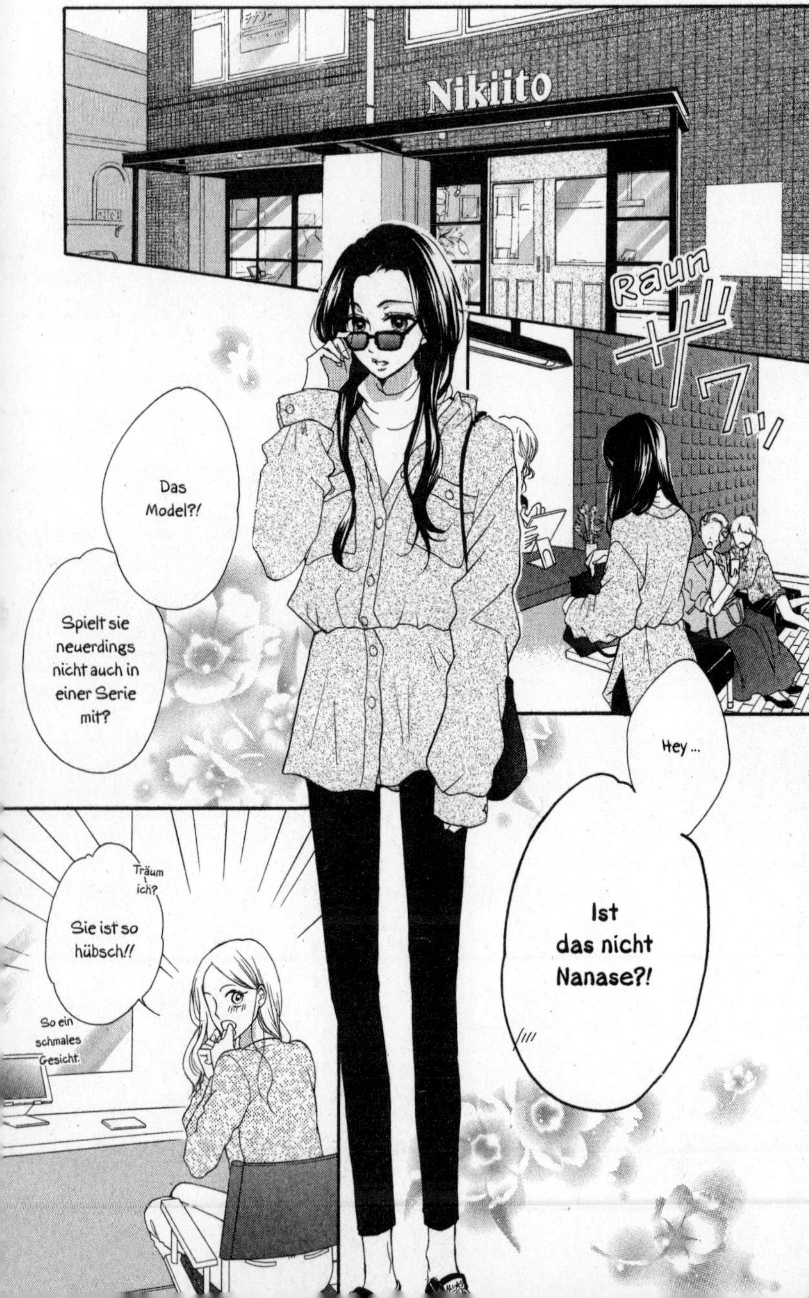

Nikiito
Raun
Das Model?!
Spielt sie neuerdings nicht auch in einer Serie mit?
Hey ...
Ist das nicht Nanase?!
Träum ich?
Sie ist so hübsch!!
So ein schmales Gesicht.

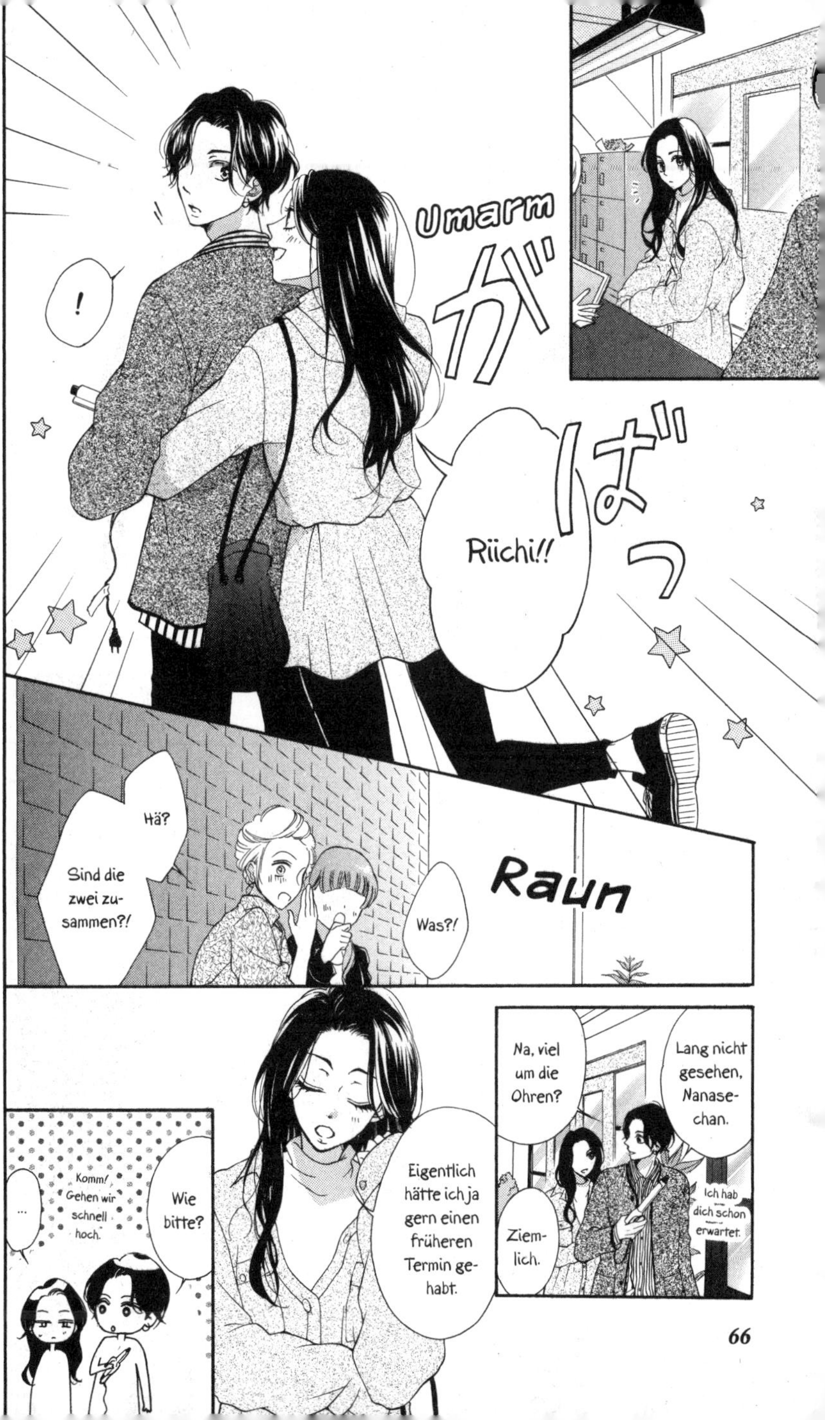
Umarm
がば
Riichi!!
ばっ
!
Raun
Was?!
Hä?
Sind die zwei zusammen?!
Lang nicht gesehen, Nanase-chan.
Na, viel um die Ohren?
Ich hab dich schon erwartet.
Ziemlich.
Eigentlich hätte ich ja gern einen früheren Termin gehabt.
Wie bitte?
Komm! Gehen wir schnell hoch.
...

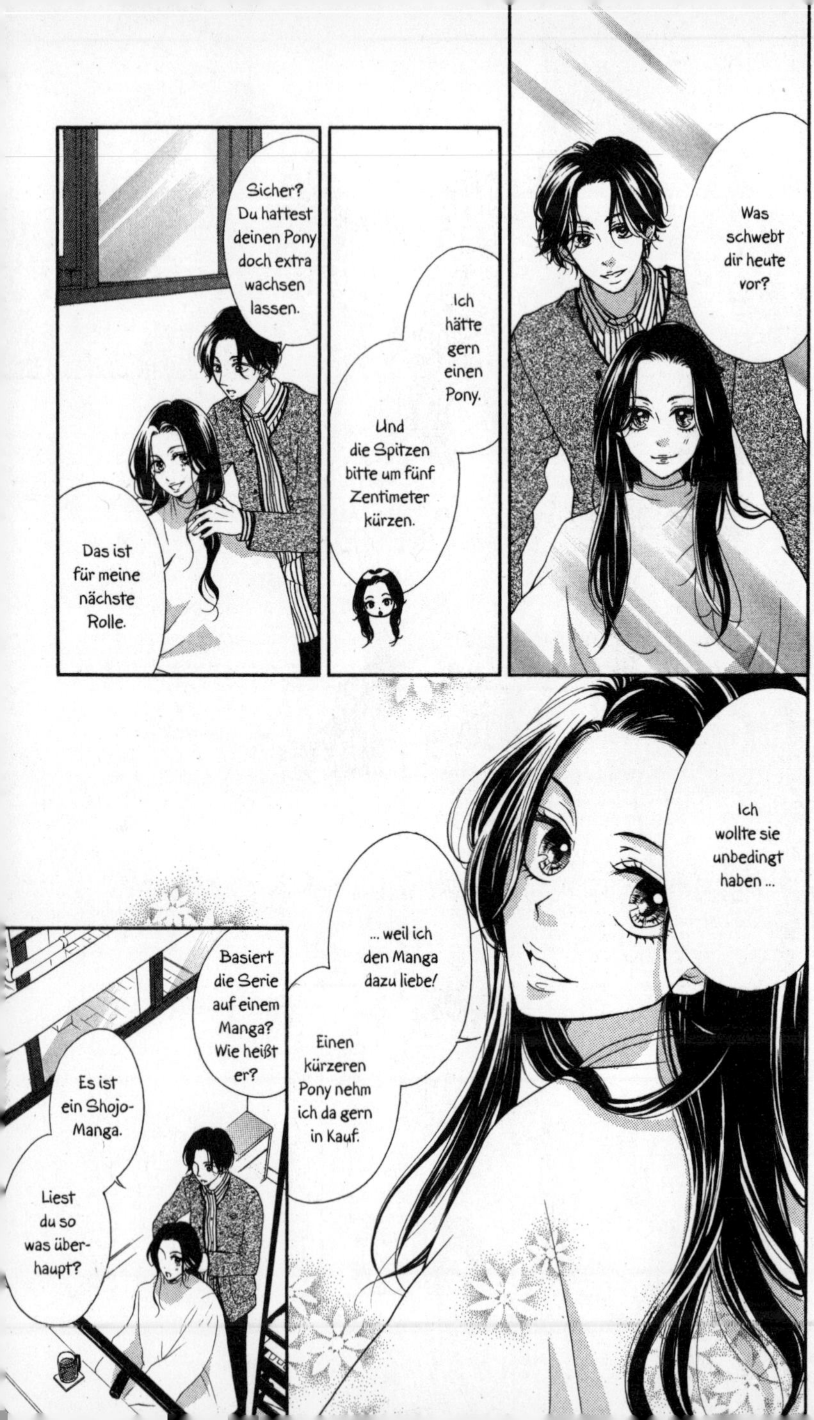
Was schwebt dir heute vor?
Ich hätte gern einen Pony.
Und die Spitzen bitte um fünf Zentimeter kürzen.
Sicher? Du hattest deinen Pony doch extra wachsen lassen.
Das ist für meine nächste Rolle.
Ich wollte sie unbedingt haben ...
... weil ich den Manga dazu liebe!
Einen kürzeren Pony nehm ich da gern in Kauf.
Basiert die Serie auf einem Manga? Wie heißt er?
Es ist ein Shojo-Manga.
Liest du so was überhaupt?

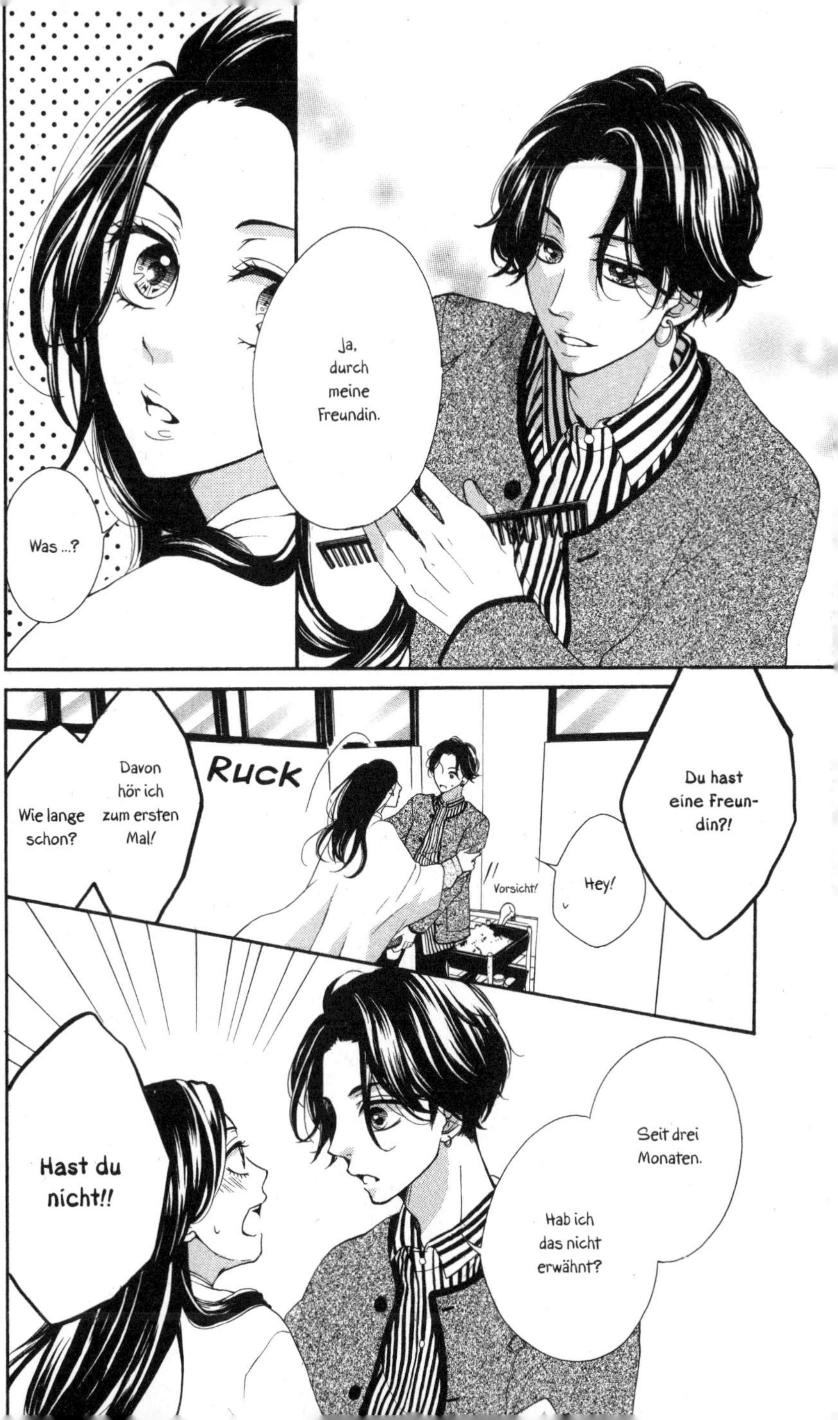
Ja, durch meine Freundin.
Was ...?
Du hast eine Freundin?!
Hey!
Vorsicht!
Ruck
Davon hör ich zum ersten Mal!
Wie lange schon?
Seit drei Monaten.
Hab ich das nicht erwähnt?
Hast du nicht!!

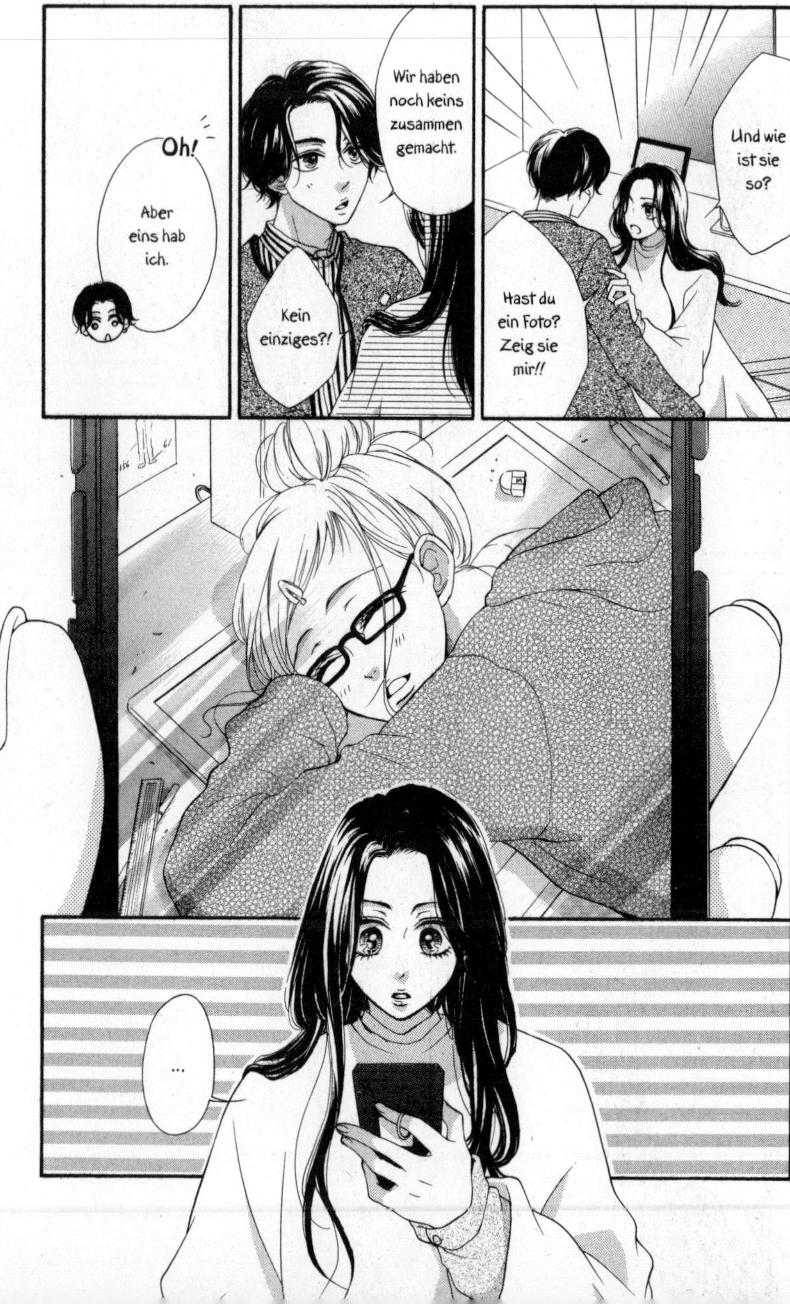
Und wie ist sie so?
Hast du ein Foto? Zeig sie mir!!
Wir haben noch keins zusammen gemacht.
Kein einziges?!
Oh!
Aber eins hab ich.
...

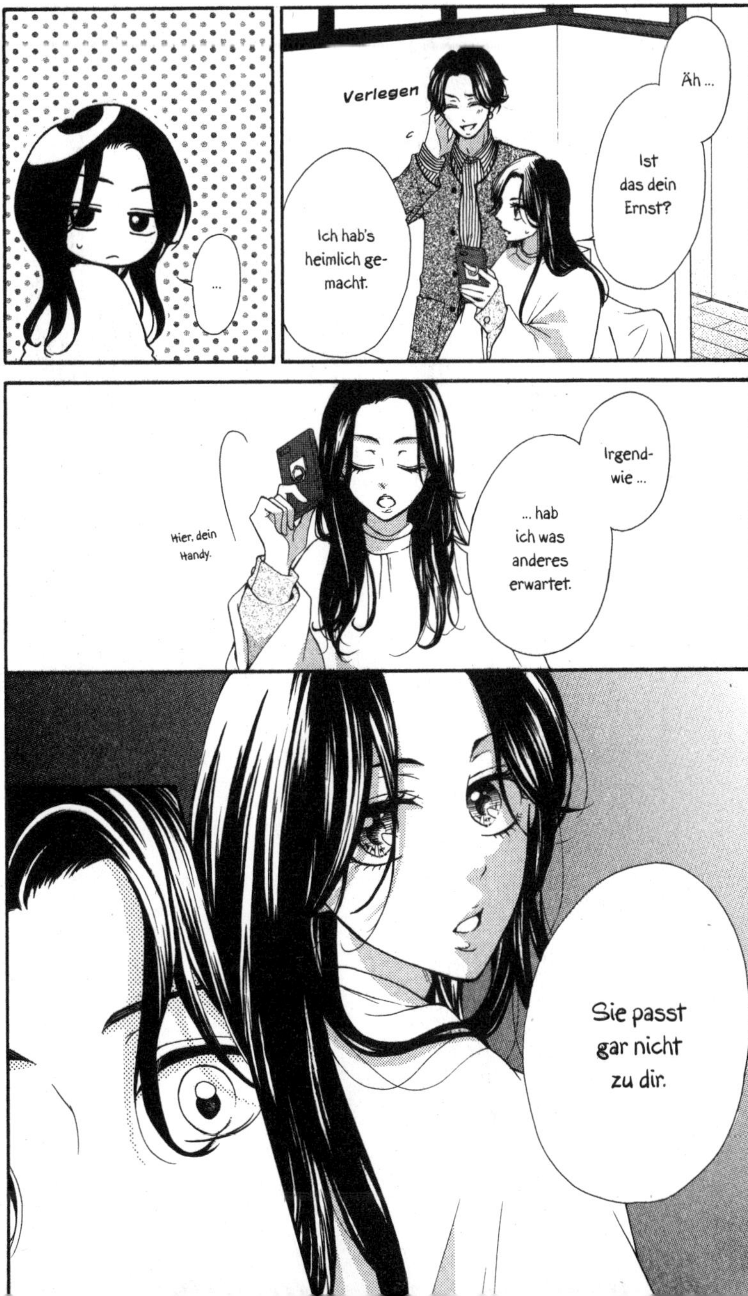
Äh ...
Ist das dein Ernst?
Verlegen
Ich hab's heimlich gemacht.
...
Irgendwie ...
... hab ich was anderes erwartet.
Hier, dein Handy.
Sie passt gar nicht zu dir.

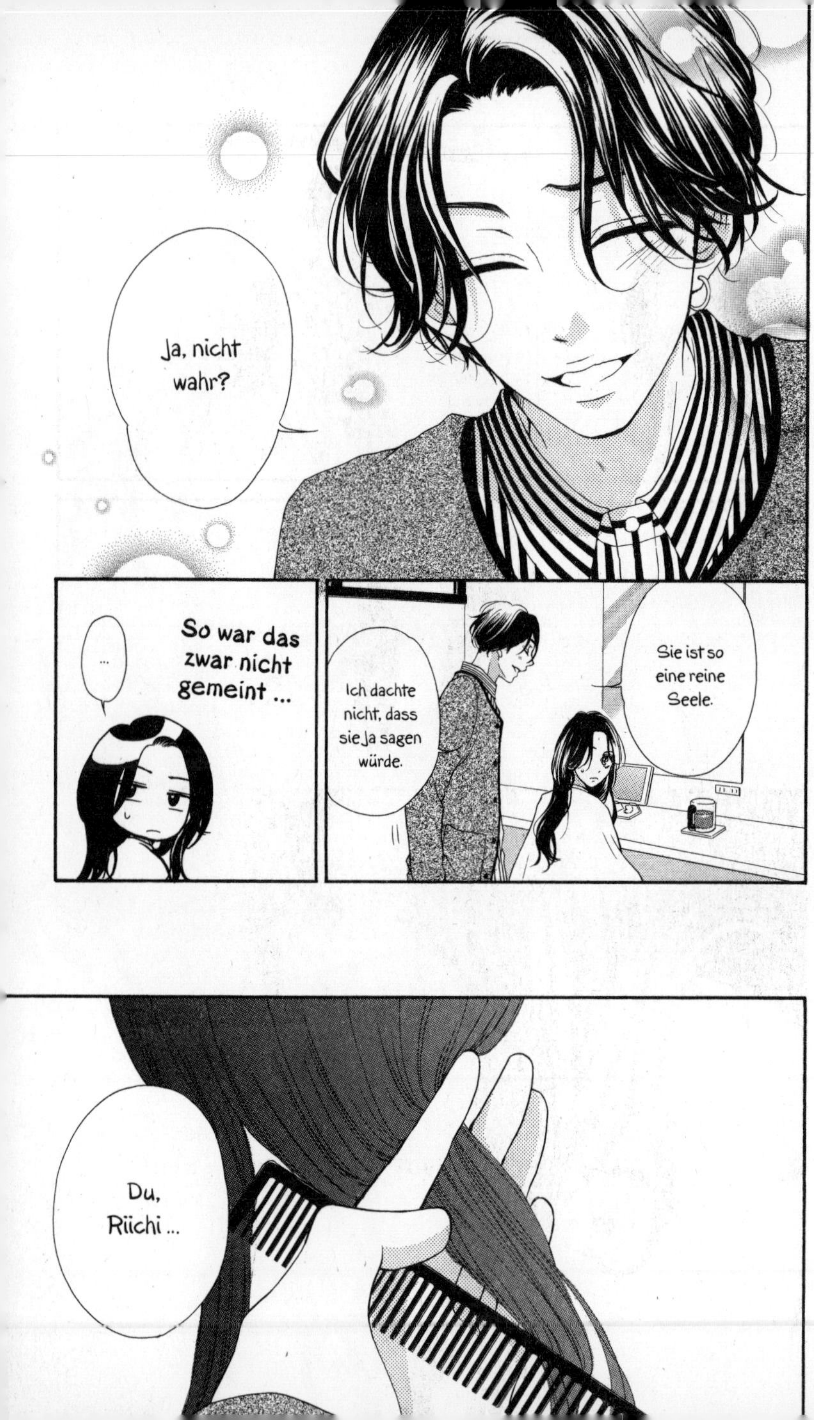
Ja, nicht wahr?
Sie ist so eine reine Seele.
Ich dachte nicht, dass sie Ja sagen würde.
So war das zwar nicht gemeint ...
...
Du, Riichi ...

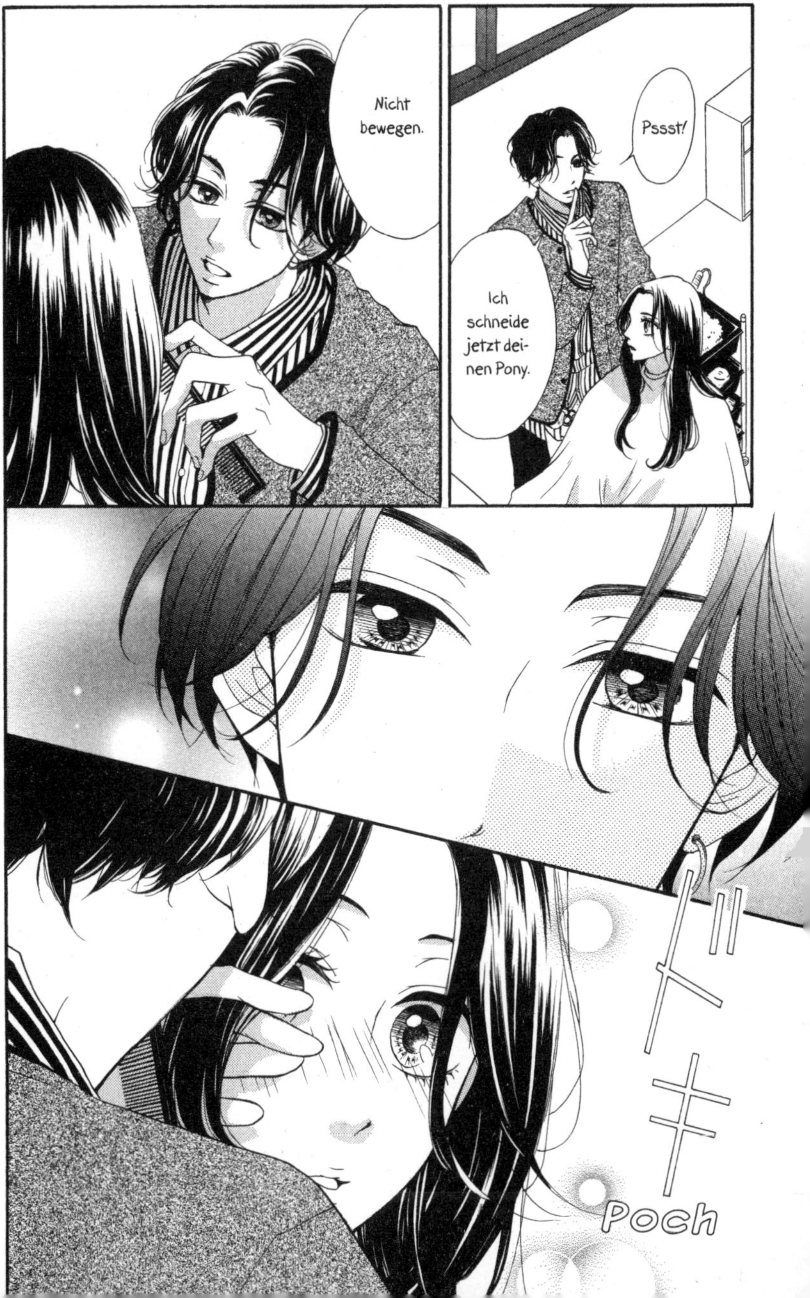
Nicht bewegen.
Pssst!
Ich schneide jetzt deinen Pony.
Poch

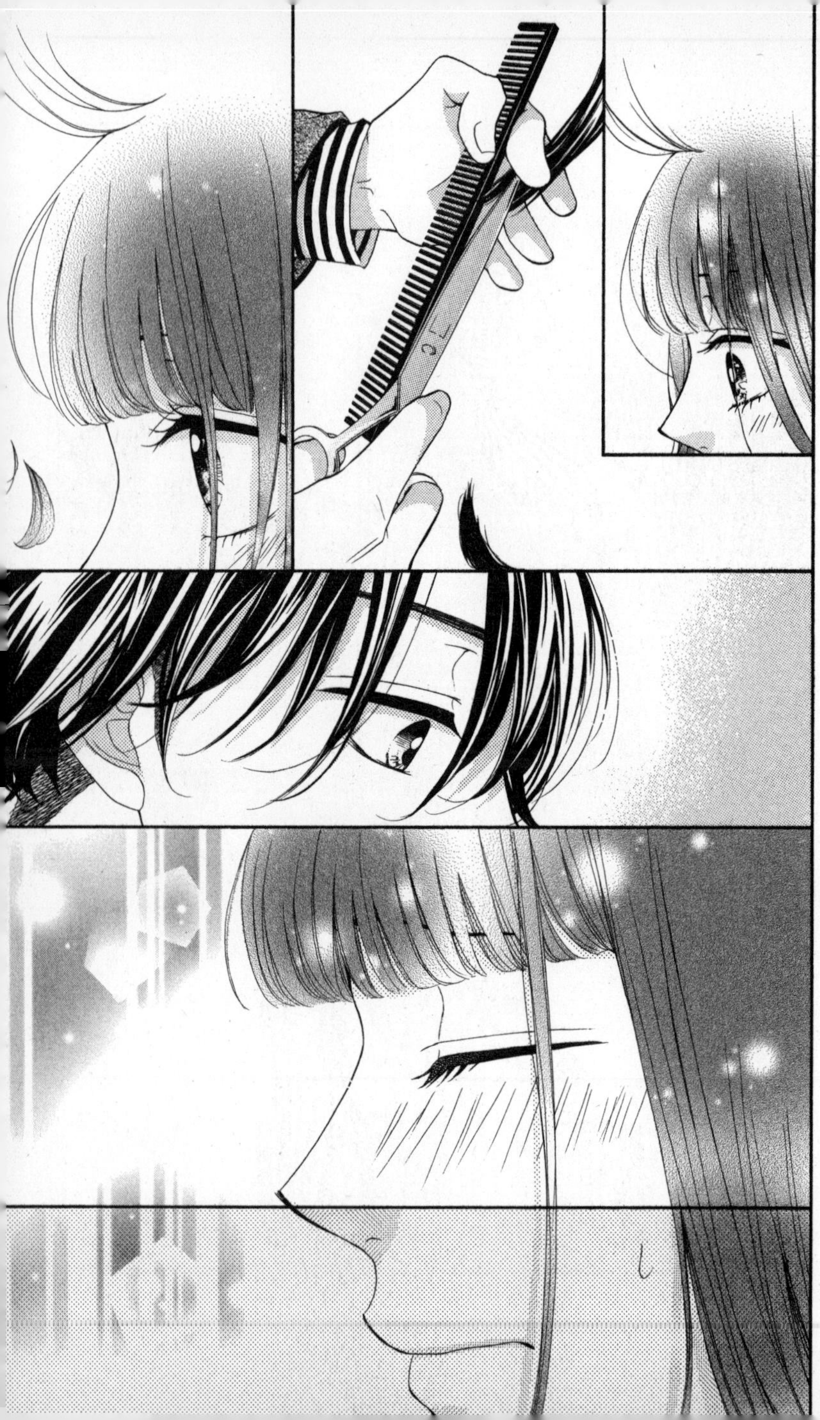

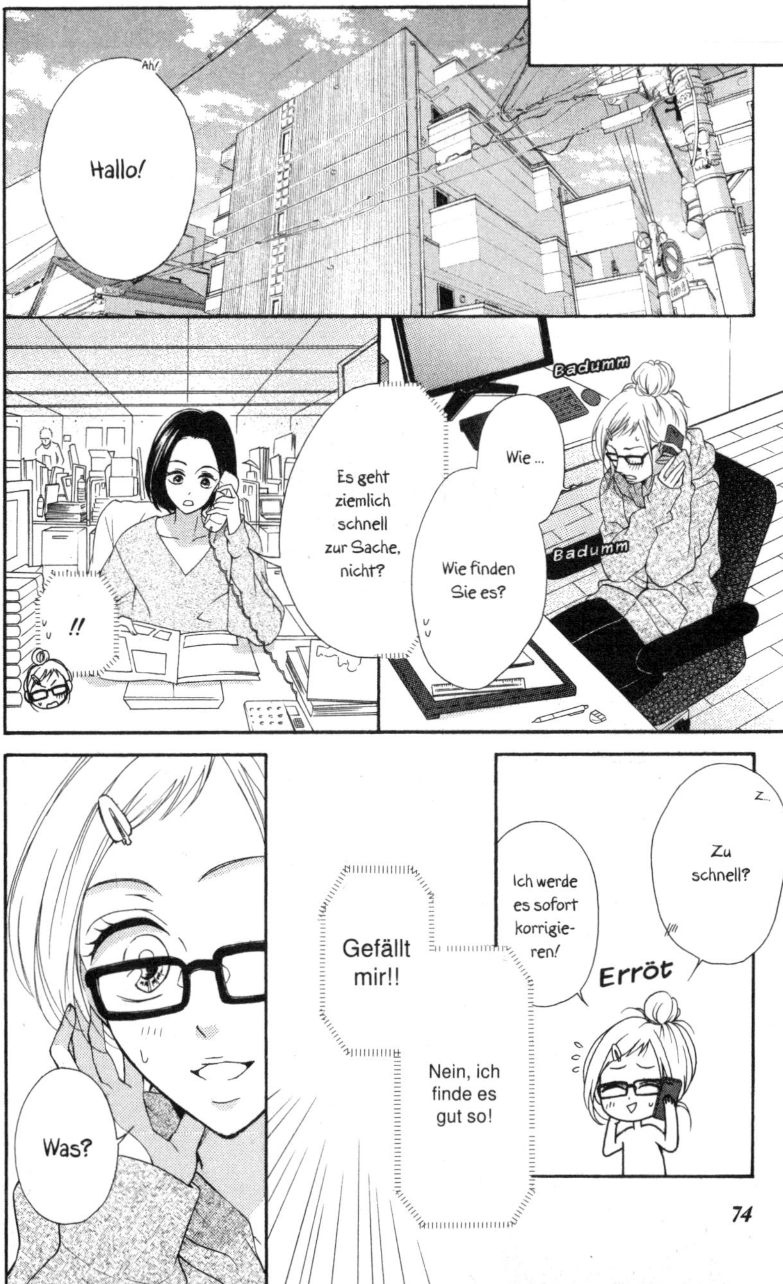
Ah!
Hallo!
Badumm
Wie ...
Wie finden Sie es?
Badumm
Es geht ziemlich schnell zur Sache, nicht?
!!
Z...
Zu schnell?
Ich werde es sofort korrigieren!
Errööt
Gefällt mir!!
Nein, ich finde es gut so!
Was?

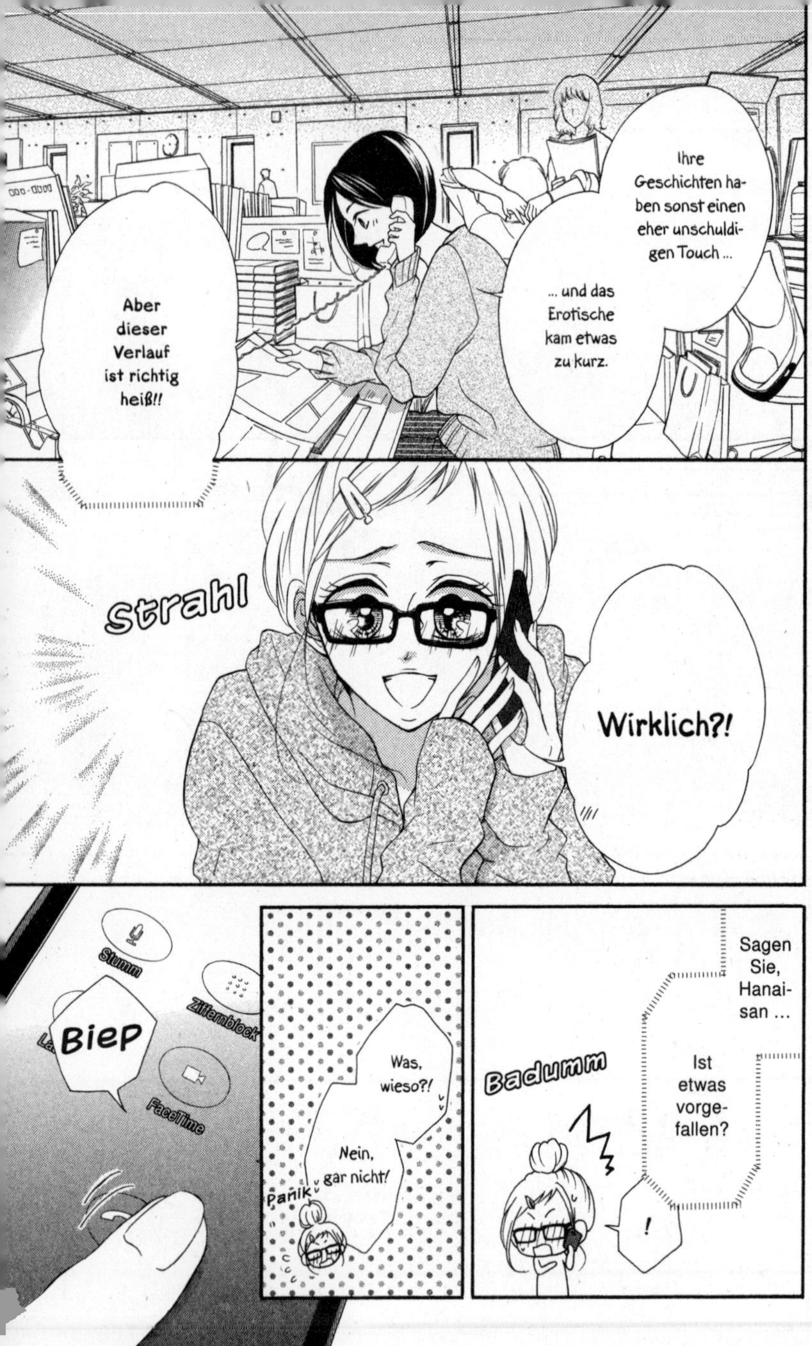
Ihre Geschichten haben sonst einen eher unschuldigen Touch ...
... und das Erotische kam etwas zu kurz.
Aber dieser Verlauf ist richtig heiß!!
Strahl
Wirklich?!
Sagen Sie, Hanai-san ...
Ist etwas vorgefallen?
Badumm
!
Was, wieso?!
Nein, gar nicht!
Panik
Stumm
Ziffernblock
Biep
FaceTime

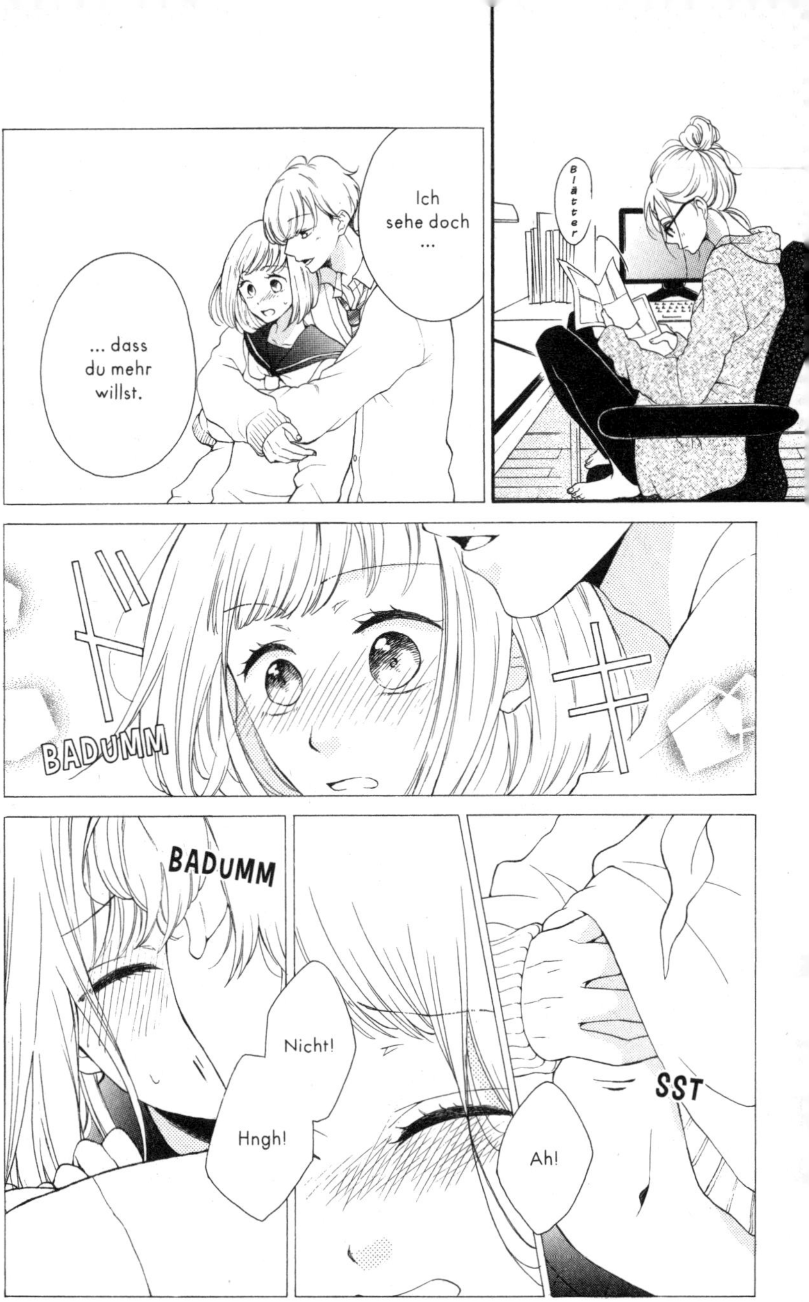

Blätter
Ich sehe doch ...
... dass du mehr willst.
BADUMM
SST
Ah!
Nicht!
Hngh!
BADUMM

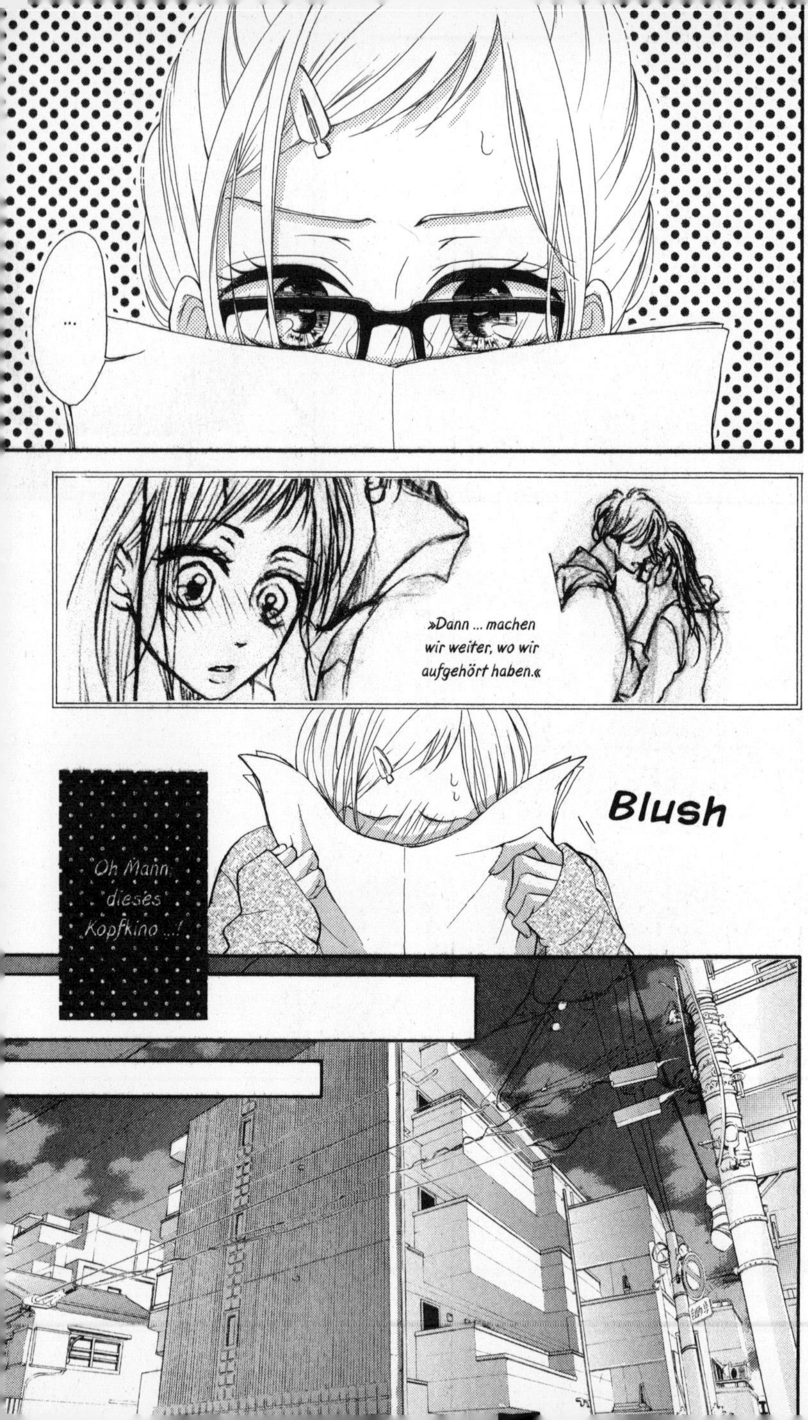
...
»Dann ... machen wir weiter, wo wir aufgehört haben.«
Blush
Oh Mann, dieses Kopfkino ...!

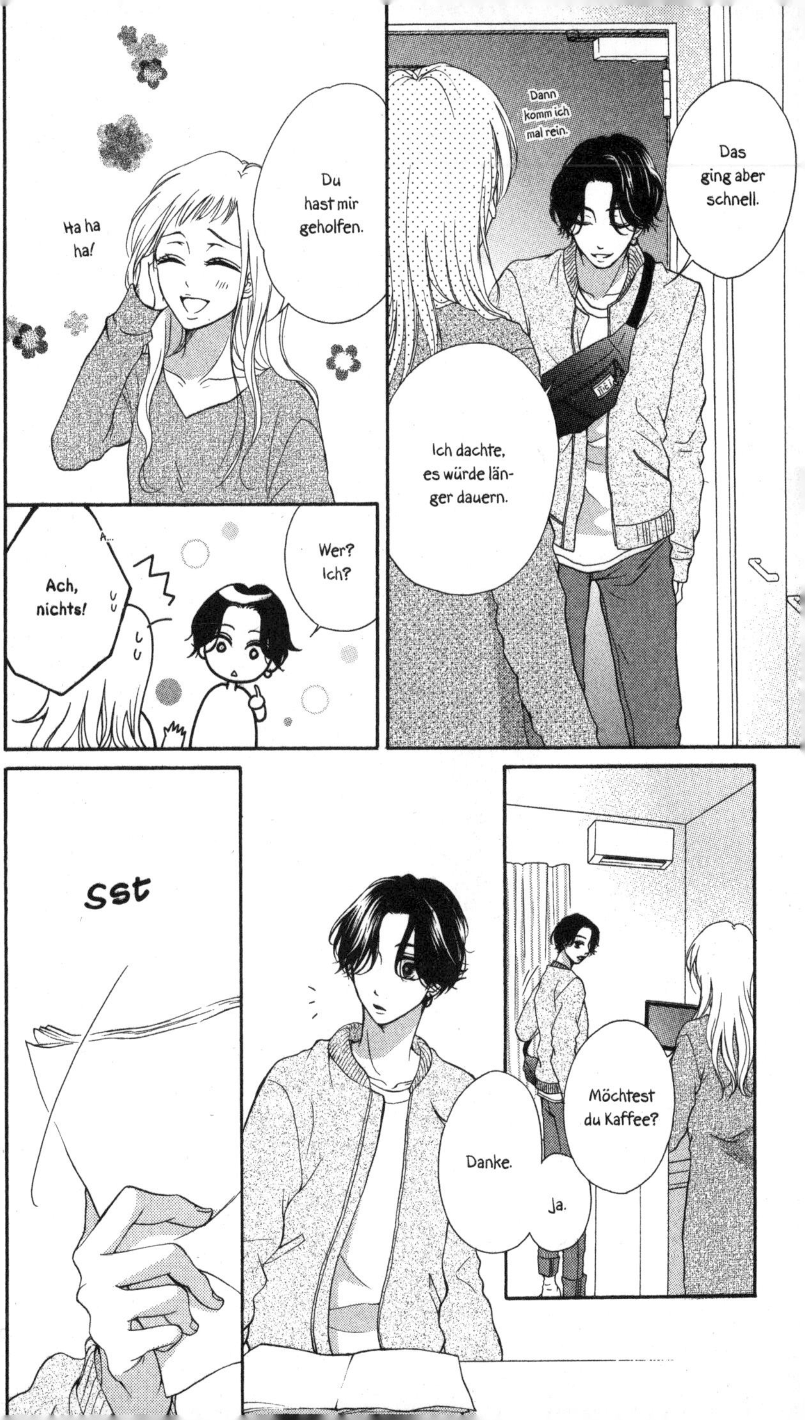

Das ging aber schnell.
Dann komm ich mal rein.
Ich dachte, es würde länger dauern.
Du hast mir geholfen.
Ha ha ha!
Wer? Ich?
Ach, nichts!
Möchtest du Kaffee?
Ja.
Danke.
Sst

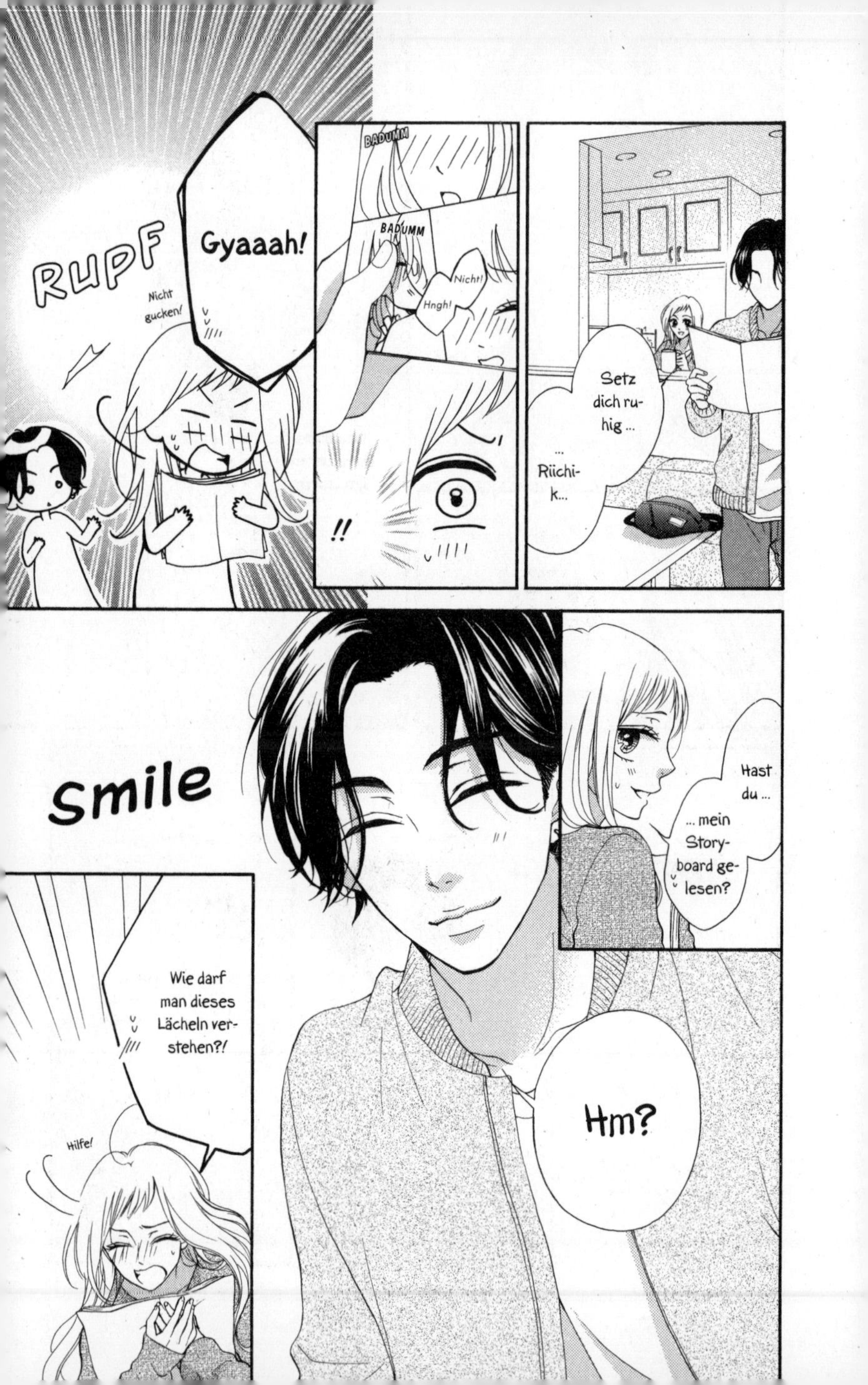

Setz dich ru-hig ...
... Riichi-k...
BADUMM
BADUMM
Nicht!
Hngh!
!!
Gyaaah!
RUPF
Nicht gucken!
Hast du ...
... mein Story-board ge-lesen?
Smile
Hm?
Wie darf man dieses Lächeln ver-stehen?!
Hilfe!

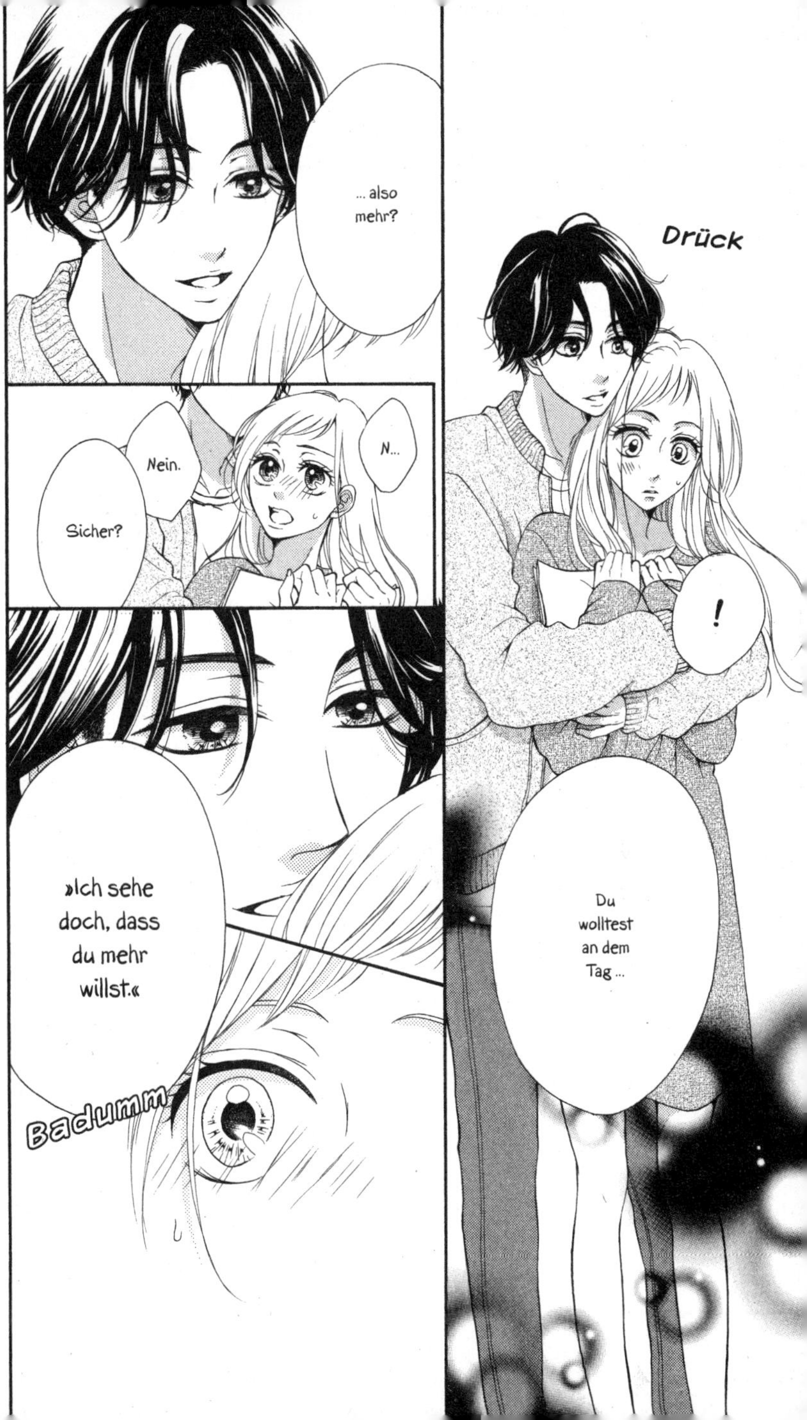
Drück
!
Du wolltest an dem Tag ...
... also mehr?
N...
Nein.
Sicher?
»Ich sehe doch, dass du mehr willst.«
Badumm

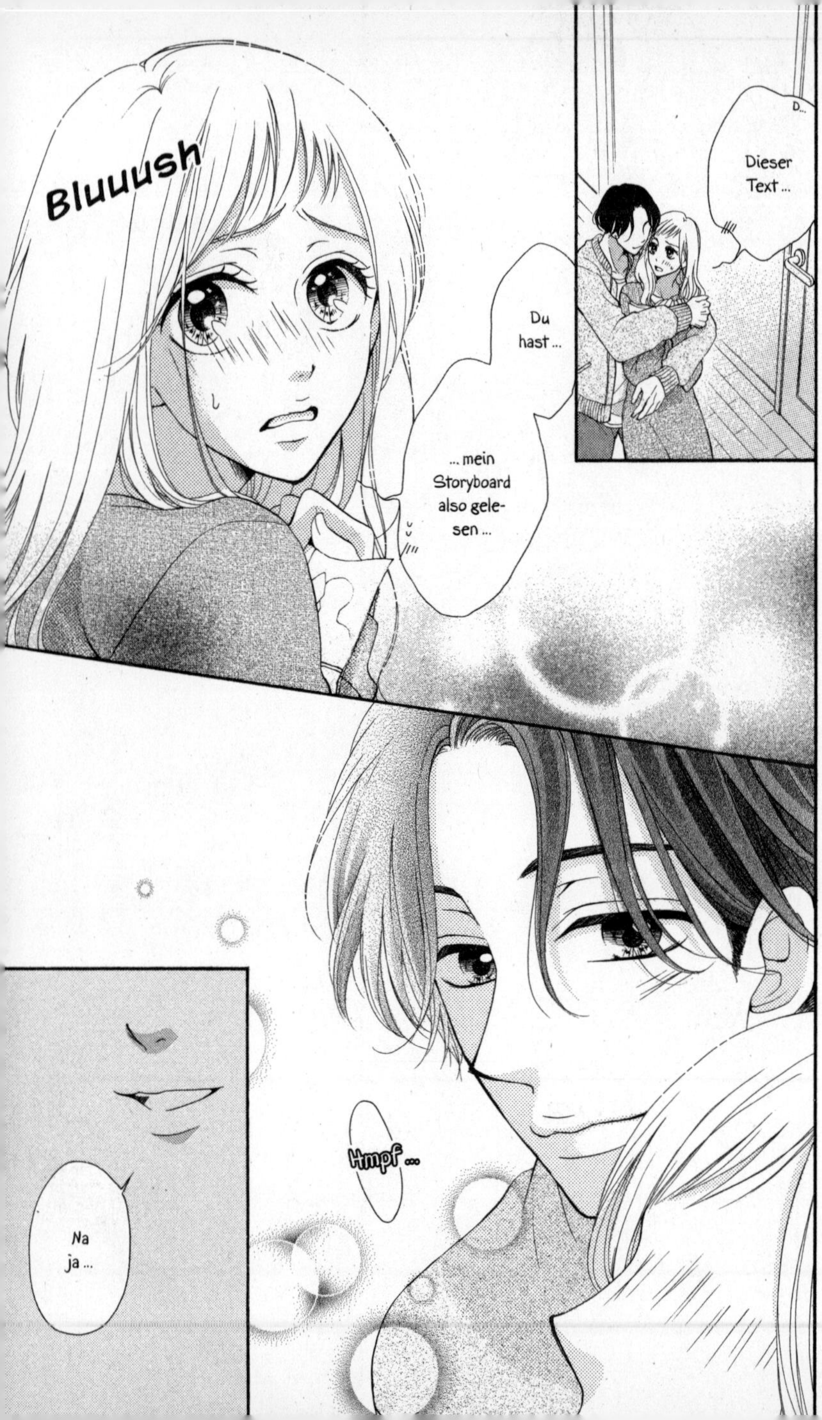
D...
Dieser Text ...
Bluuush
Du hast ...
... mein Storyboard also gelesen ...
Hmpf ...
Na ja ...

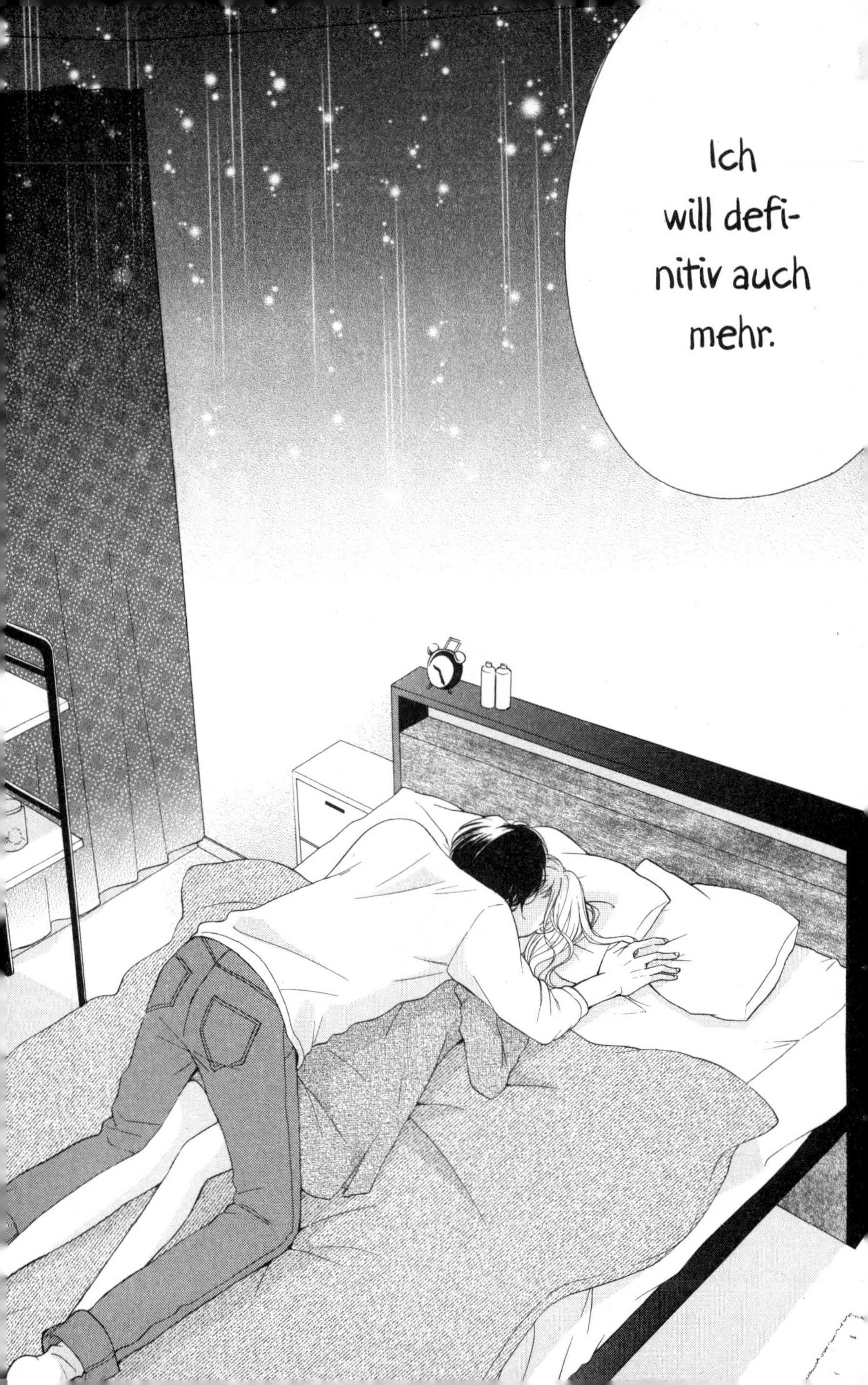
Ich will defi-nitiv auch mehr.

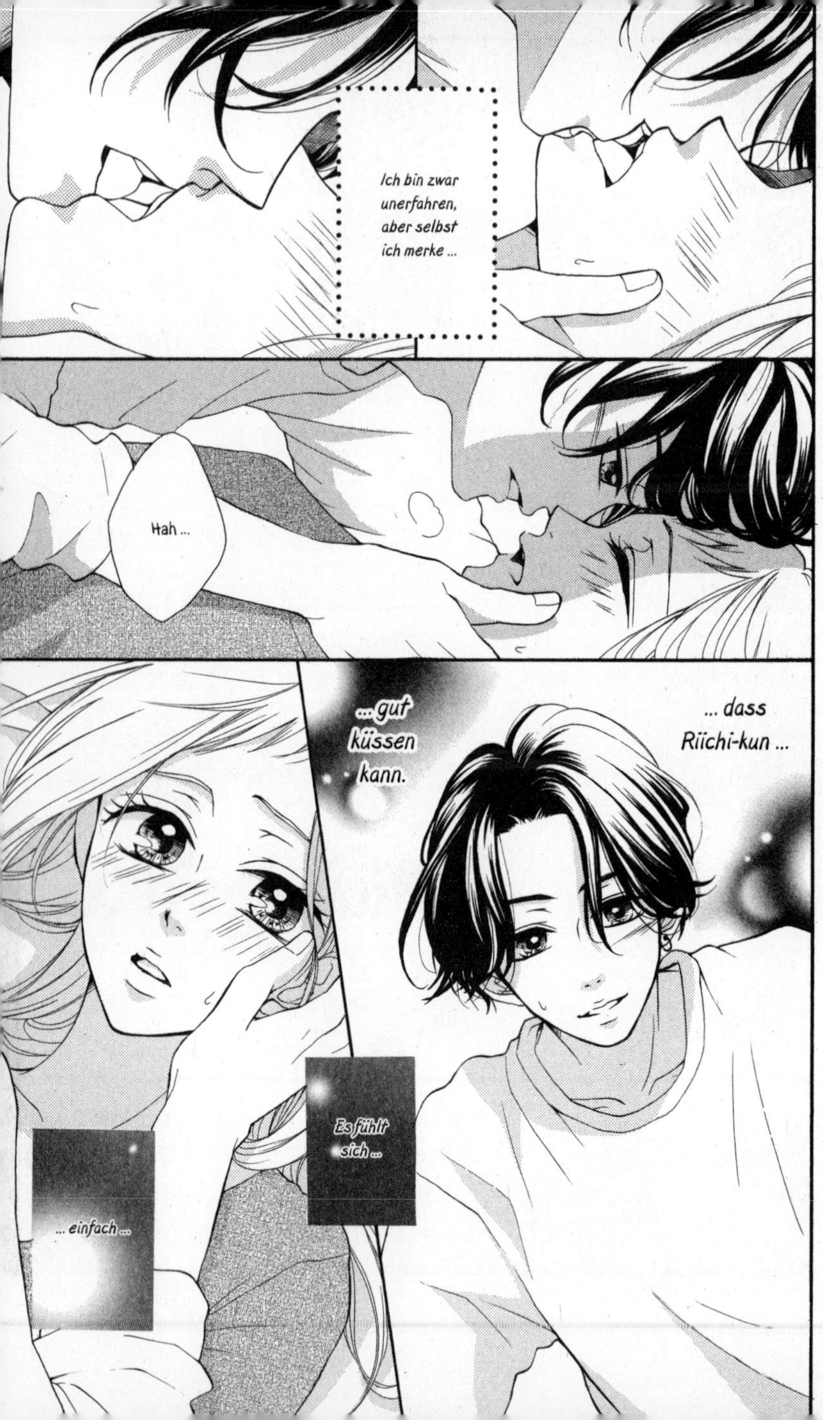
Ich bin zwar unerfahren, aber selbst ich merke ...
Hah ...
... dass Riichi-kun ...
... gut küssen kann.
Es fühlt sich ...
... einfach ...

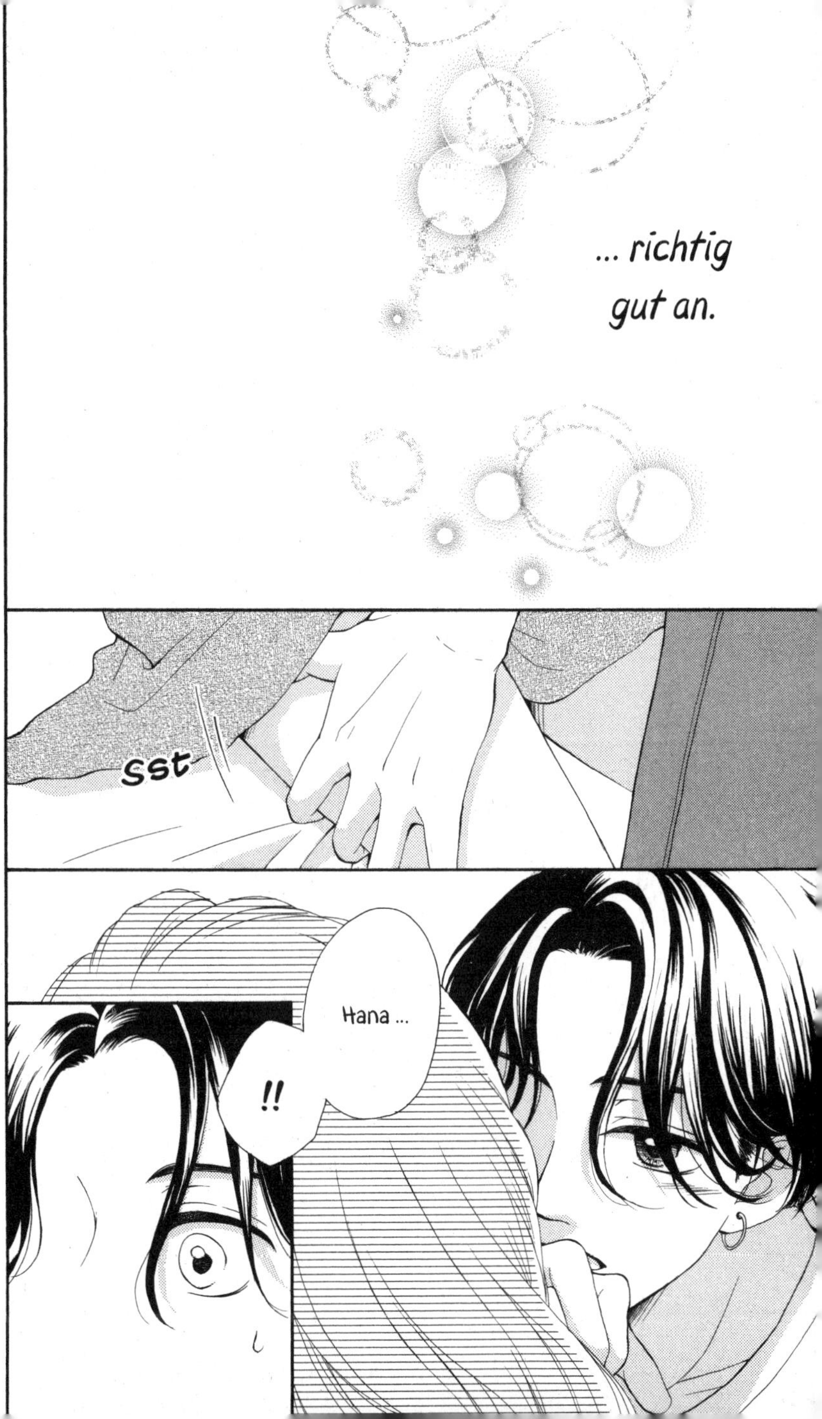
... richtig
gut an.
sst
Hana ...
!!

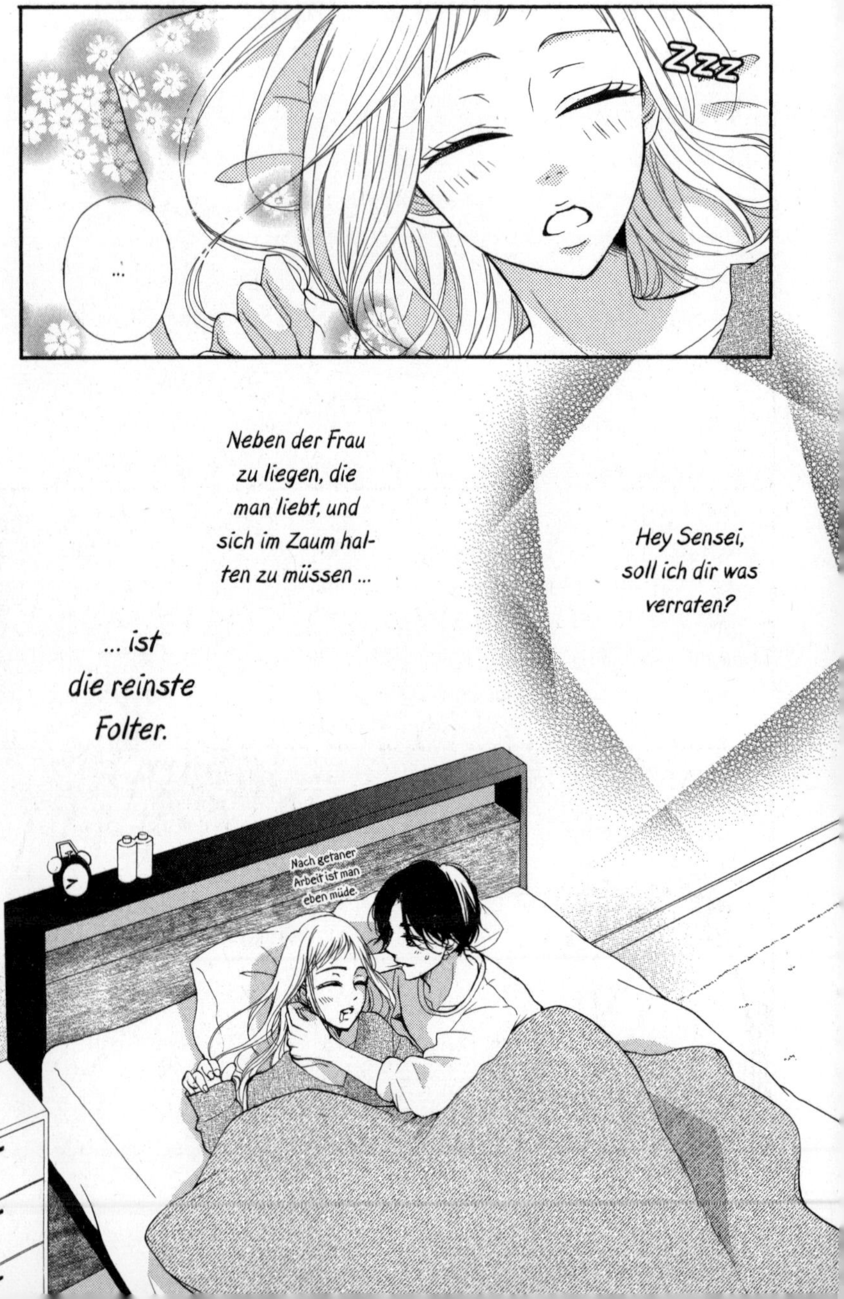
Zzz
...
Hey Sensei, soll ich dir was verraten?
Neben der Frau zu liegen, die man liebt, und sich im Zaum hal- ten zu müssen ...
... ist die reinste Folter.
Nach getaner Arbeit ist man eben müde.

# Charaktervorstellung Teil ②

## • Riichi Kido

- Geboren am 15. September, 26 Jahre alt, Blutgruppe AB
- Ein richtiger Star in der Friseurbranche. ← Häufige Kunden sind Models oder Amateurmodels.
  Er wird von Magazinen oder dem Fernsehen gebucht.
- Sehr geschickt
- Kümmert sich gern um andere und unterstützt die unbeholfene Hana, wo er nur kann.
- Schon in der Schulzeit gehörte er zu den coolen Leuten. Er fällt auf.
- Immer zuvorkommend und aufmerksam (Ein Grund für seine Beliebtheit.)
- Hatte schon viele Beziehungen und kann gut mit Frauen umgehen. (Auch seine ältere Schwester spielt hier eine Rolle.)

↑ Mit jemandem wie Hana ist er zum ersten Mal zusammen.

So habe ich ihn auf meinem Model-Sheet abgebildet. Alle Haare nach hinten gestylt. (Weiß aber noch nicht, ob ich ihn im Manga so zeichnen werde ...)

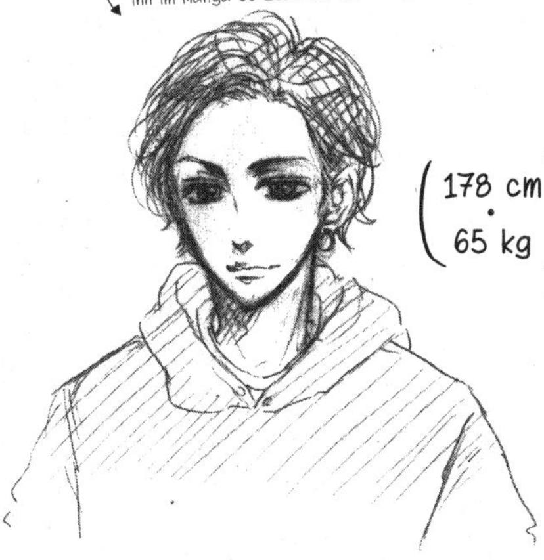

(178 cm • 65 kg)

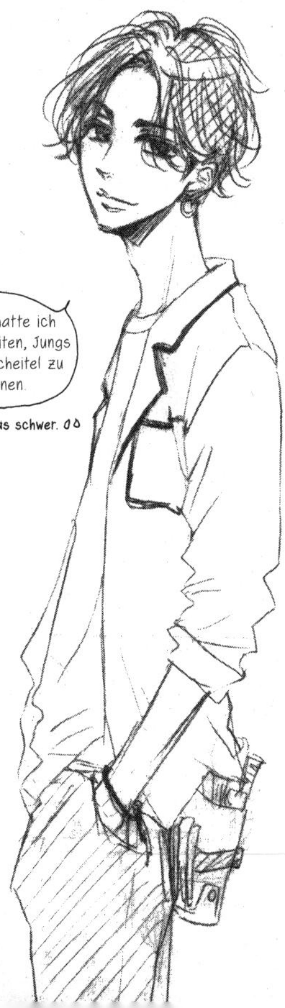

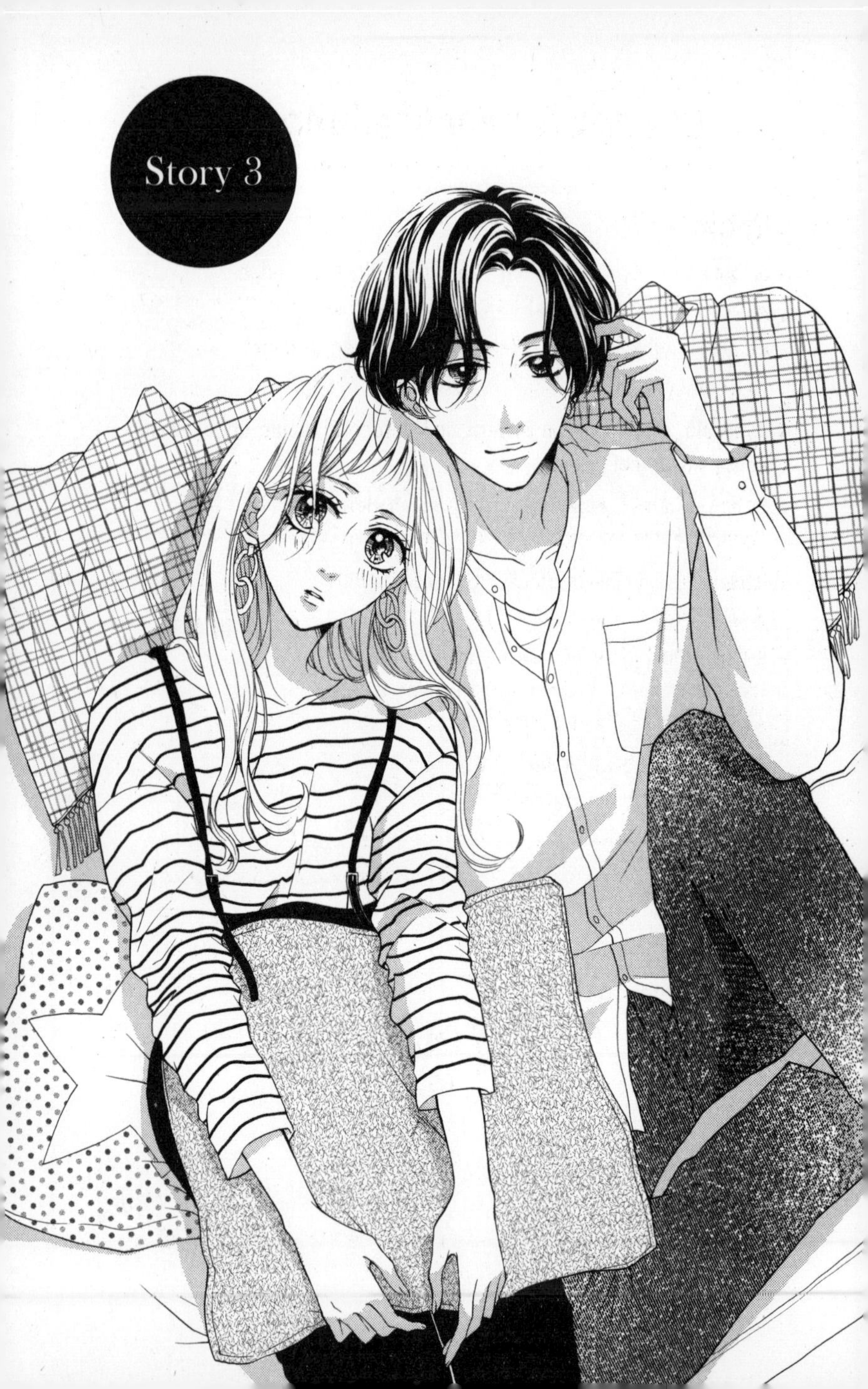
Story 3

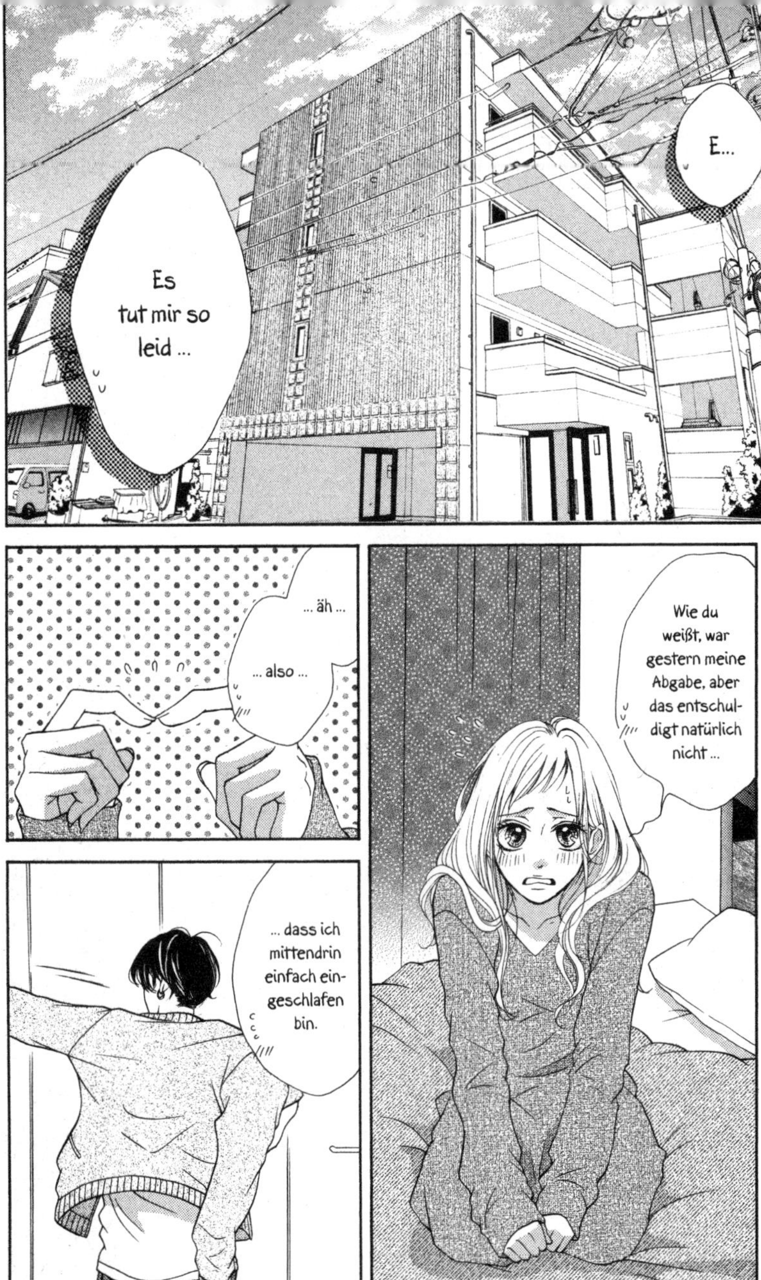
E...
Es tut mir so leid ...
Wie du weißt, war gestern meine Abgabe, aber das entschuldigt natürlich nicht ...
... äh ...
... also ...
... dass ich mittendrin einfach eingeschlafen bin.

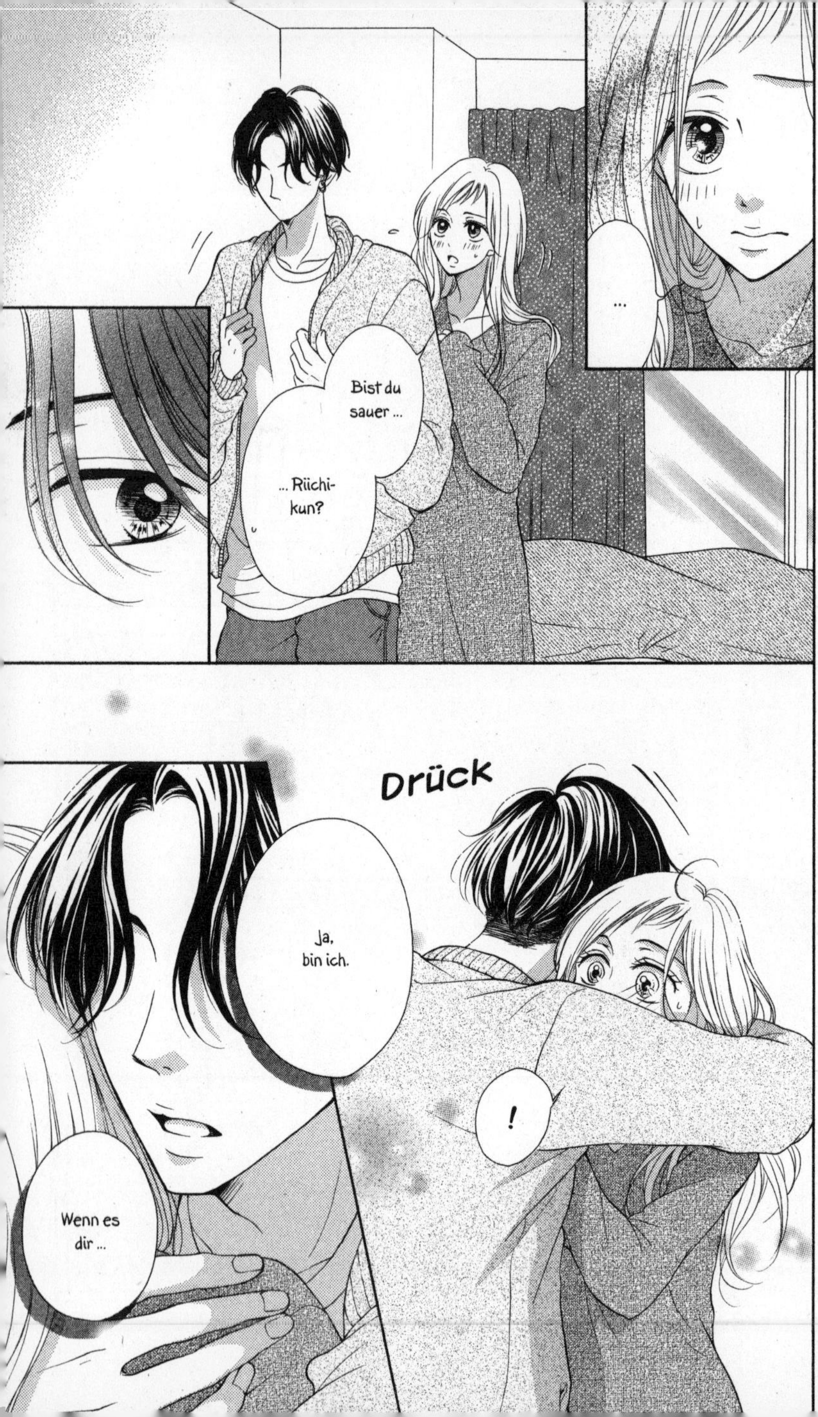
...
Bist du sauer ...
... Riichi-kun?
Drück
!
Ja, bin ich.
Wenn es dir ...

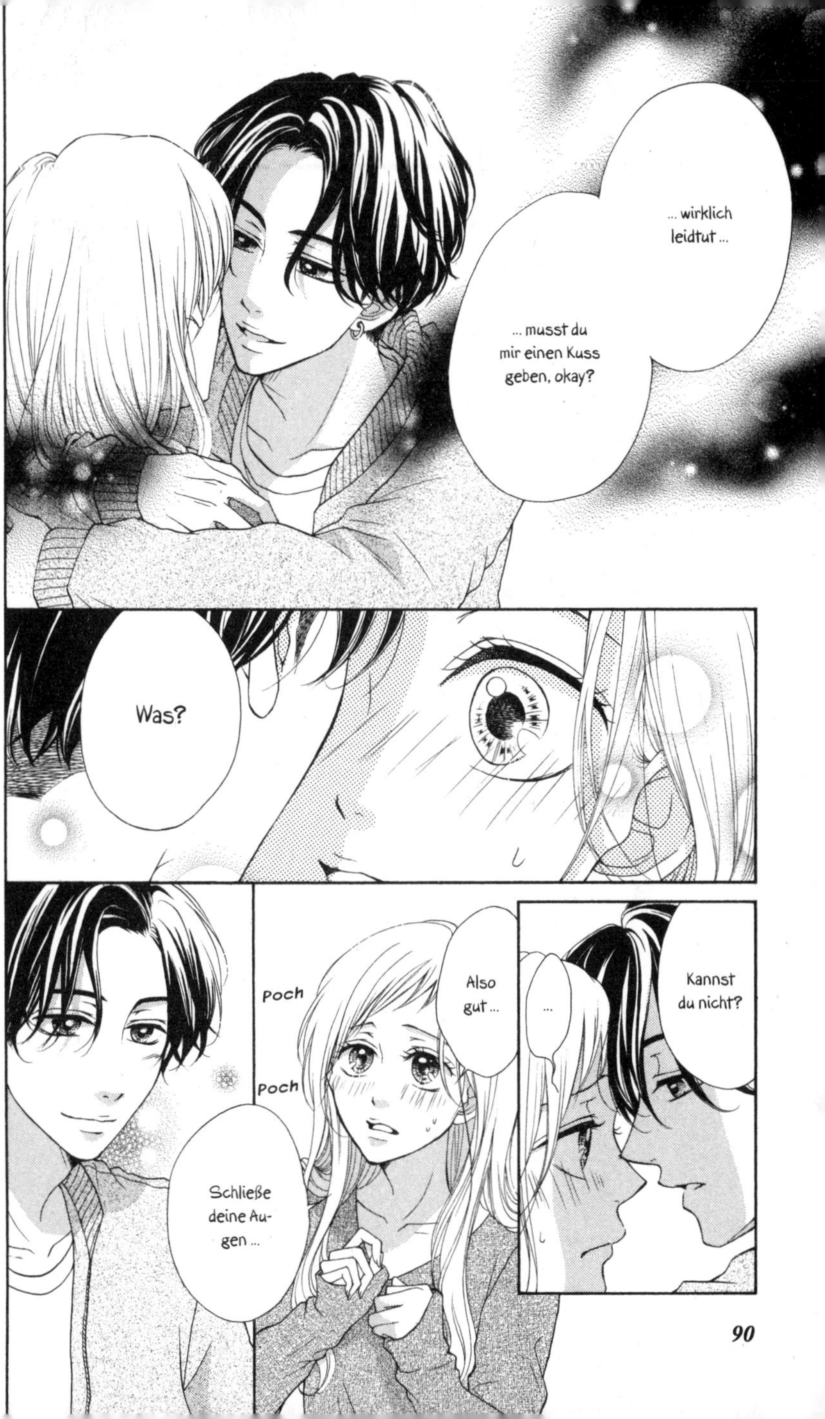

... wirklich leidtut ...
... musst du mir einen Kuss geben, okay?
Was?
Kannst du nicht?
...
Also gut ...
Poch
Poch
Schließe deine Au-gen ...

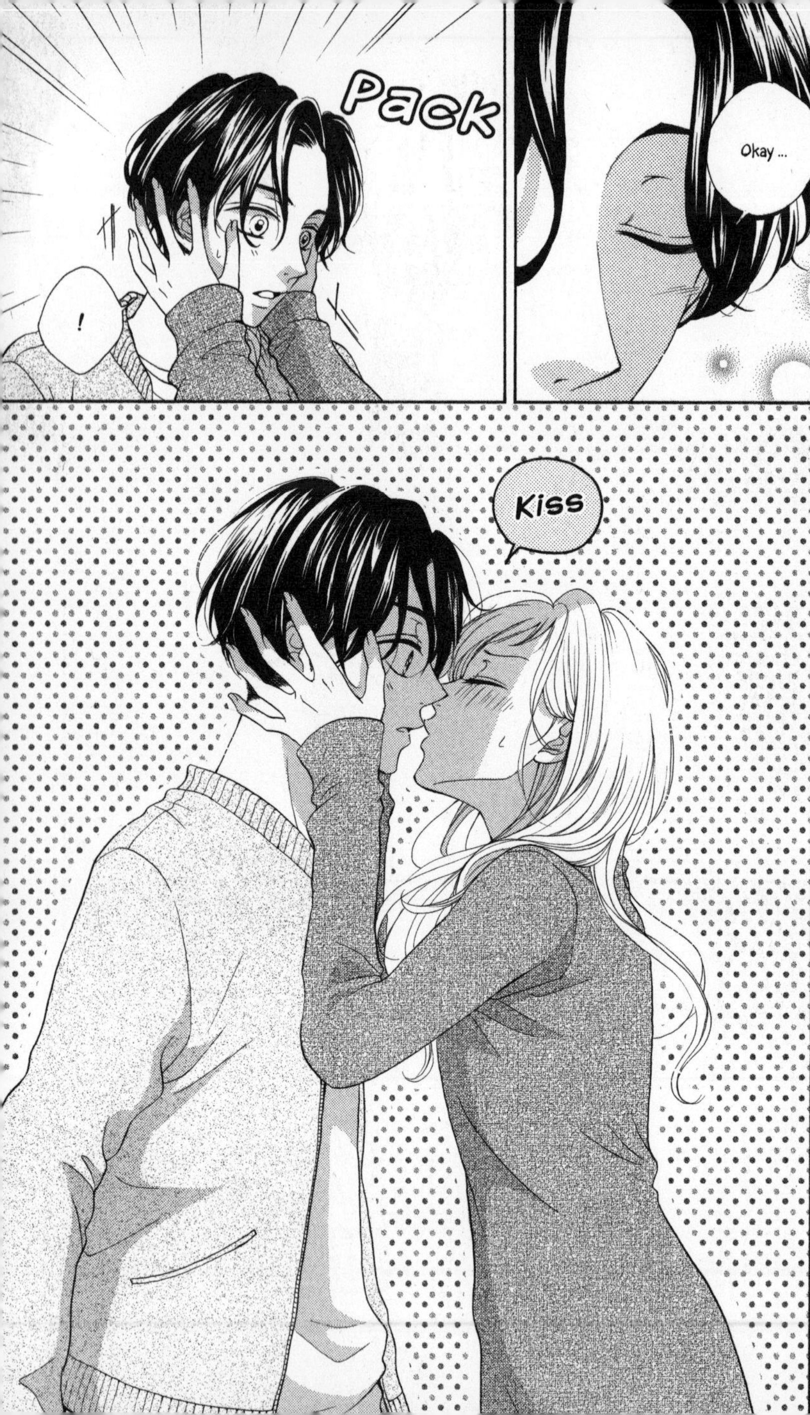
Okay ...
Pack
!
Kiss

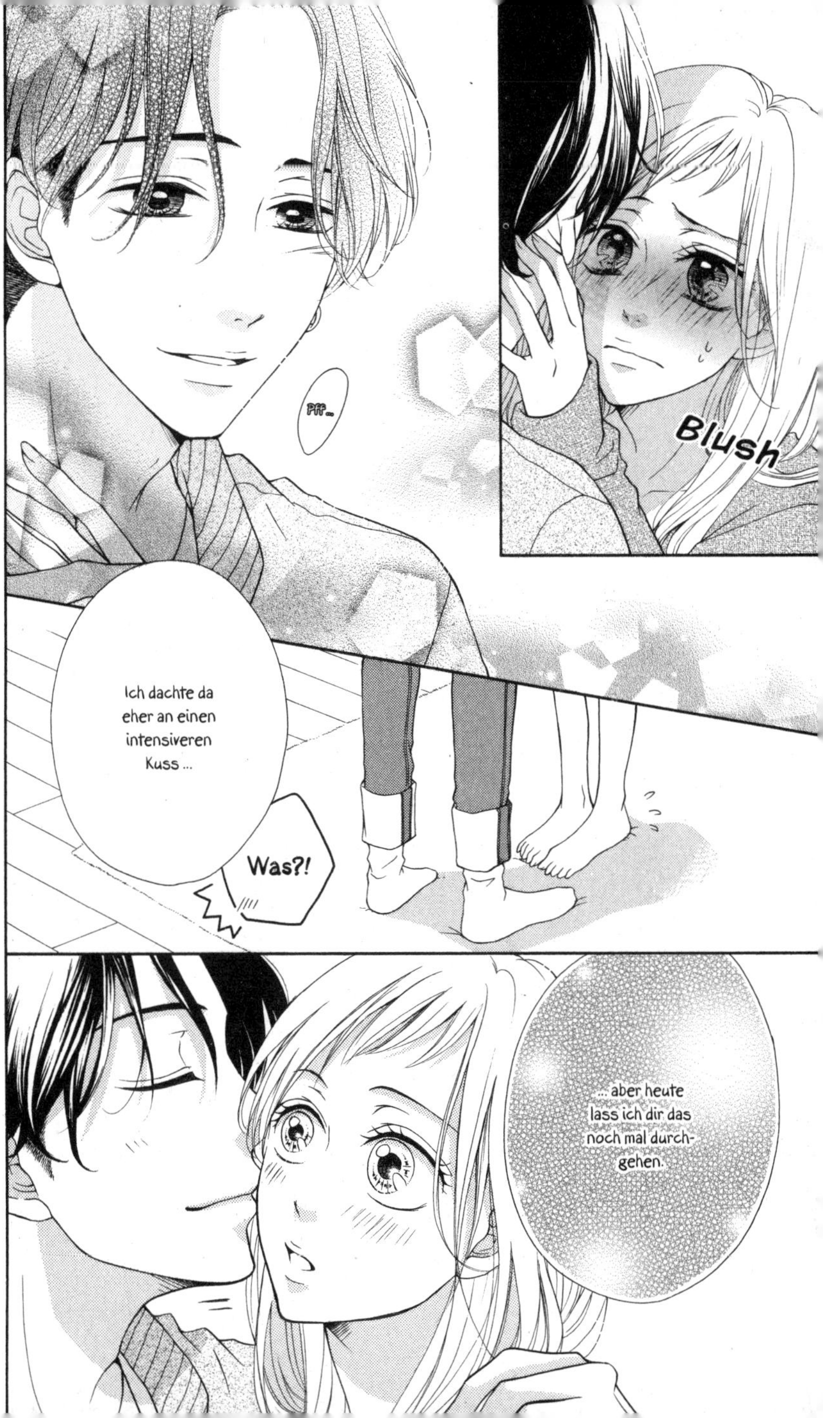
Blush
Pff ...
Ich dachte da eher an einen intensiveren Kuss ...
Was?!
... aber heute lass ich dir das noch mal durch-gehen.

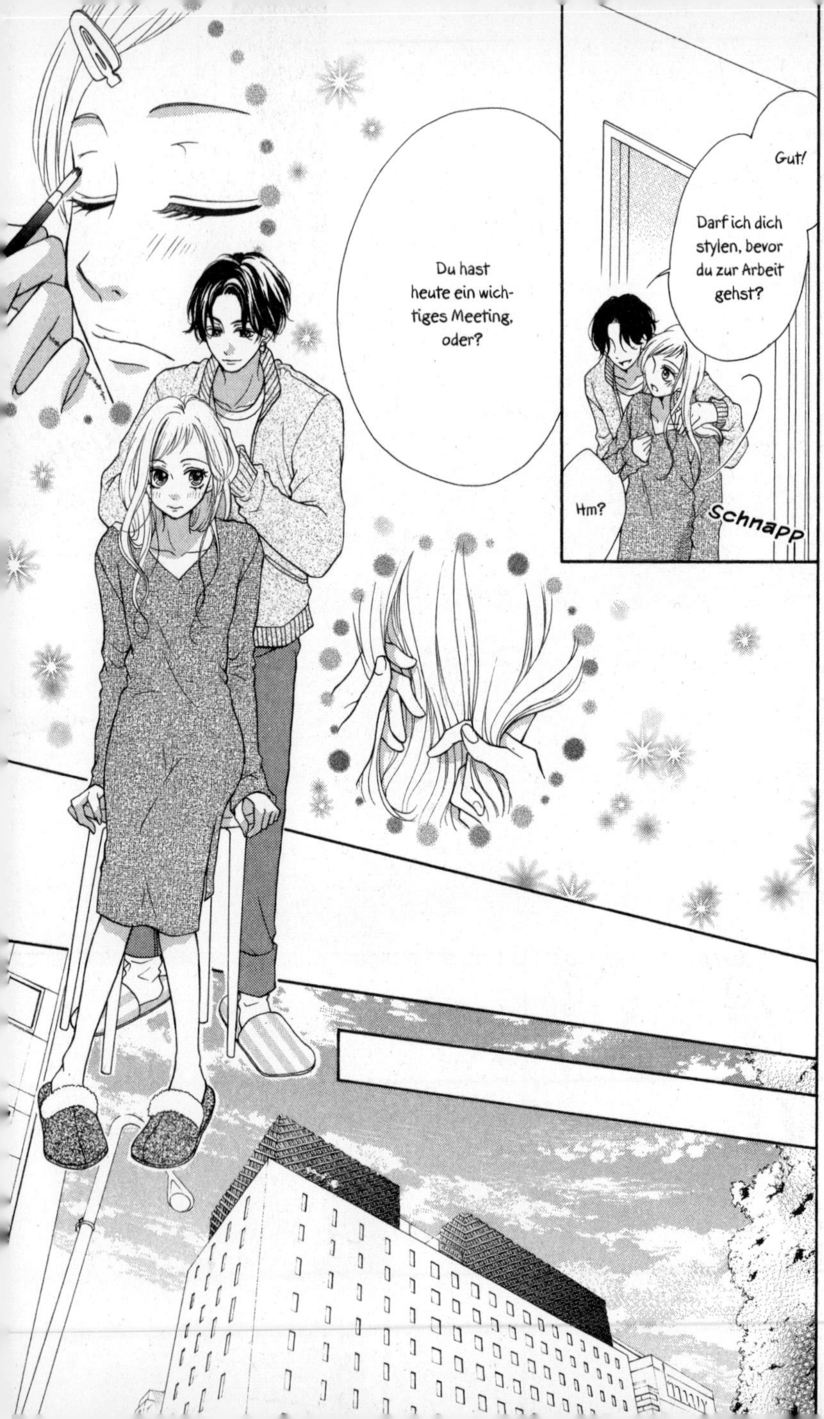
Gut!
Darf ich dich stylen, bevor du zur Arbeit gehst?
Hm?
Schnapp
Du hast heute ein wichtiges Meeting, oder?

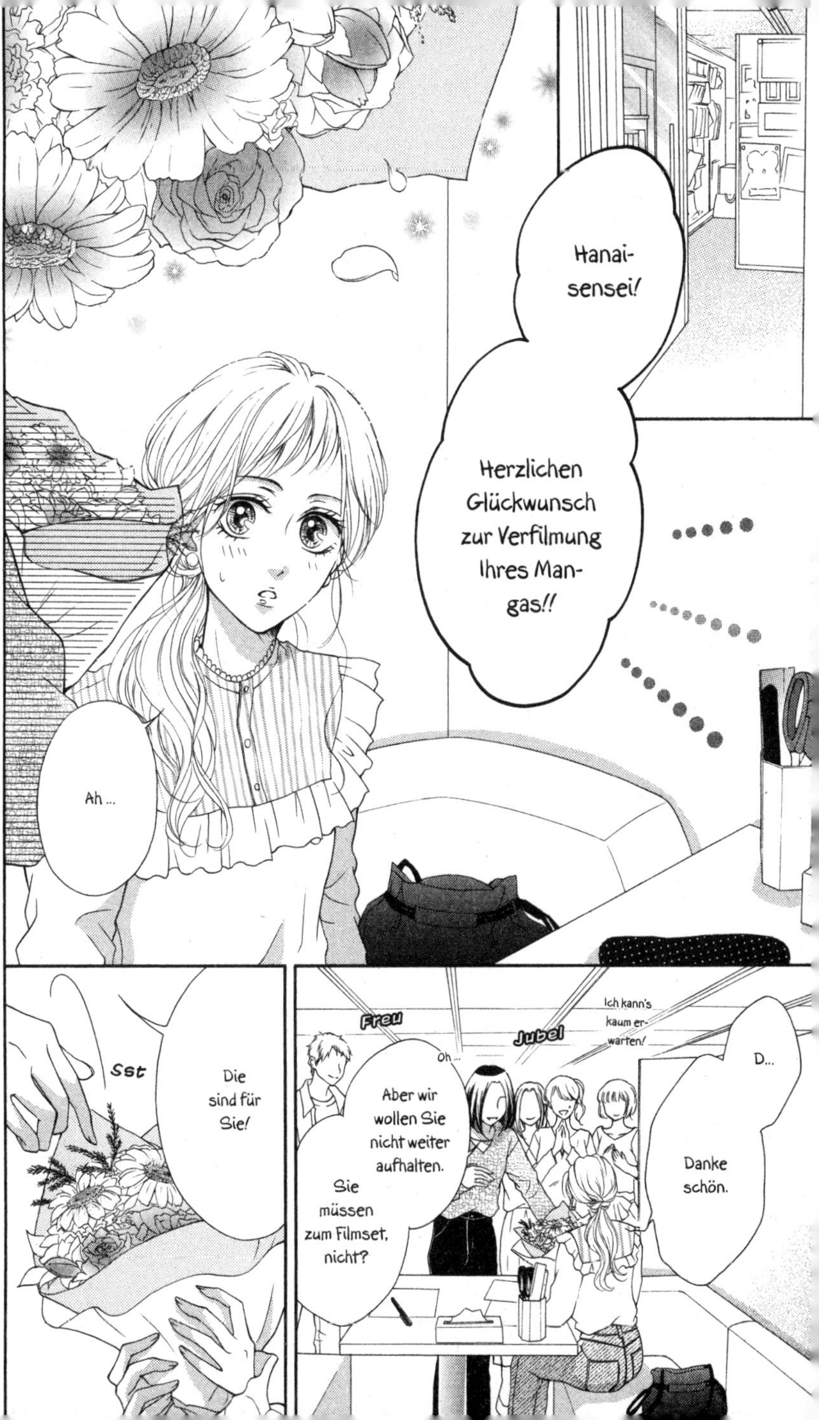
Hanai-sensei!
Herzlichen Glückwunsch zur Verfilmung Ihres Mangas!!
......
Ah ...
Sst
Die sind für Sie!
Ich kann's kaum erwarten!
Jubel
Freu
D...
Danke schön.
Oh ...
Aber wir wollen Sie nicht weiter aufhalten.
Sie müssen zum Filmset, nicht?

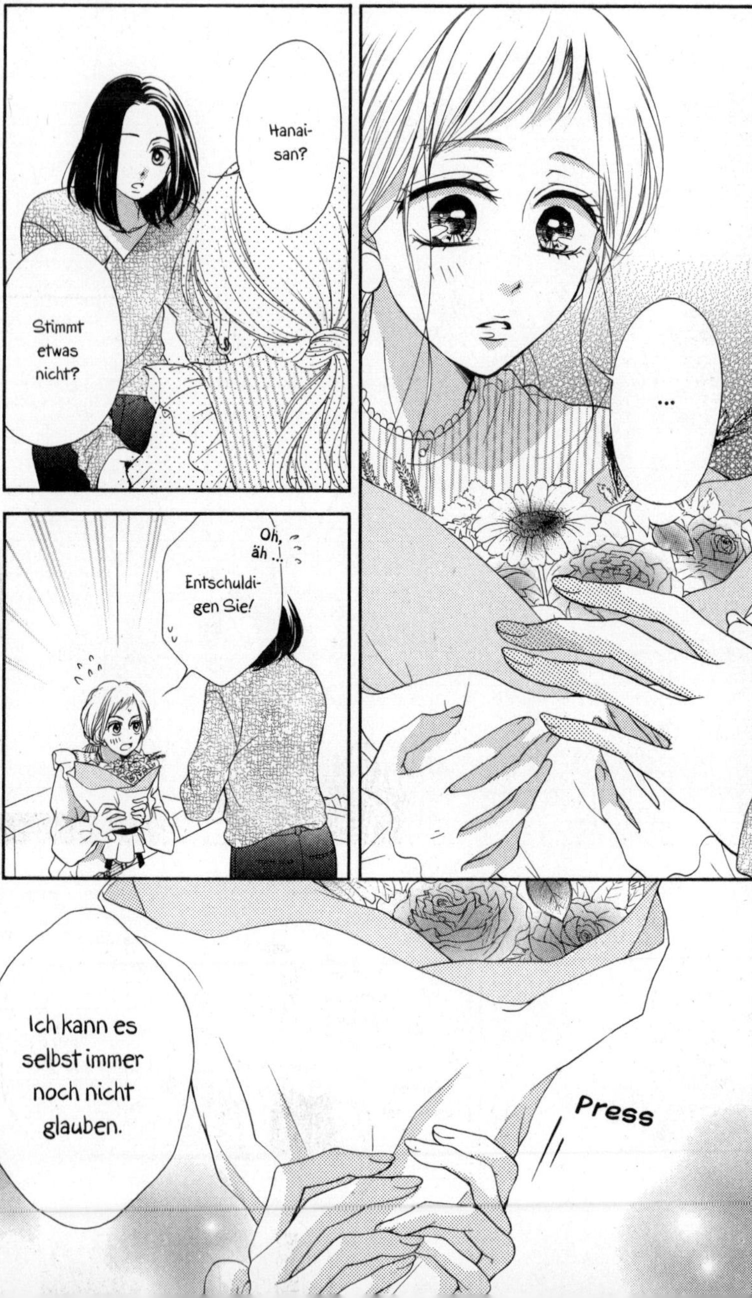
Hanai-san?
Stimmt etwas nicht?
...
Oh, äh ...!
Entschuldigen Sie!
Ich kann es selbst immer noch nicht glauben.
Press

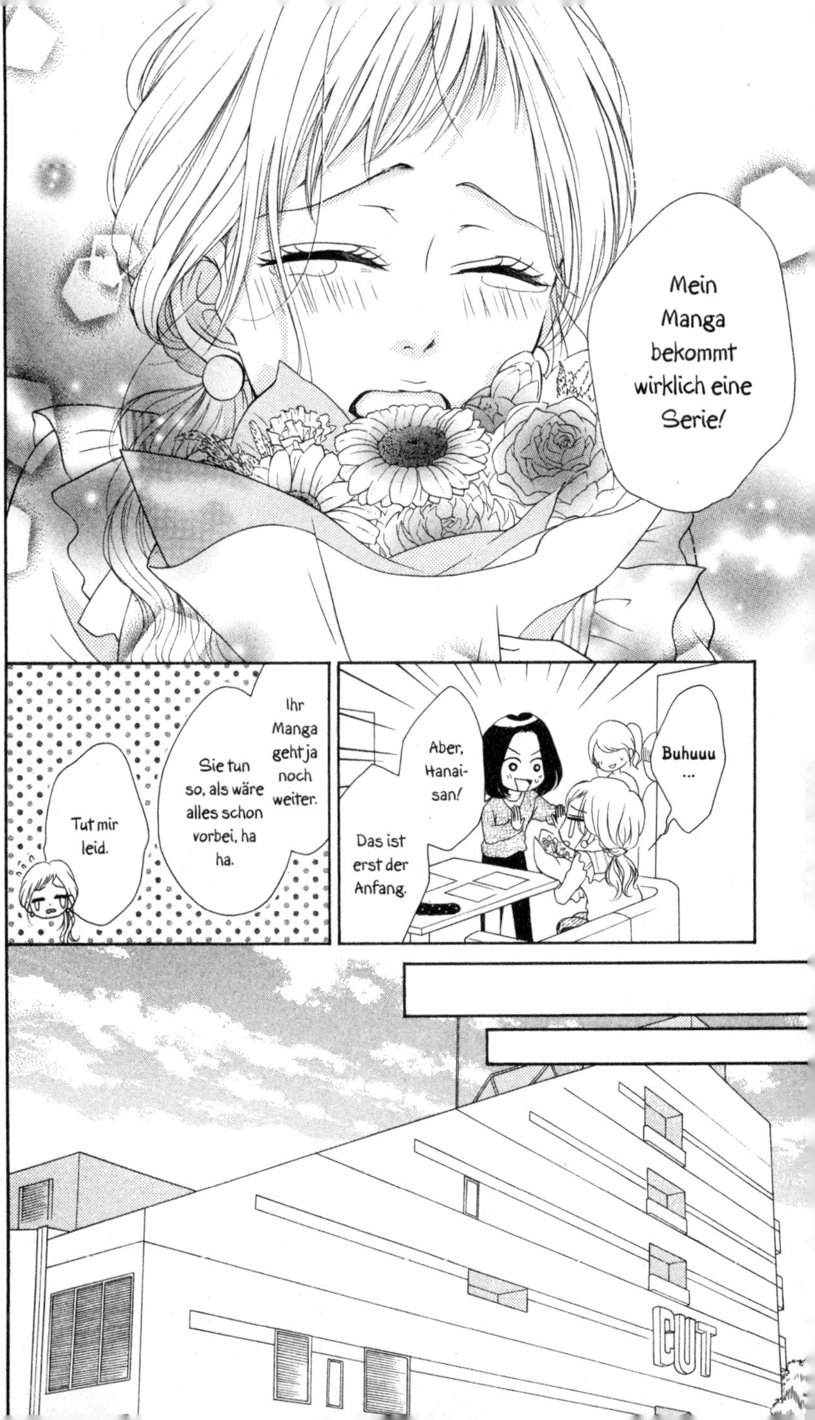
Mein Manga bekommt wirklich eine Serie!
Buhuuu ...
Aber, Hanai-san!
Das ist erst der Anfang.
Ihr Manga geht ja noch weiter.
Sie tun so, als wäre alles schon vorbei, ha ha.
Tut mir leid.
CUT

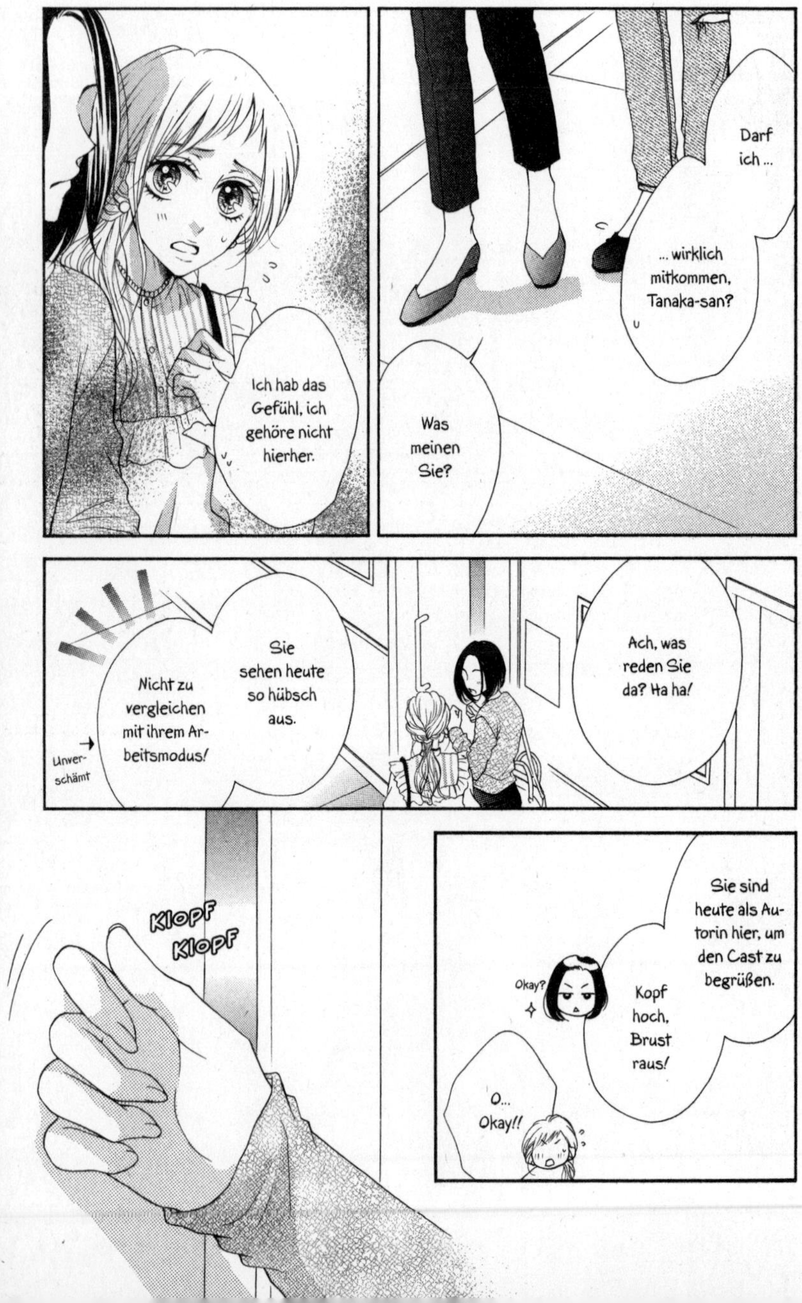

Darf ich ...
... wirklich mitkommen, Tanaka-san?
Was meinen Sie?
Ich hab das Gefühl, ich gehöre nicht hierher.
Ach, was reden Sie da? Ha ha!
Sie sehen heute so hübsch aus.
Nicht zu vergleichen mit ihrem Arbeitsmodus!
Unver-schämt
Sie sind heute als Autorin hier, um den Cast zu begrüßen.
Kopf hoch, Brust raus!
Okay?
O... Okay!!
KLOPF KLOPF

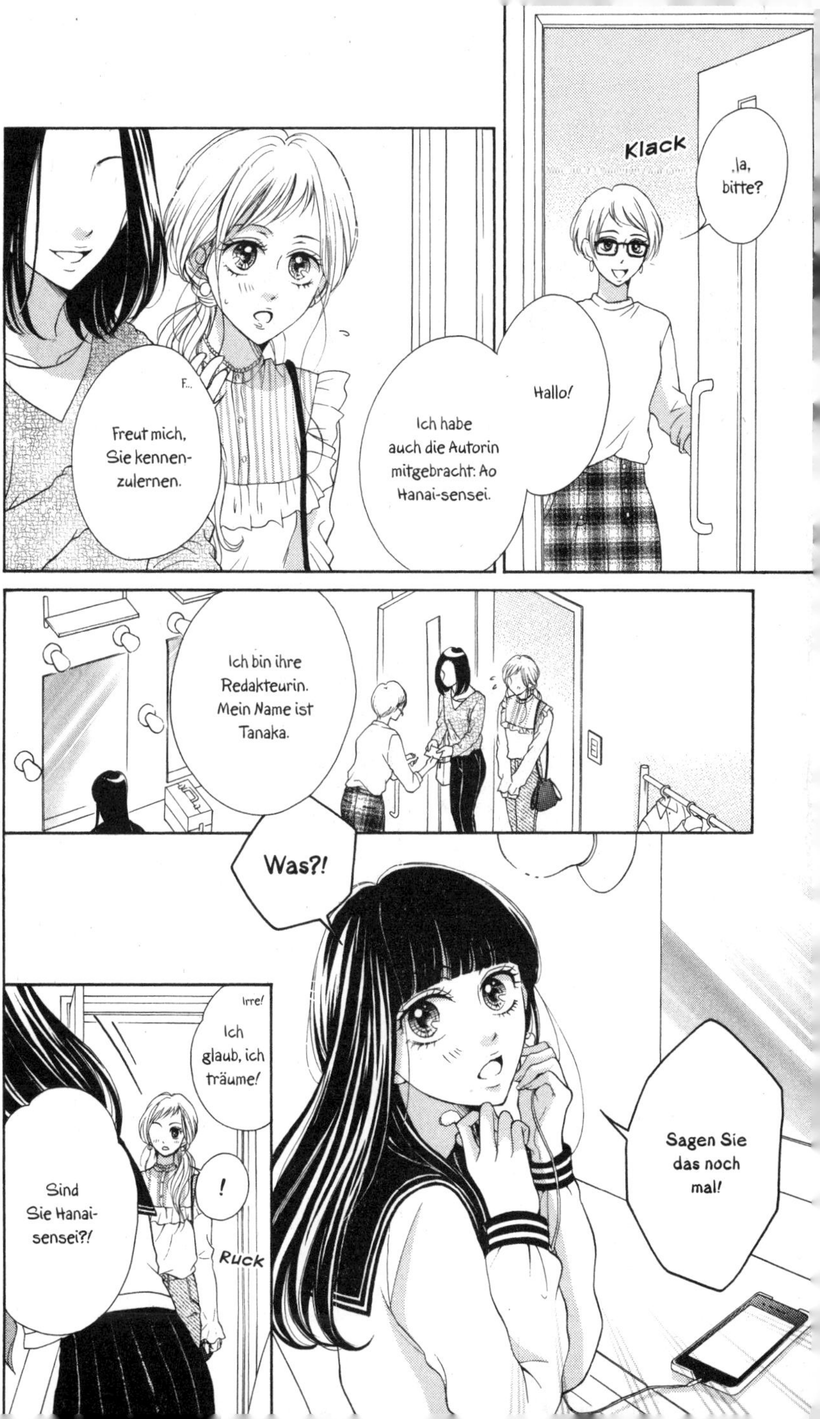
Klack
Ja, bitte?
Hallo!
Ich habe auch die Autorin mitgebracht: Ao Hanai-sensei.
F...
Freut mich, Sie kennenzulernen.
Ich bin ihre Redakteurin. Mein Name ist Tanaka.
Was?!
Sagen Sie das noch mal!
Irre!
Ich glaub, ich träume!
!
Ruck
Sind Sie Hanai-sensei?!

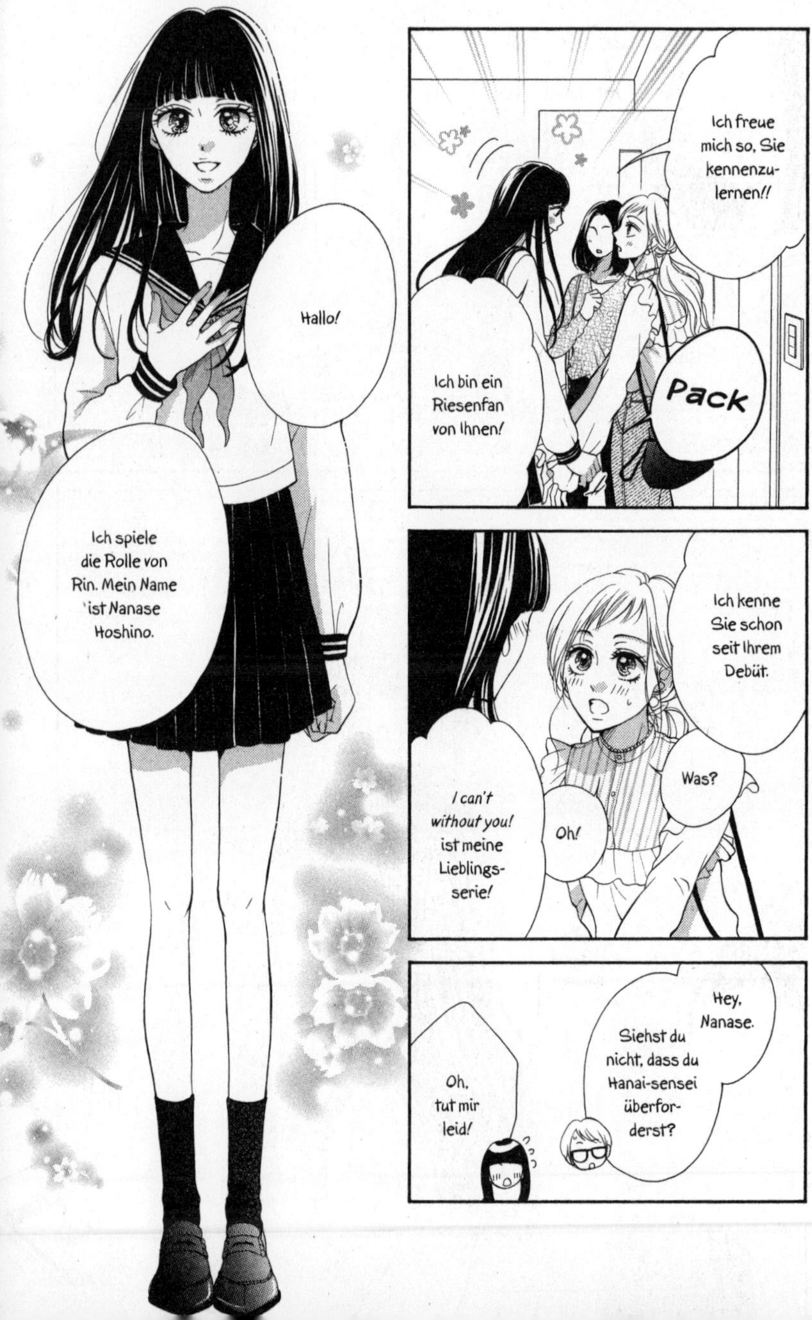
Hallo!
Ich spiele die Rolle von Rin. Mein Name ist Nanase Hoshino.
Ich freue mich so, Sie kennenzulernen!!
Pack
Ich bin ein Riesenfan von Ihnen!
Ich kenne Sie schon seit Ihrem Debüt.
Was?
Oh!
*I can't without you!* ist meine Lieblingsserie!
Hey, Nanase.
Siehst du nicht, dass du Hanai-sensei überforderst?
Oh, tut mir leid!

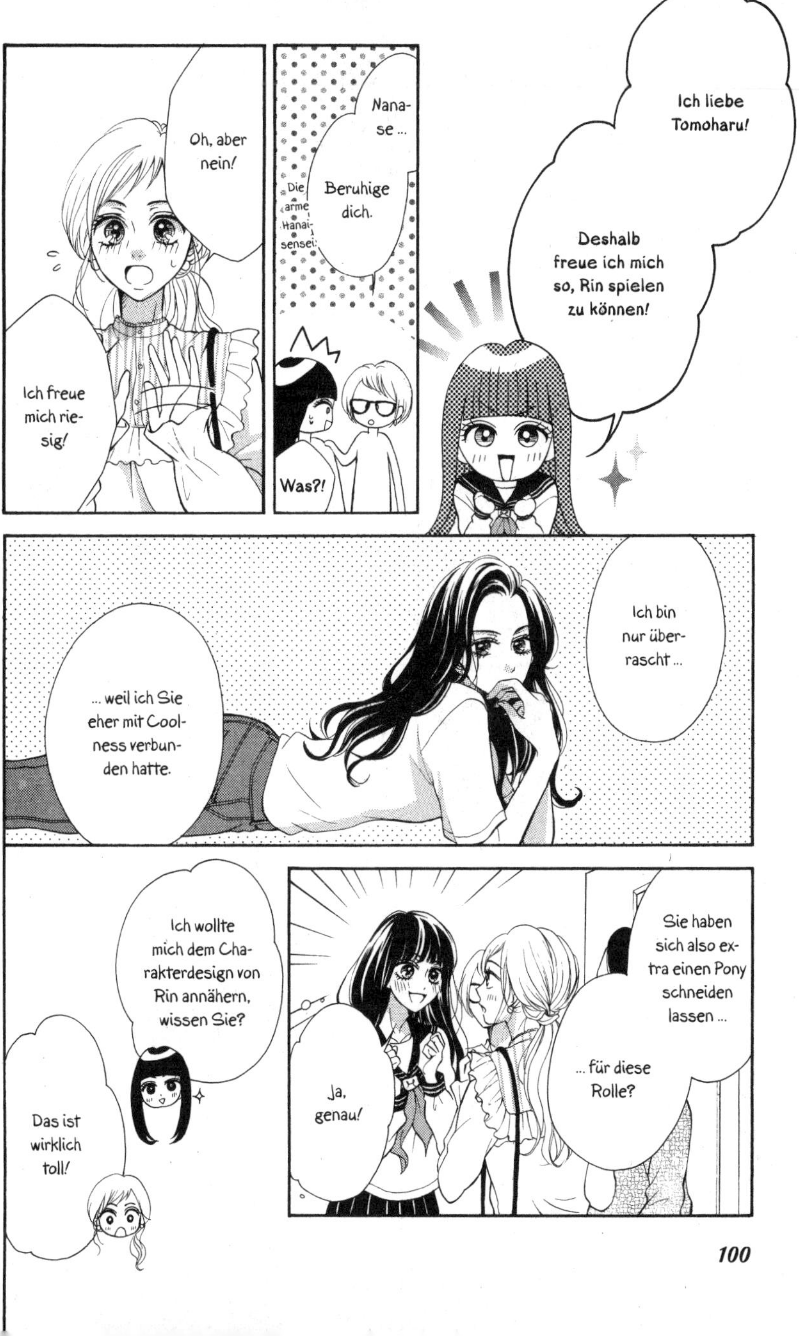

Ich liebe Tomoharu!
Deshalb freue ich mich so, Rin spielen zu können!
Nanase ...
Beruhige dich.
Die arme Hanai-sensei!
Was?!
Oh, aber nein!
Ich freue mich riesig!
Ich bin nur überrascht ...
... weil ich Sie eher mit Coolness verbunden hatte.
Sie haben sich also extra einen Pony schneiden lassen ...
... für diese Rolle?
Ja, genau!
Ich wollte mich dem Charakterdesign von Rin annähern, wissen Sie?
Das ist wirklich toll!

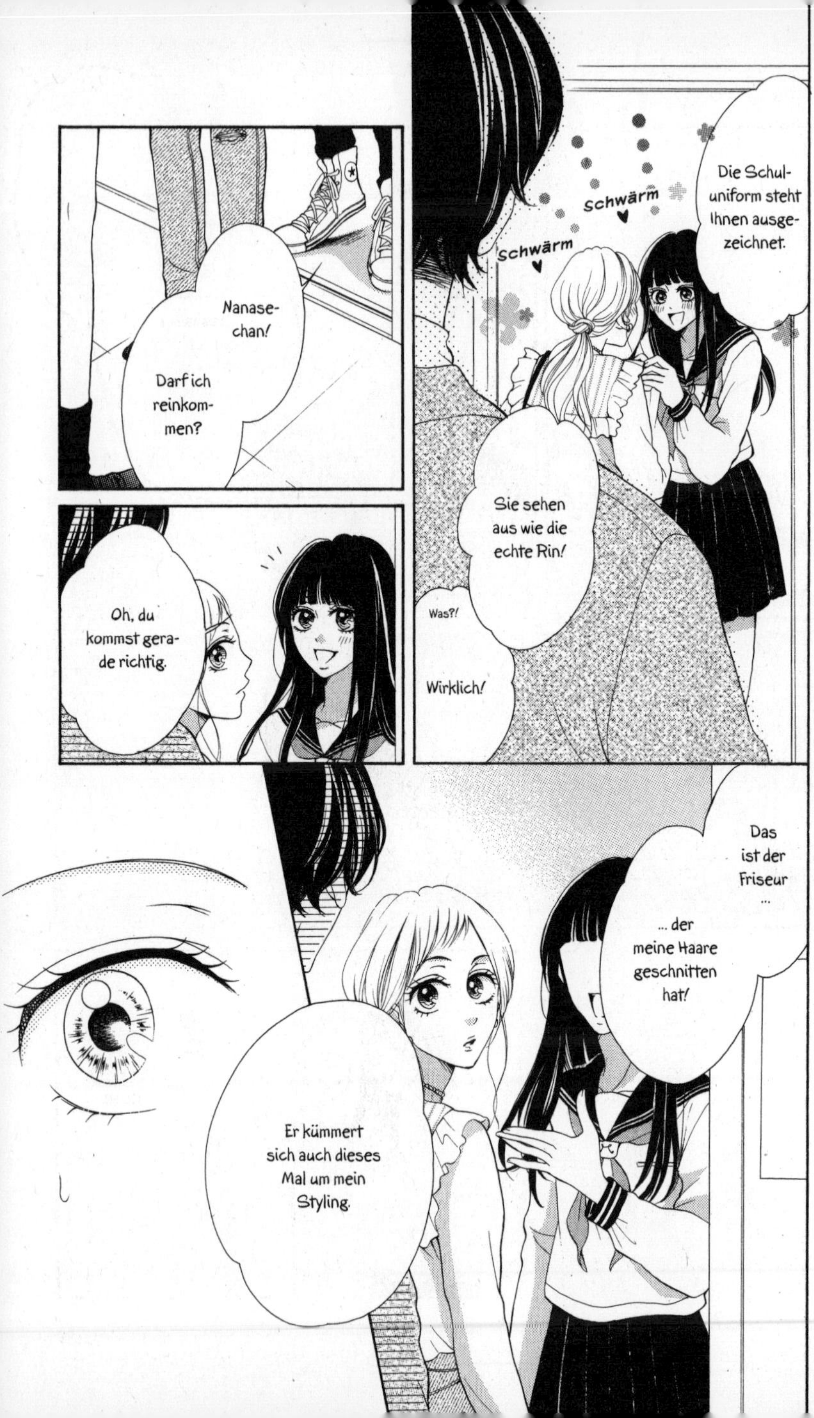
Die Schuluniform steht Ihnen ausgezeichnet.
Schwärm
Schwärm
Sie sehen aus wie die echte Rin!
Was?!
Wirklich!
Nanase-chan!
Darf ich reinkommen?
Oh, du kommst gerade richtig.
Das ist der Friseur …
… der meine Haare geschnitten hat!
Er kümmert sich auch dieses Mal um mein Styling.

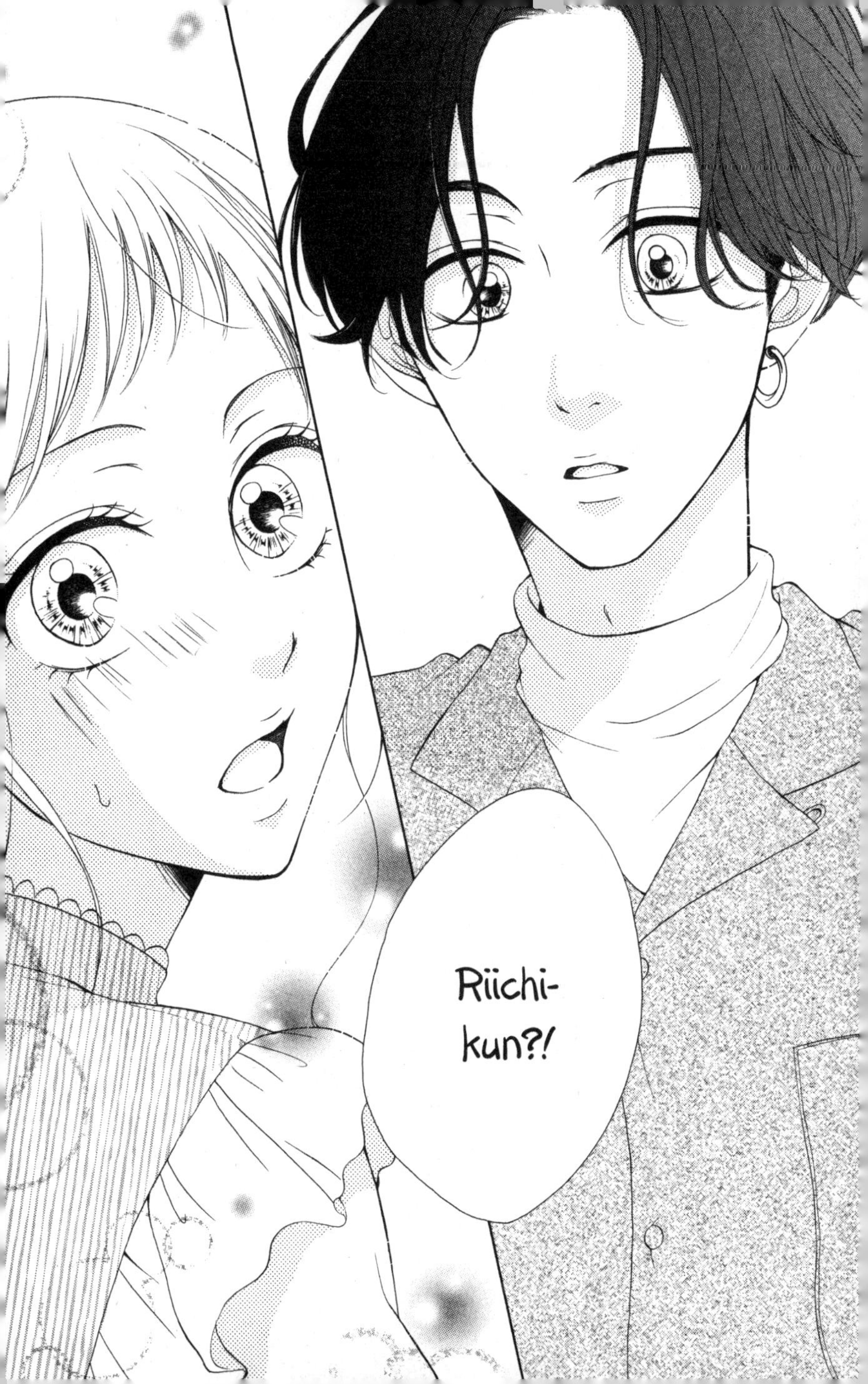
Riichi-kun?!

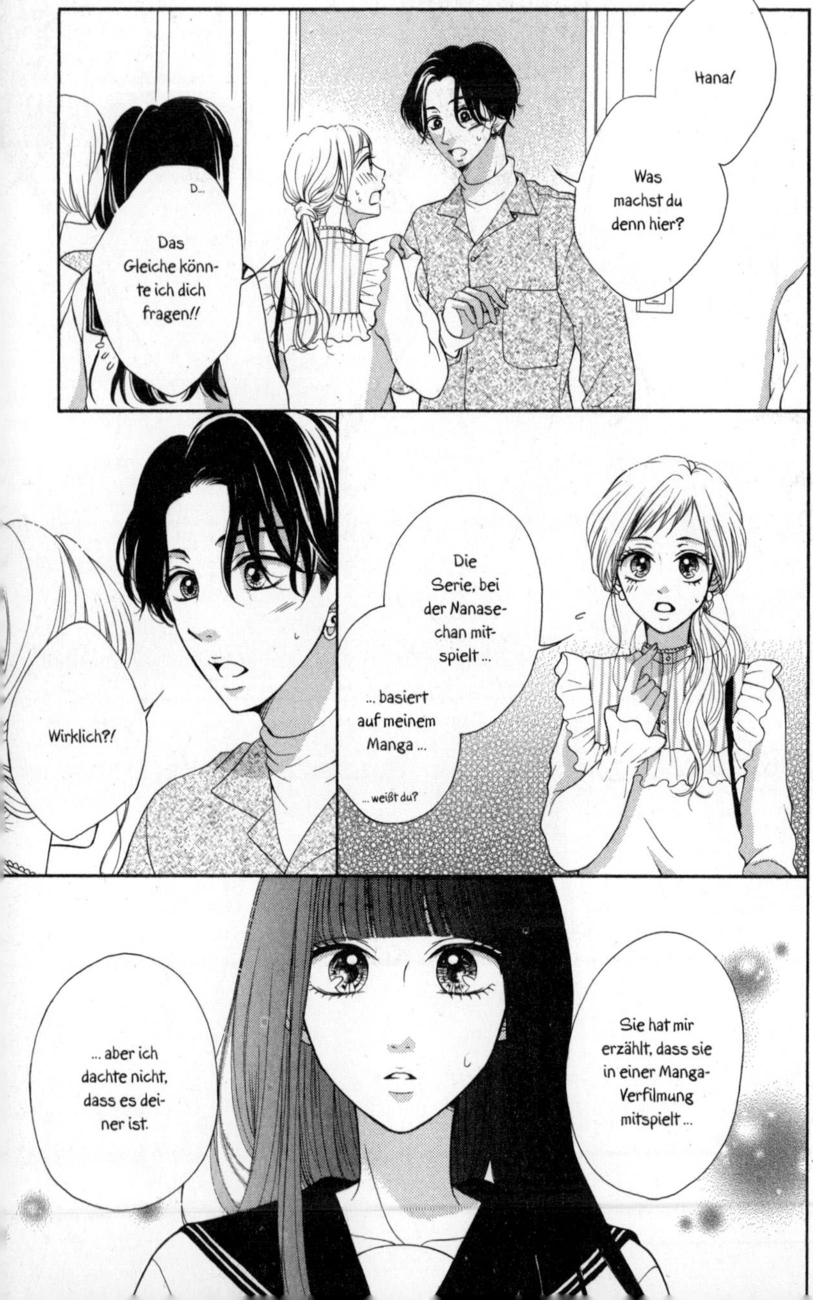
Hana!
Was machst du denn hier?
D...
Das Gleiche könnte ich dich fragen!!
Die Serie, bei der Nanase-chan mitspielt ...
... basiert auf meinem Manga ...
... weißt du?
Wirklich?!
Sie hat mir erzählt, dass sie in einer Manga-Verfilmung mitspielt ...
... aber ich dachte nicht, dass es deiner ist.

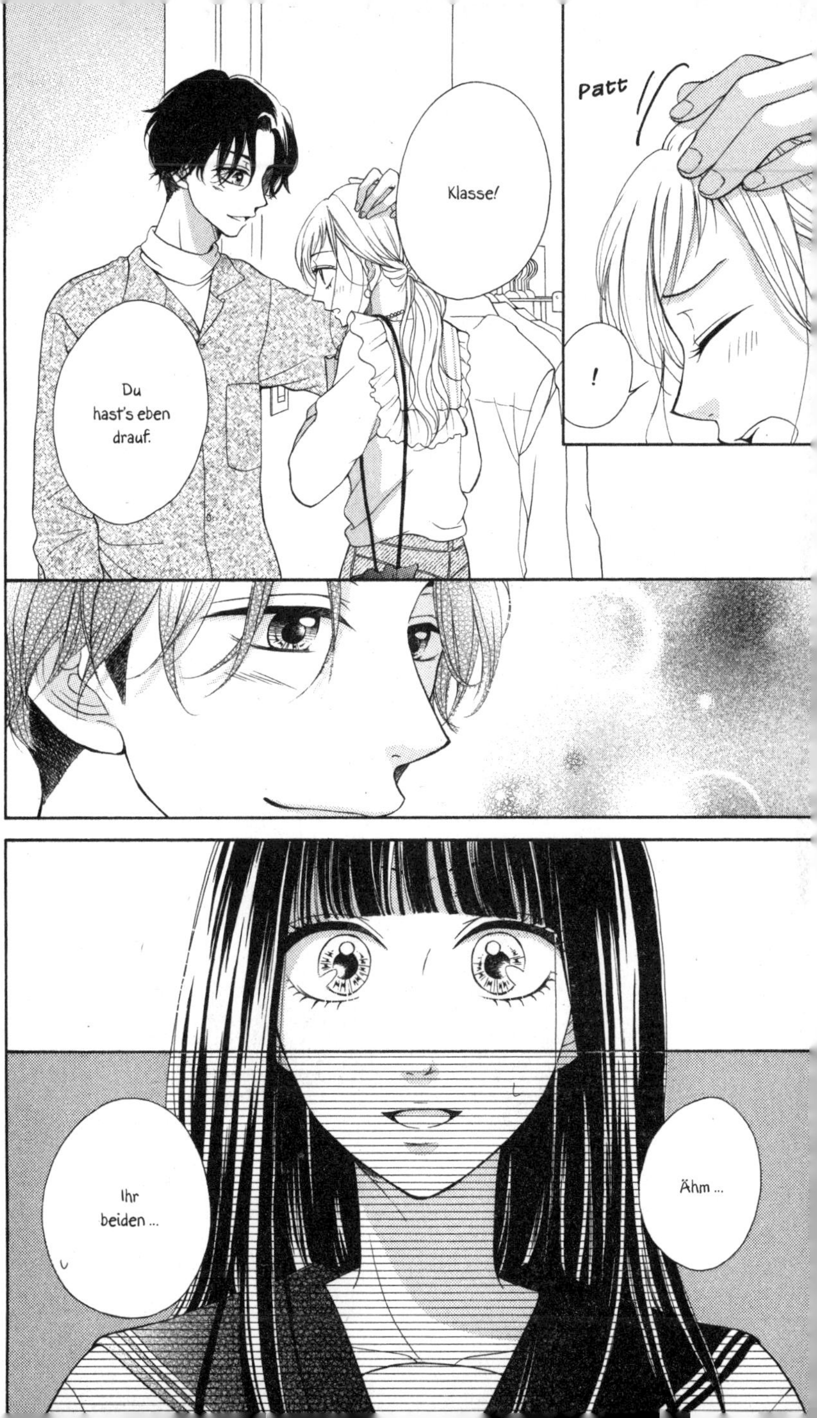
Patt
!
Klasse!
Du hast's eben drauf.
Ähm ...
Ihr beiden ...

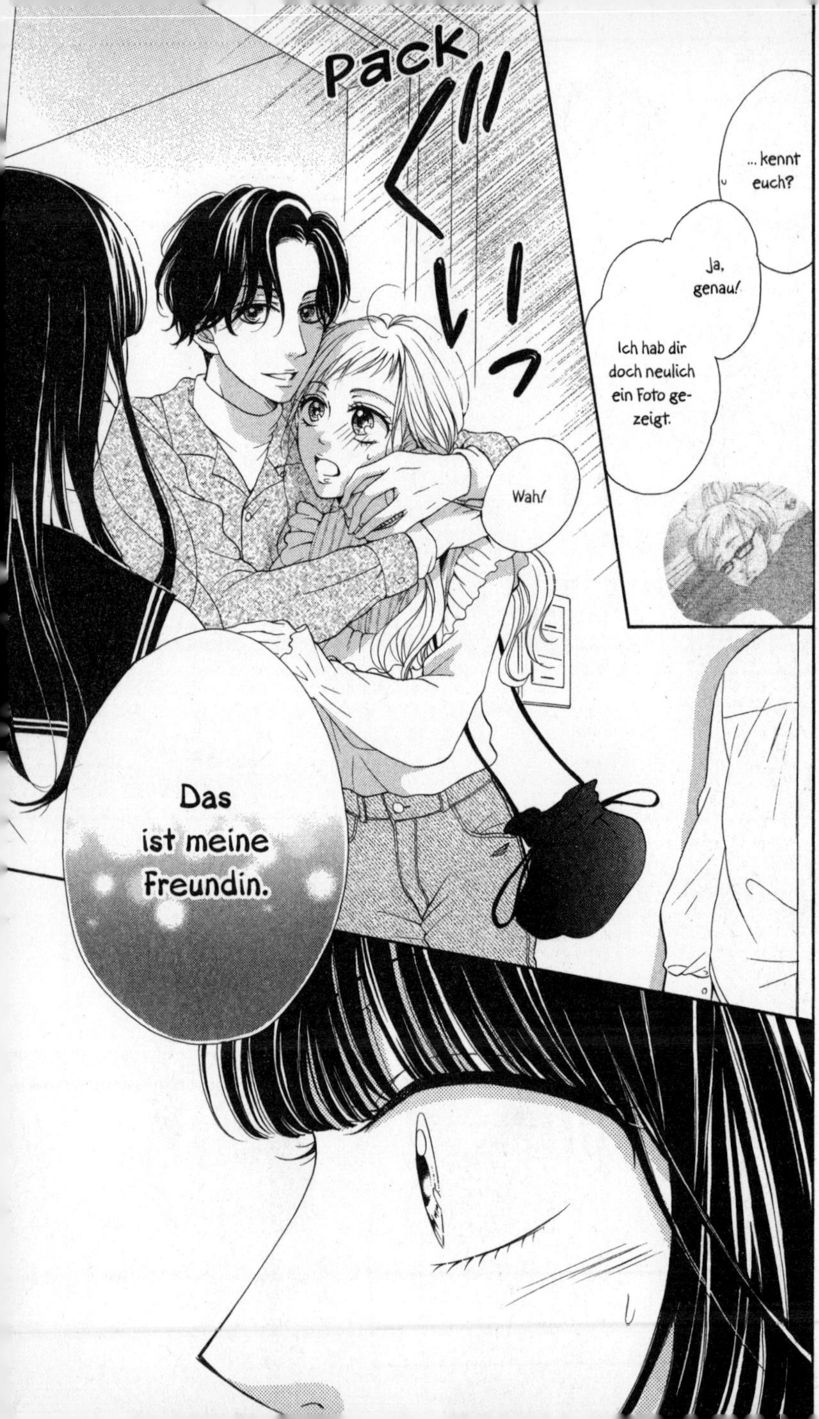
... kennt euch?
Ja, genau!
Ich hab dir doch neulich ein Foto gezeigt.
Pack
Wah!
Das ist meine Freundin.

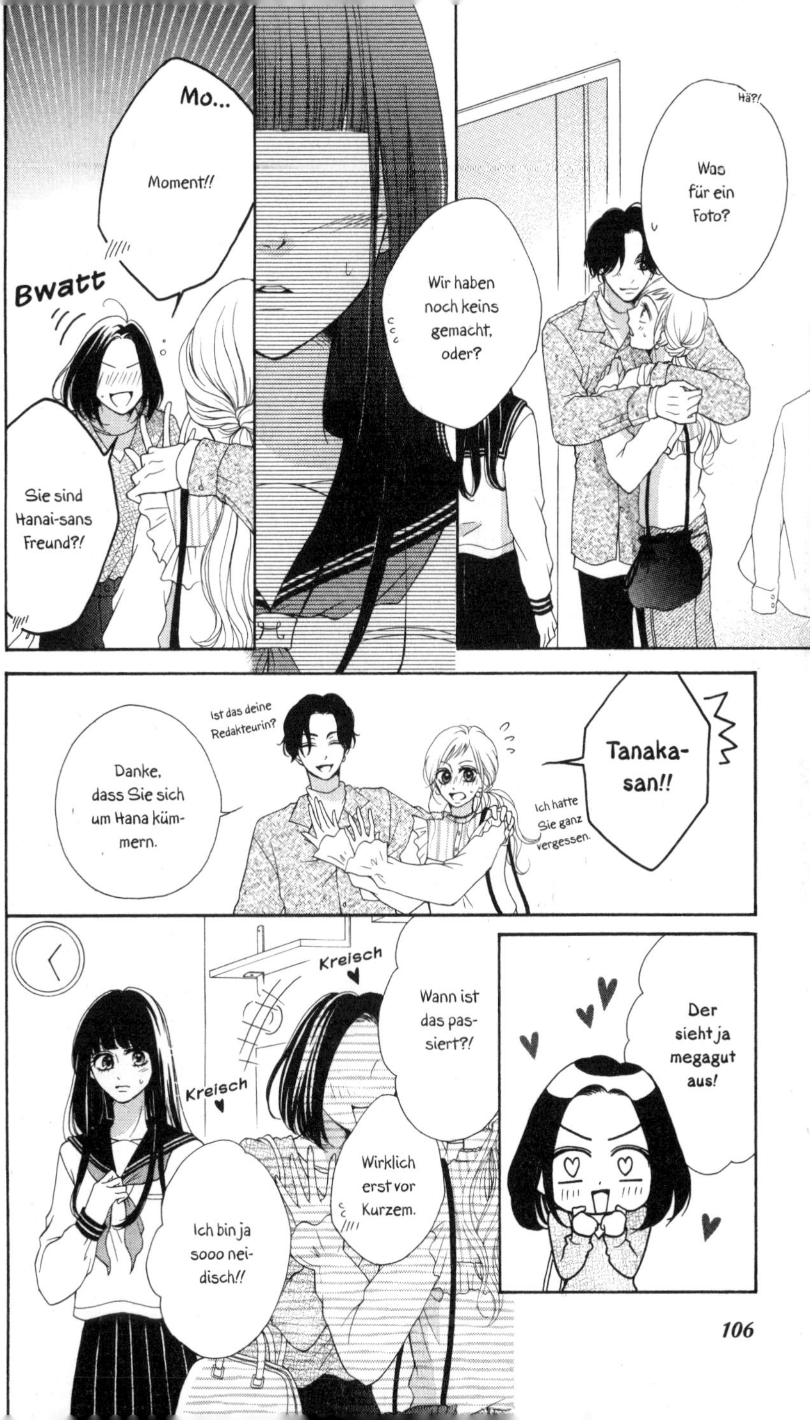
Hä?!
Was für ein Foto?
Wir haben noch keins gemacht, oder?
Mo...
Moment!!
Bwatt
Sie sind Hanai-sans Freund?!
Tanaka-san!!
Ich hatte Sie ganz vergessen.
Ist das deine Redakteurin?
Danke, dass Sie sich um Hana kümmern.
Der sieht ja megagut aus!
Wann ist das passiert?!
Kreisch
Wirklich erst vor Kurzem.
Kreisch
Ich bin ja sooo neidisch!!

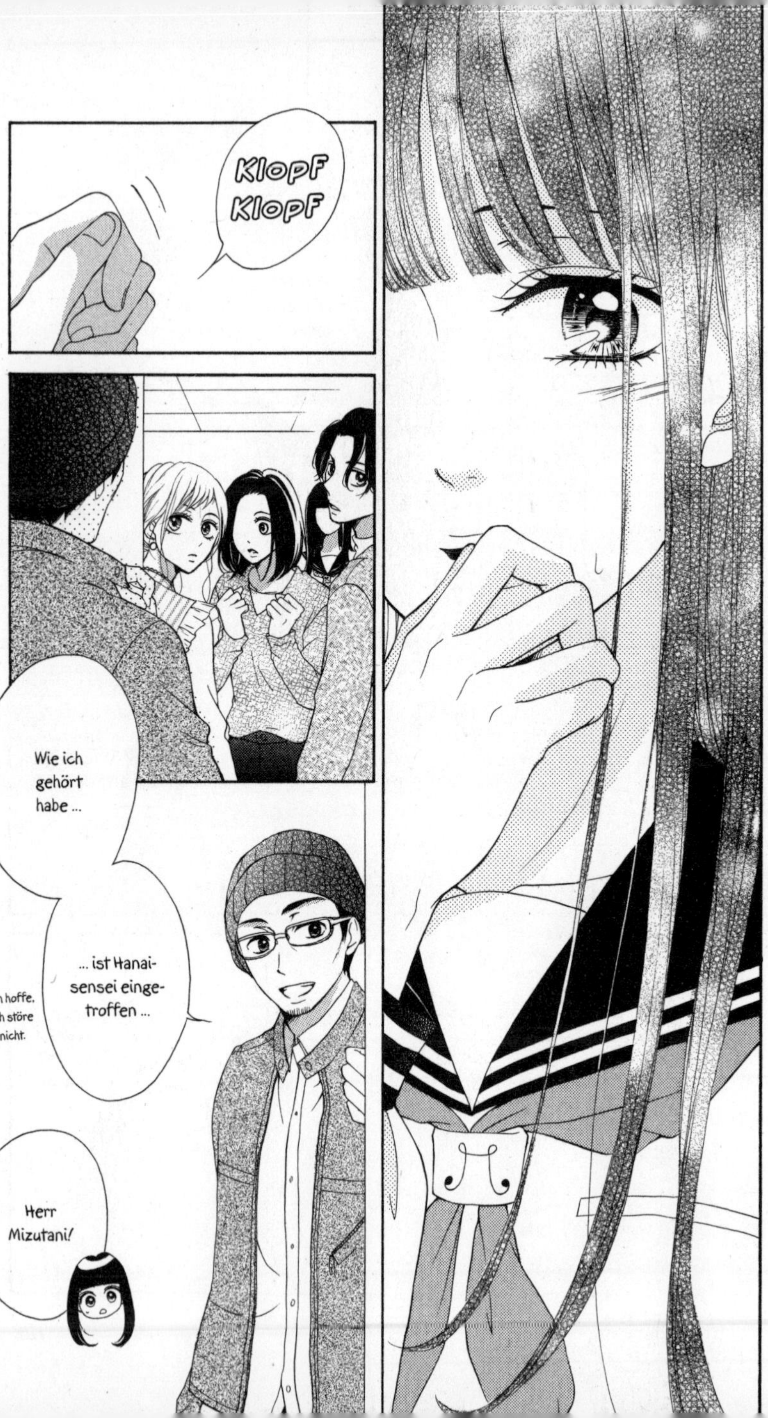
Klopf Klopf
Wie ich gehört habe ...
... ist Hanai-sensei eingetroffen ...
Ich hoffe, ich störe nicht.
Herr Mizutani!

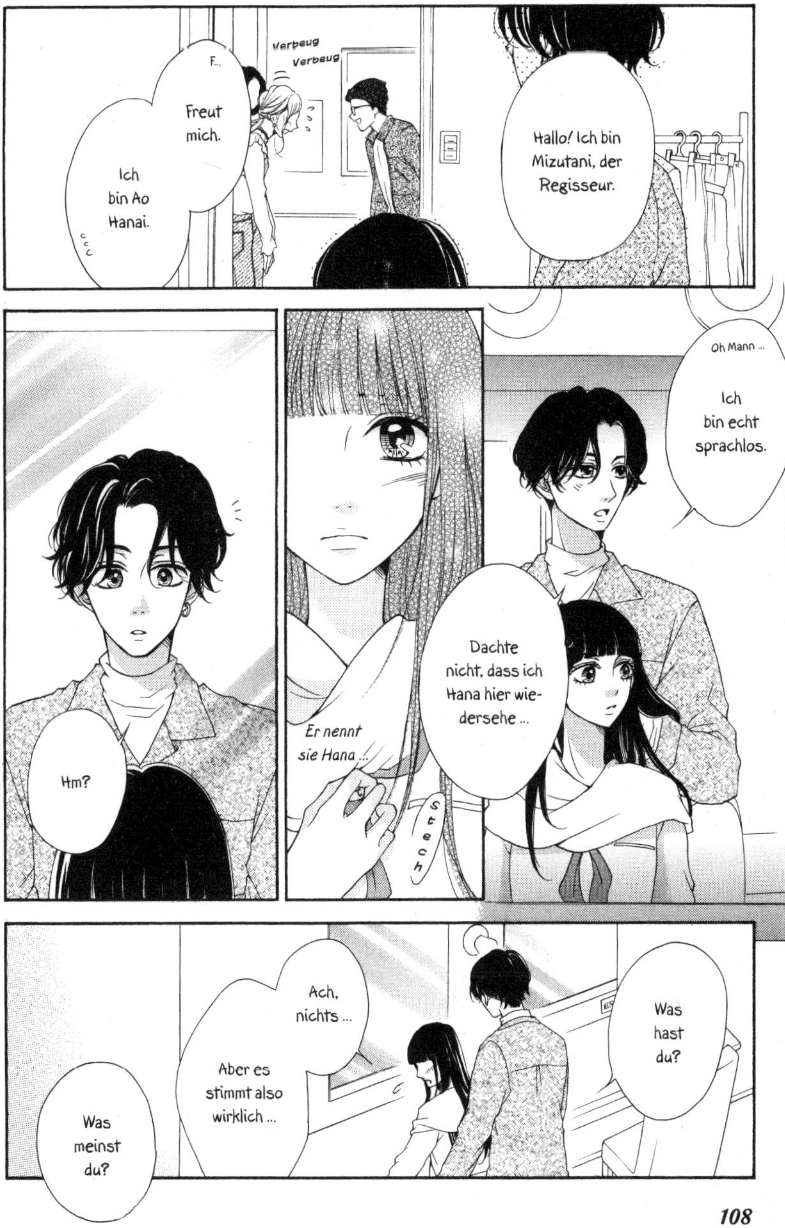
Hallo! Ich bin Mizutani, der Regisseur.
Verbeug Verbeug
F...
Freut mich.
Ich bin Ao Hanai.
Oh Mann ...
Ich bin echt sprachlos.
Dachte nicht, dass ich Hana hier wiedersehe ...
Er nennt sie Hana ...
Stech
Hm?
Was hast du?
Ach, nichts ...
Aber es stimmt also wirklich ...
Was meinst du?

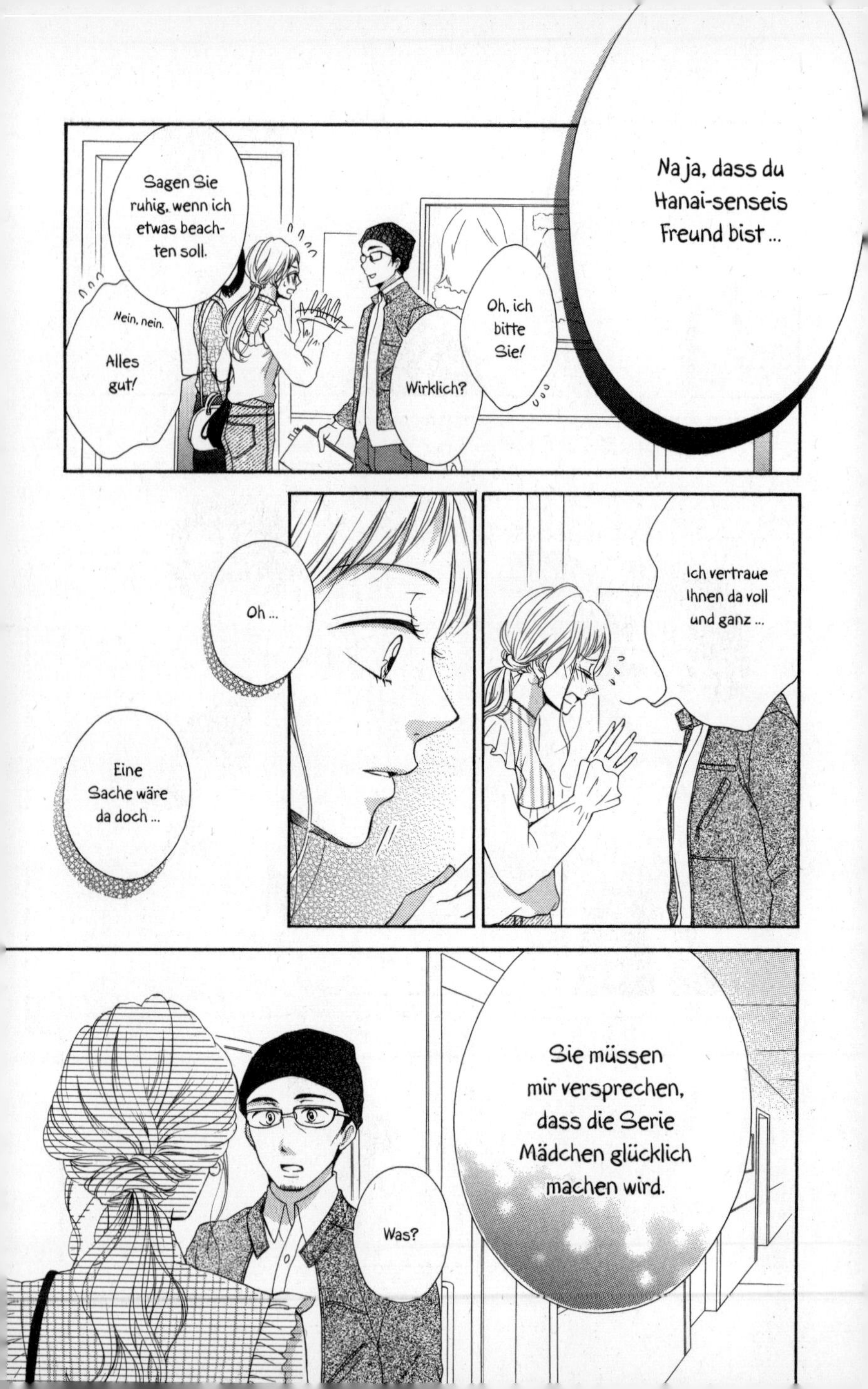
Na ja, dass du Hanai-senseis Freund bist ...
Oh, ich bitte Sie!
Wirklich?
Sagen Sie ruhig, wenn ich etwas beach-ten soll.
Nein, nein.
Alles gut!
Ich vertraue Ihnen da voll und ganz ...
Oh ...
Eine Sache wäre da doch ...
Sie müssen mir versprechen, dass die Serie Mädchen glücklich machen wird.
Was?

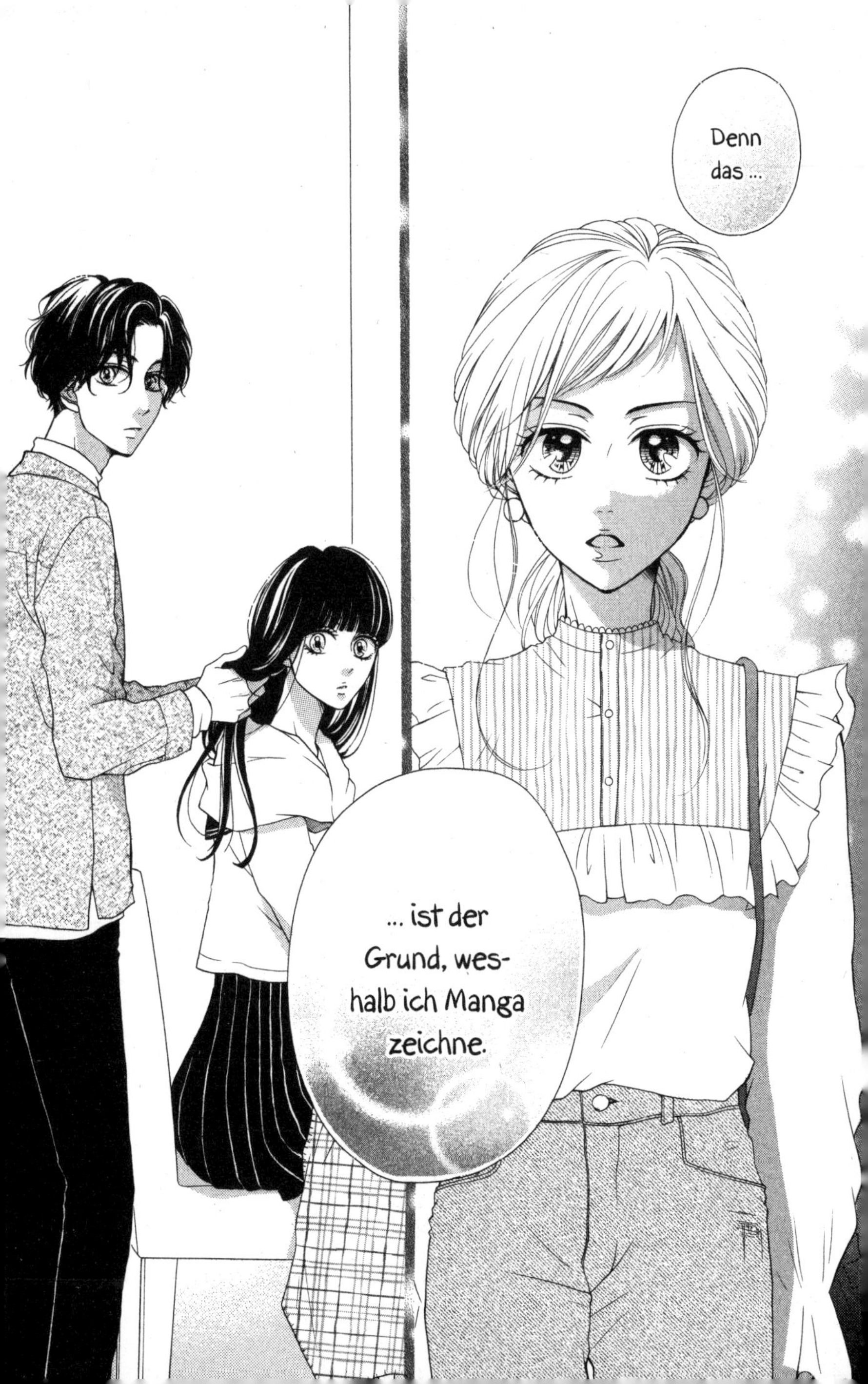
Denn das ...
... ist der Grund, weshalb ich Manga zeichne.

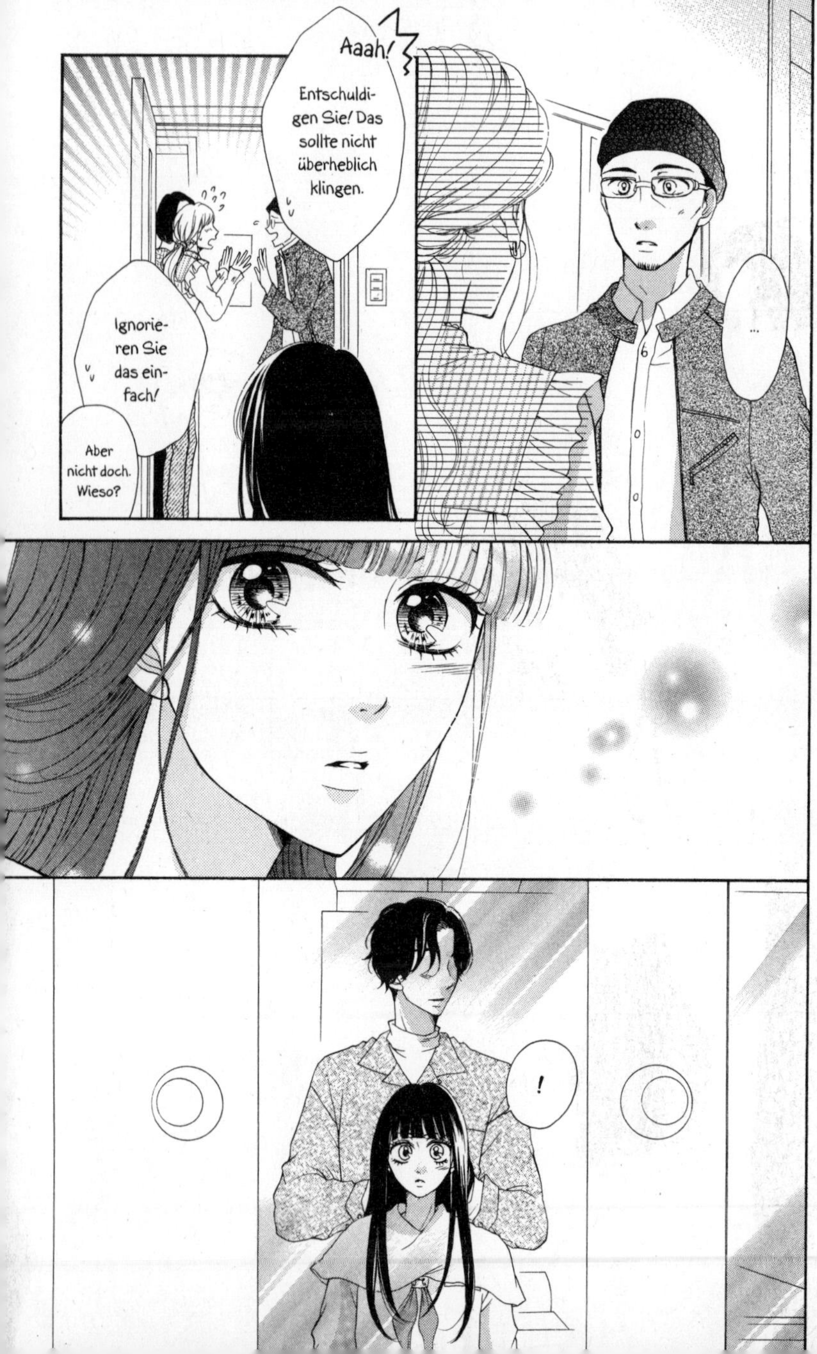
…
Aaah!
Entschuldigen Sie! Das sollte nicht überheblich klingen.
Ignorieren Sie das einfach!
Aber nicht doch. Wieso?
!

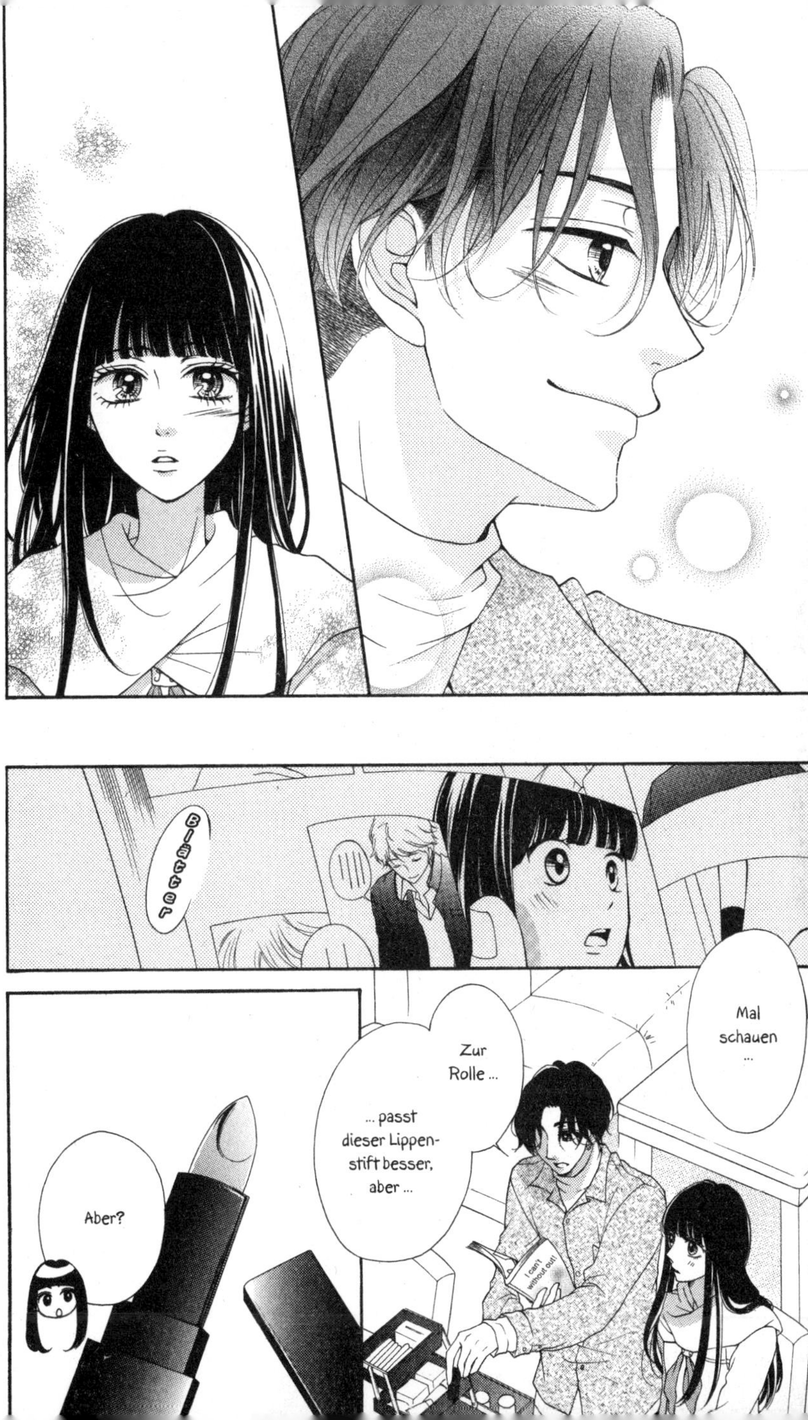
Blätter
Mal schauen ...
Zur Rolle ...
... passt dieser Lippen-stift besser, aber ...
Aber?

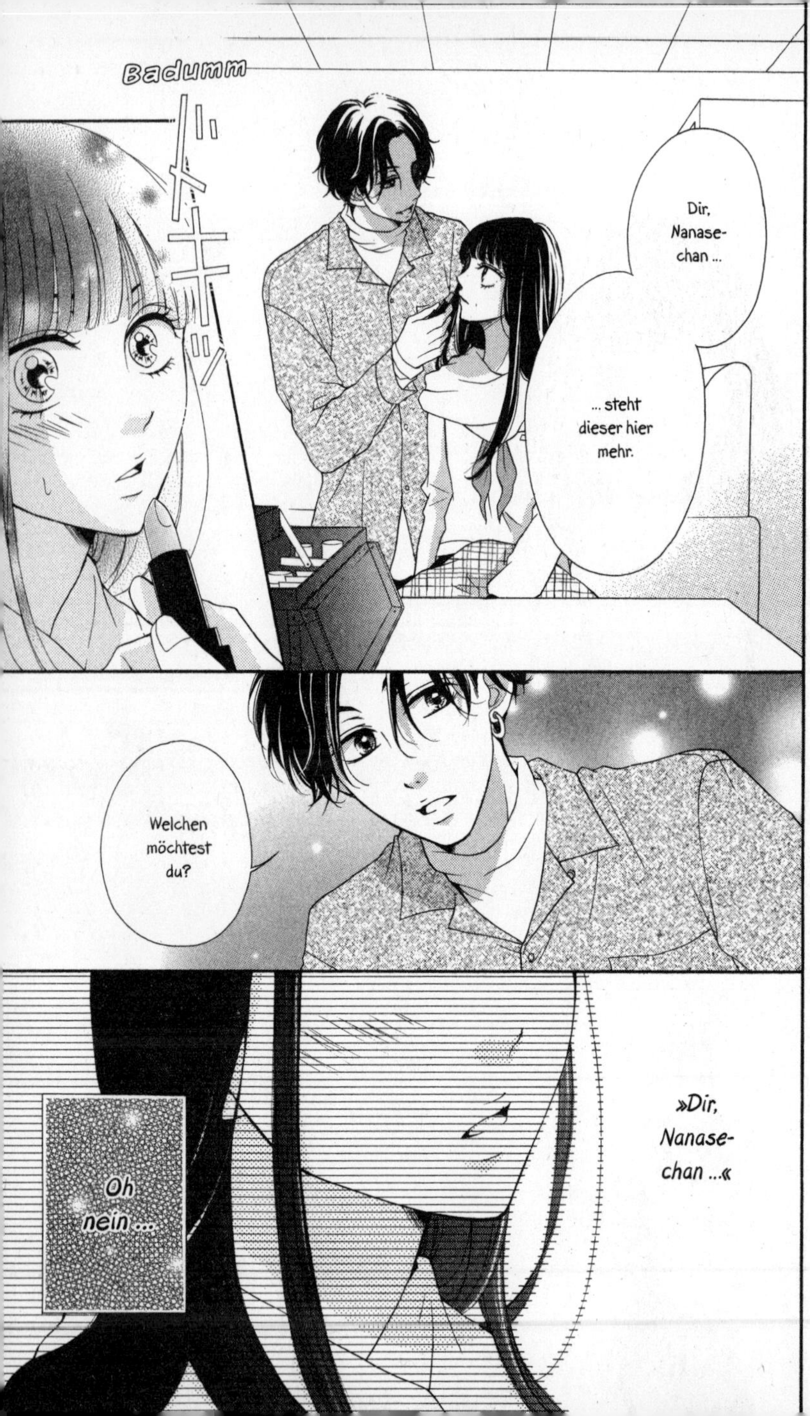
Badumm
Dir, Nanase-chan ...
... steht dieser hier mehr.
Welchen möchtest du?
»Dir, Nanase-chan ...«
Oh nein ...

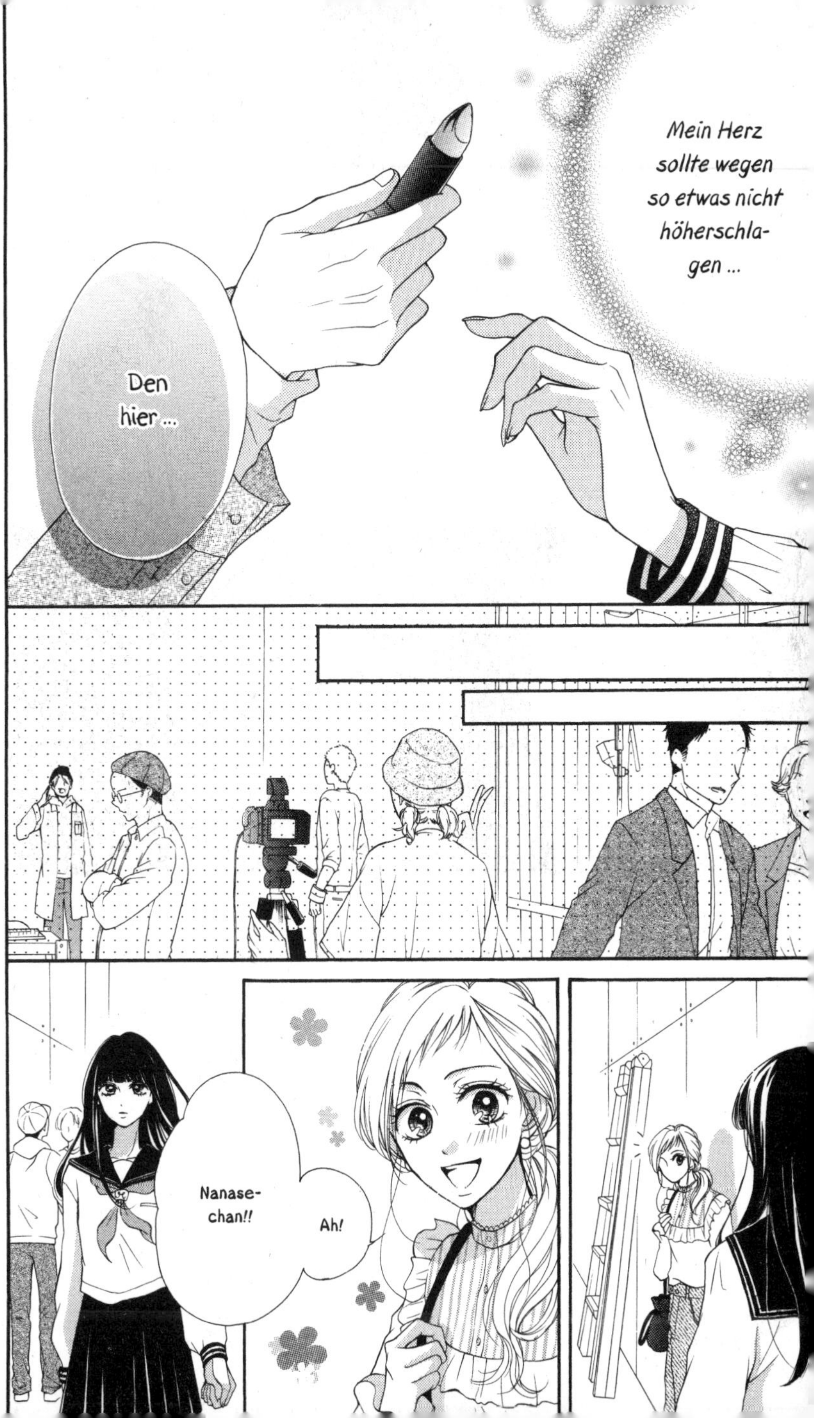
Mein Herz sollte wegen so etwas nicht höherschlagen ...
Den hier ...
Ah!
Nanase-chan!!

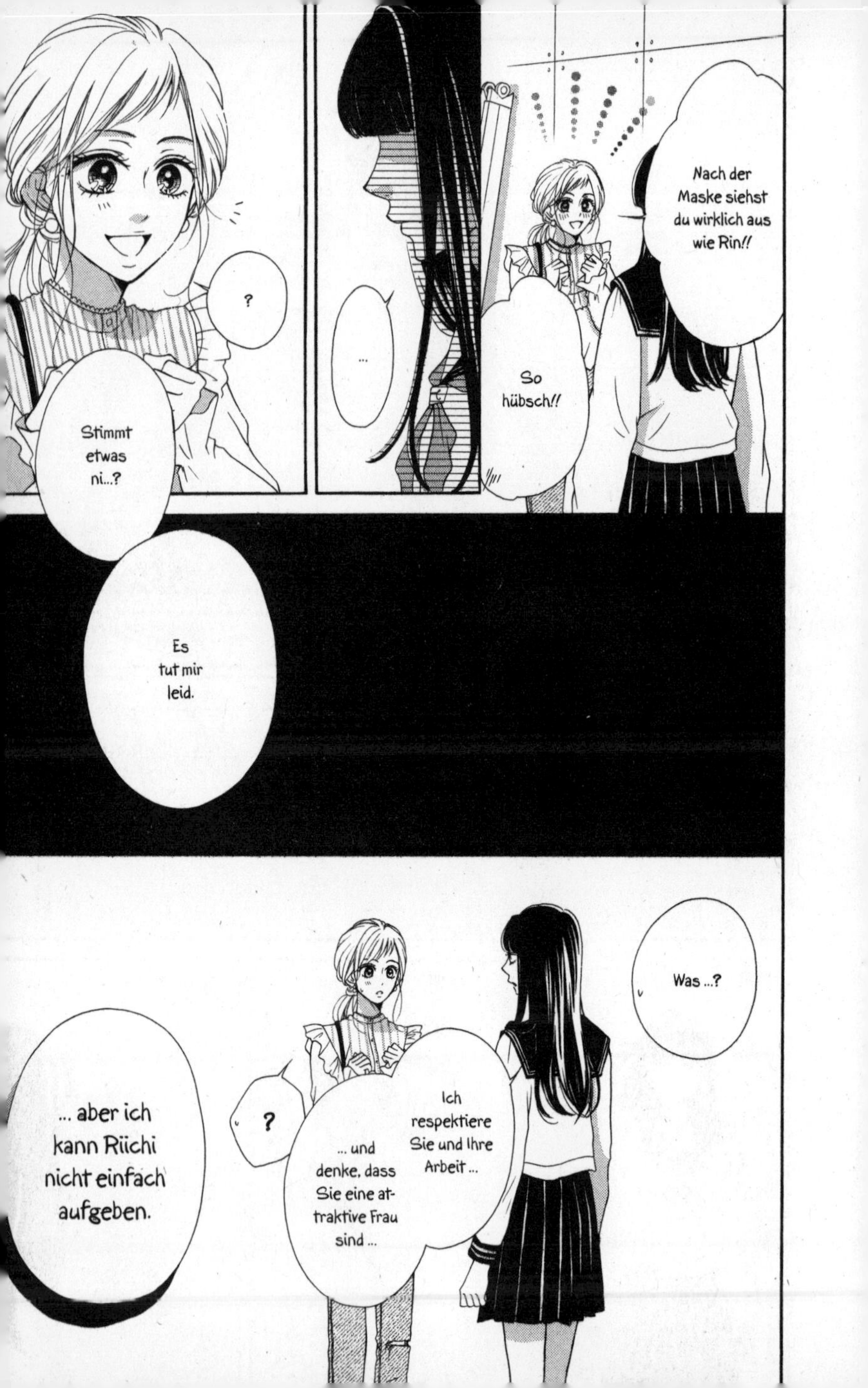
Nach der Maske siehst du wirklich aus wie Rin!!
So hübsch!!
...
?
Stimmt etwas ni...?
Es tut mir leid.
Was ...?
Ich respektiere Sie und Ihre Arbeit ...
... und denke, dass Sie eine at-traktive Frau sind ...
?
... aber ich kann Riichi nicht einfach aufgeben.

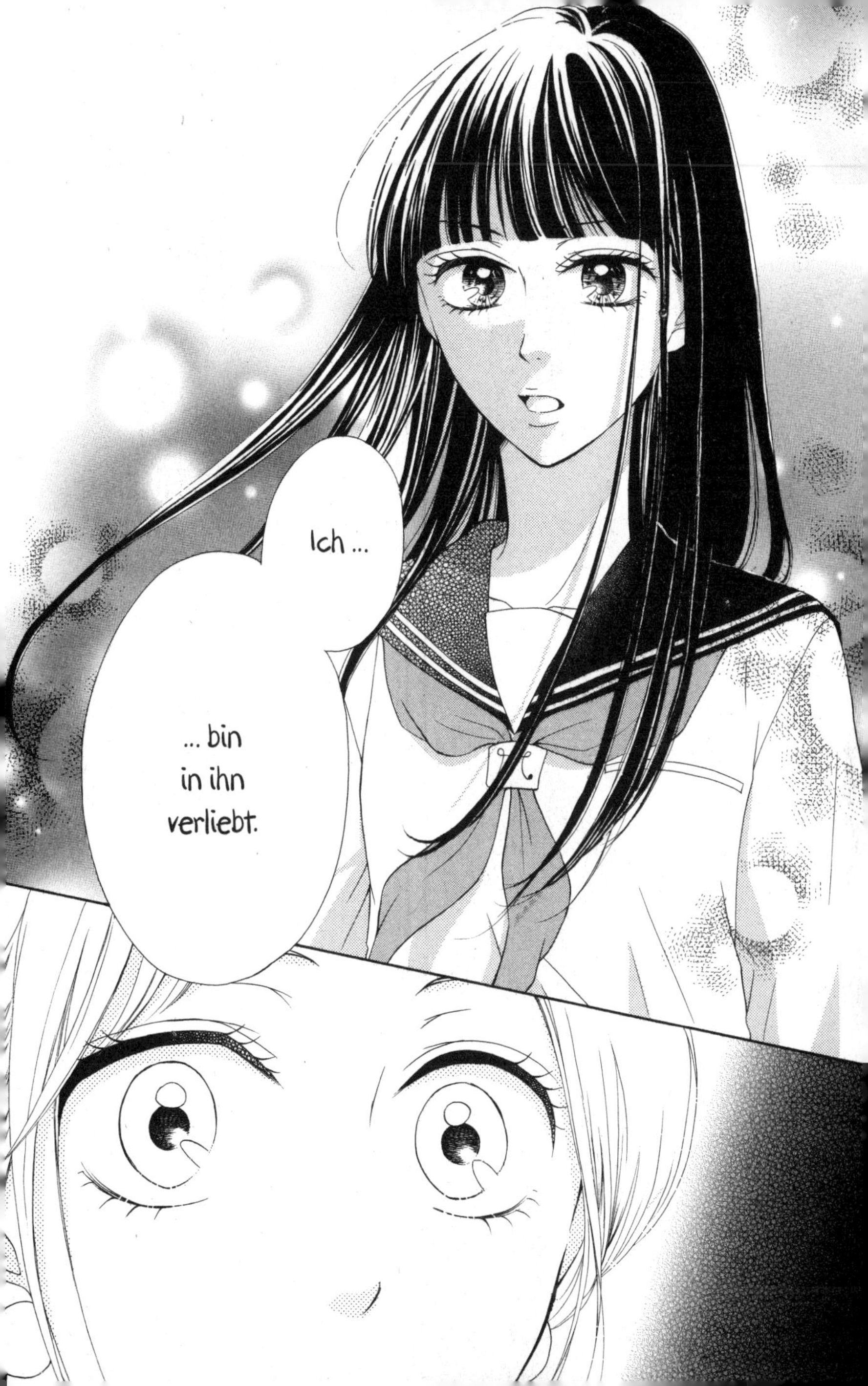
Ich ...
... bin in ihn verliebt.

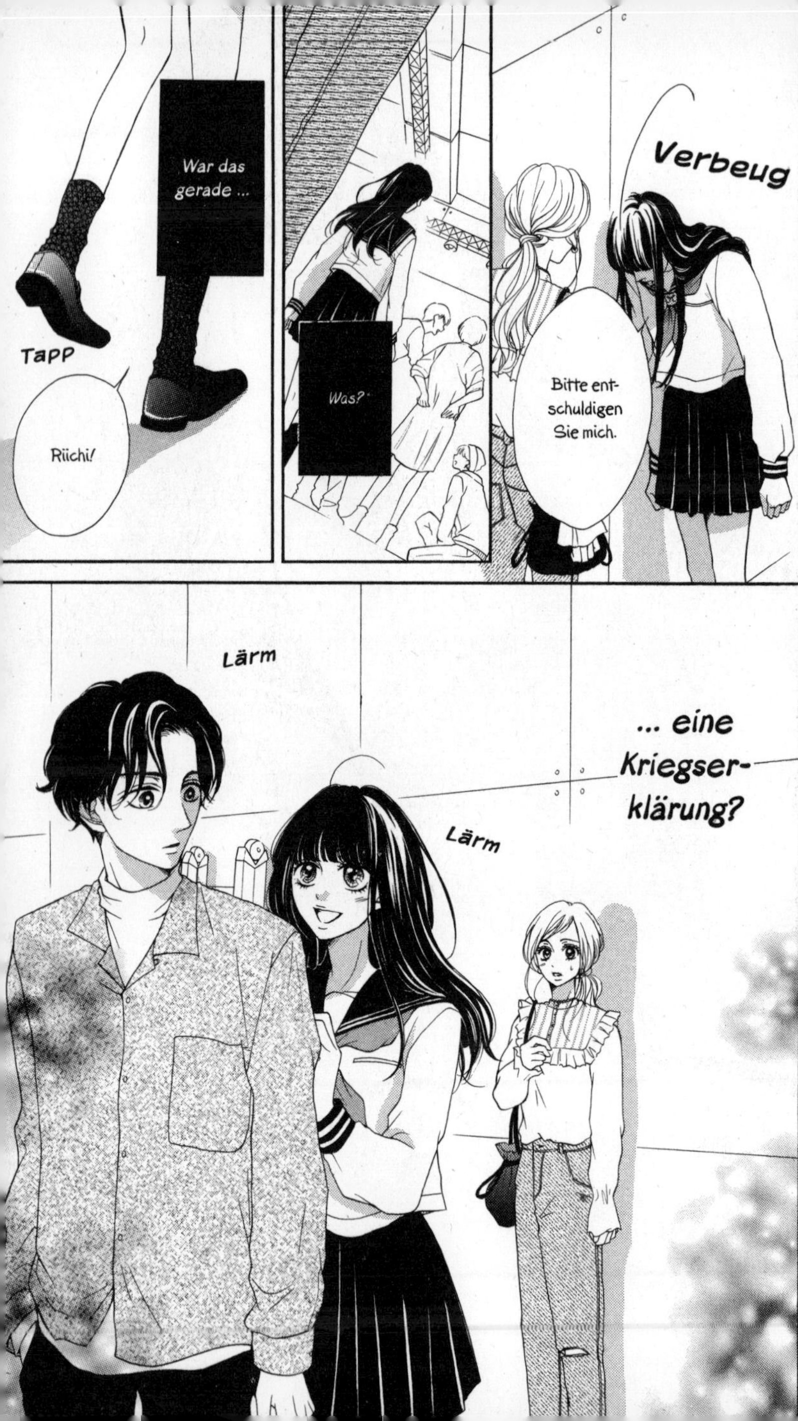

Verbeug
Bitte ent-schuldigen Sie mich.
Was?
War das gerade ...
Tapp
Riichi!
Lärm
... eine Kriegser-klärung?
Lärm

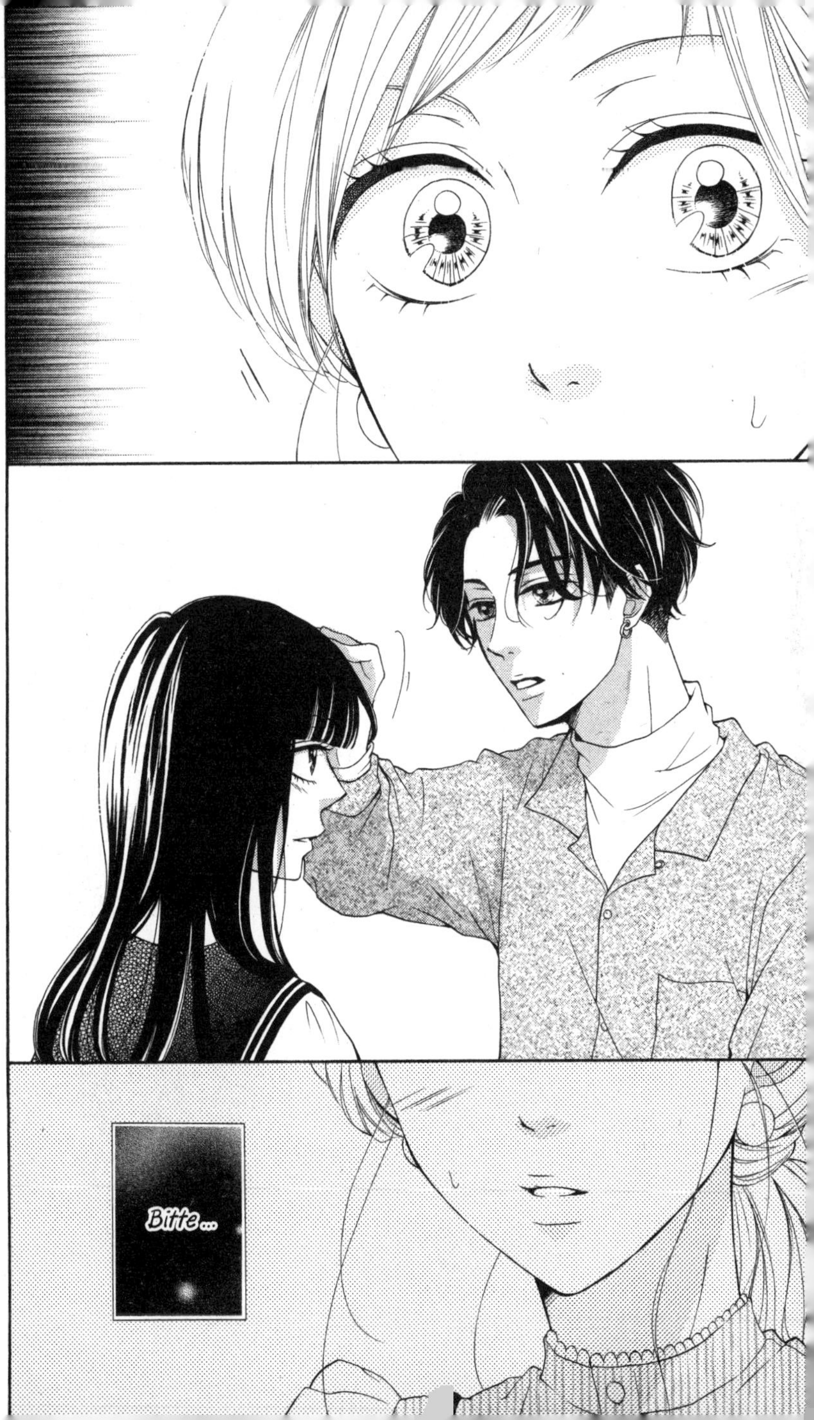
Bitte ...

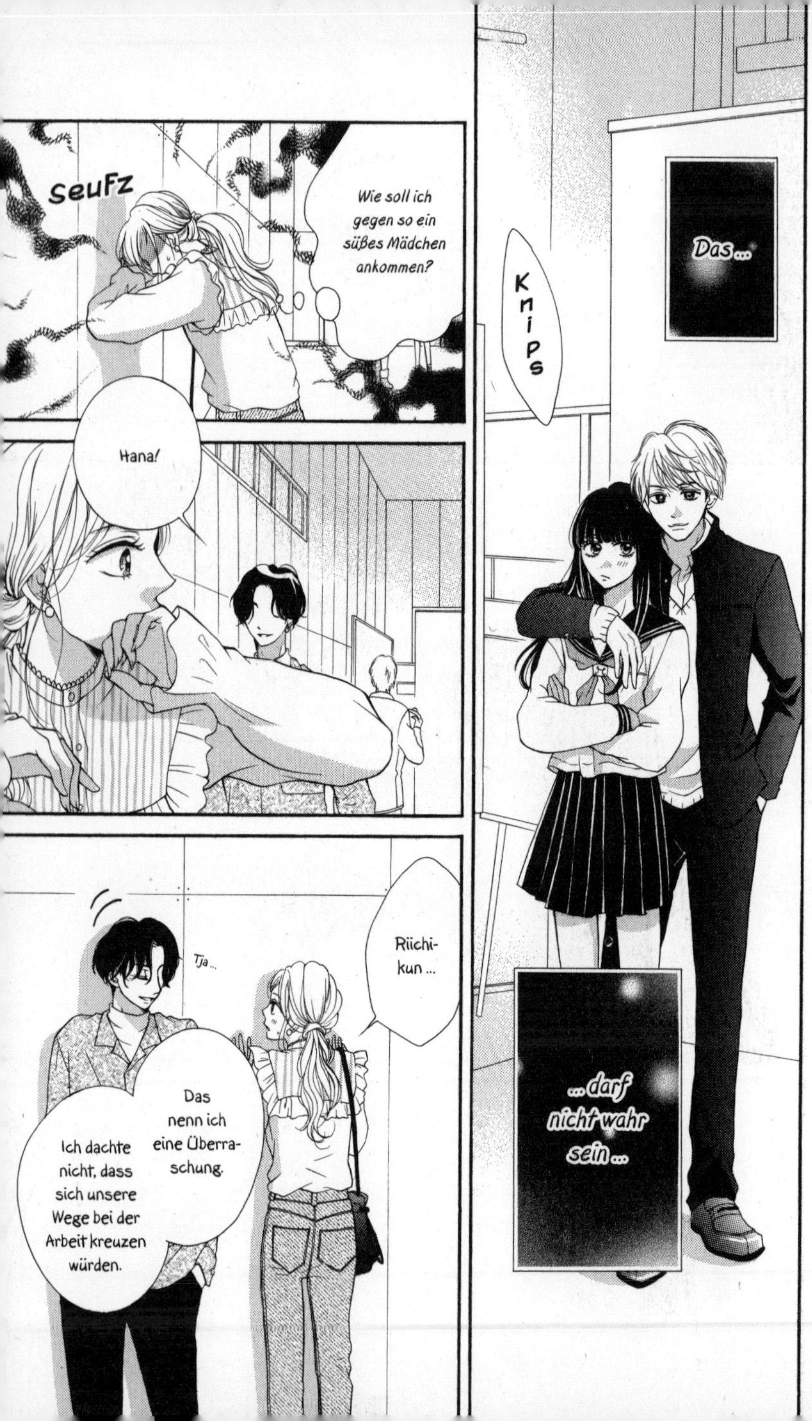

Seufz
Wie soll ich gegen so ein süßes Mädchen ankommen?
Hana!
Riichi-kun ...
Tja ...
Das nenn ich eine Überraschung.
Ich dachte nicht, dass sich unsere Wege bei der Arbeit kreuzen würden.
Knips
Das ...
... darf nicht wahr sein ...

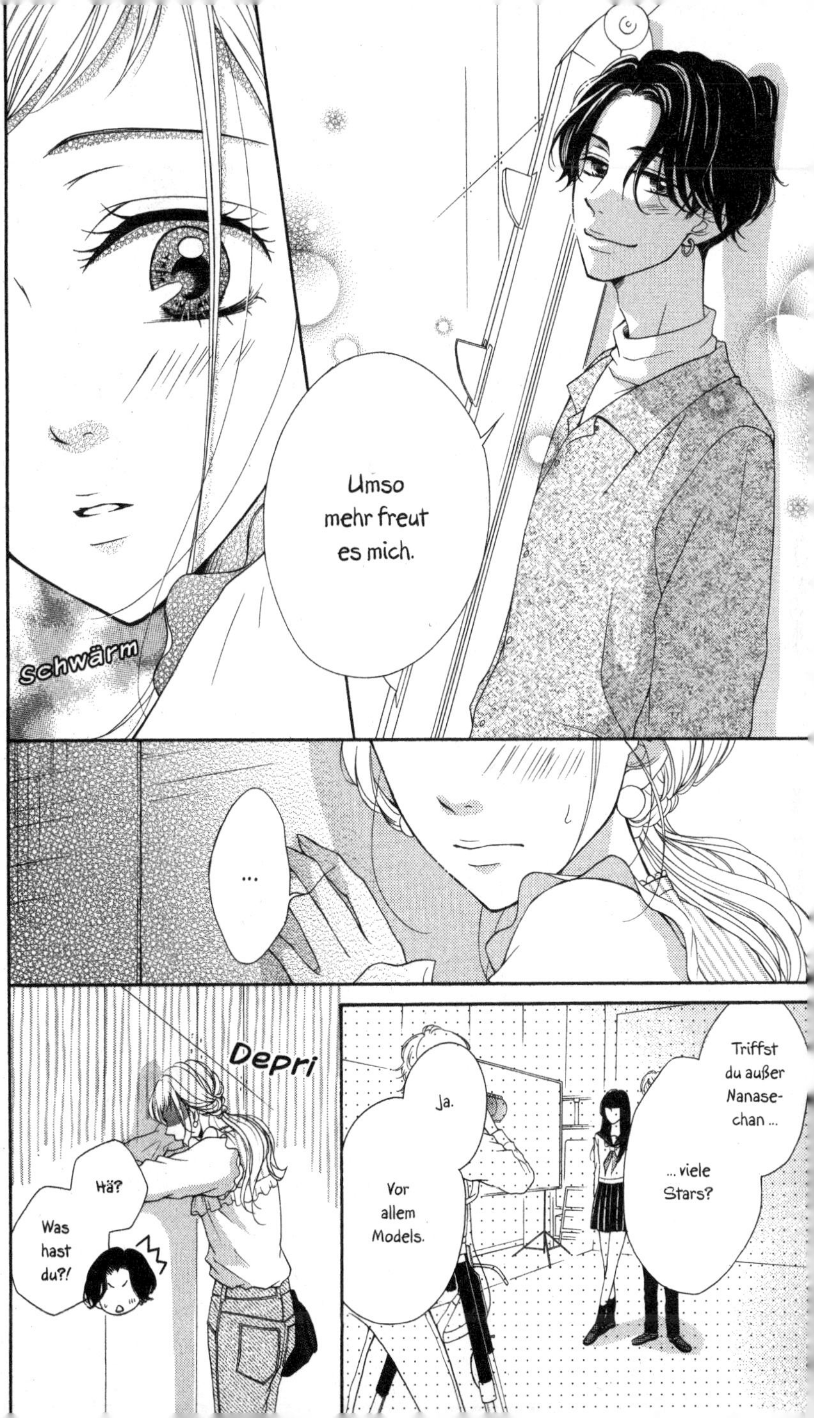
Umso mehr freut es mich.
schwärm
...
Triffst du außer Nanase-chan ...
... viele Stars?
Ja.
Vor allem Models.
Depri
Hä?
Was hast du?!

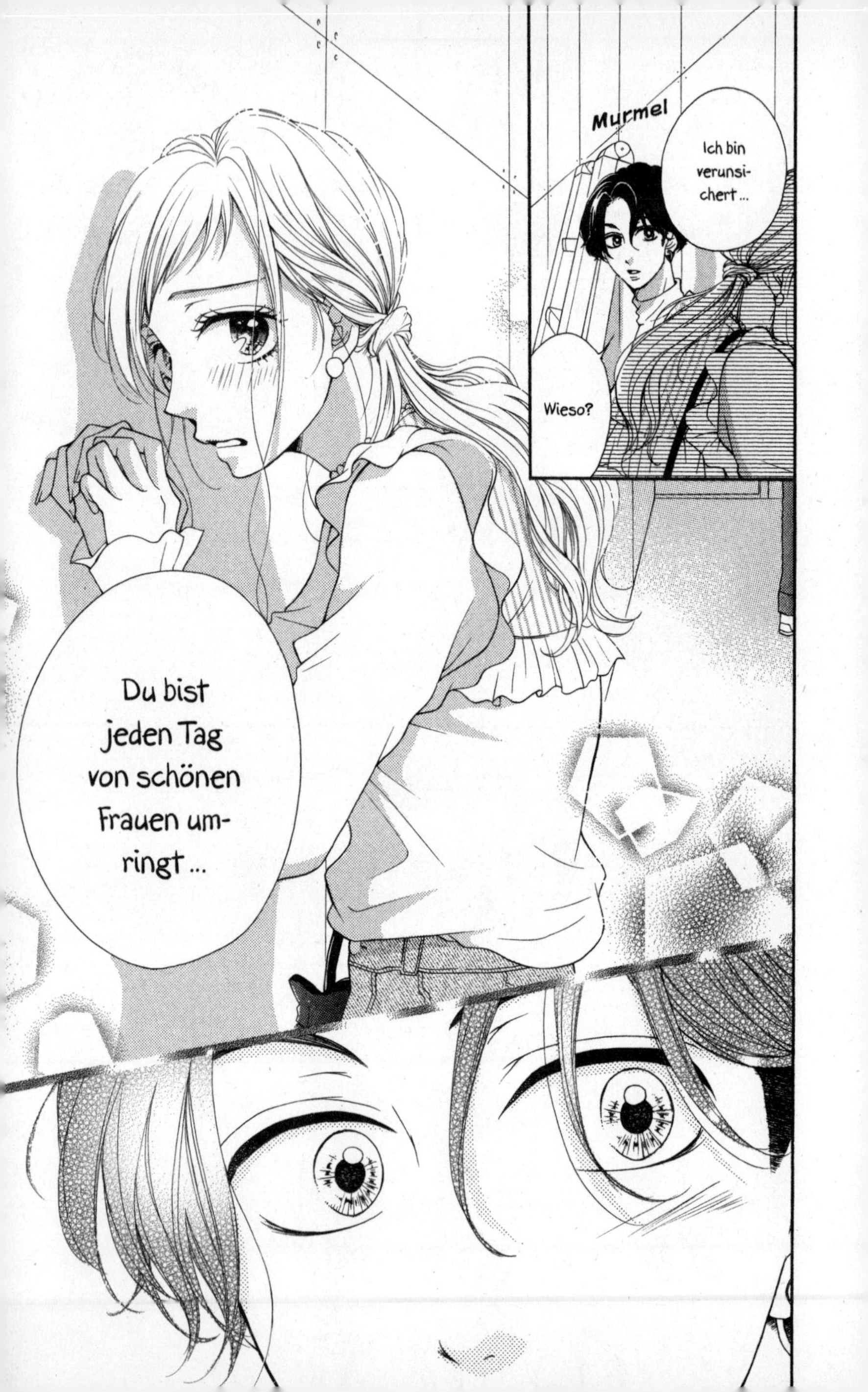
Murmel
Ich bin verunsichert ...
Wieso?
Du bist jeden Tag von schönen Frauen umringt ...

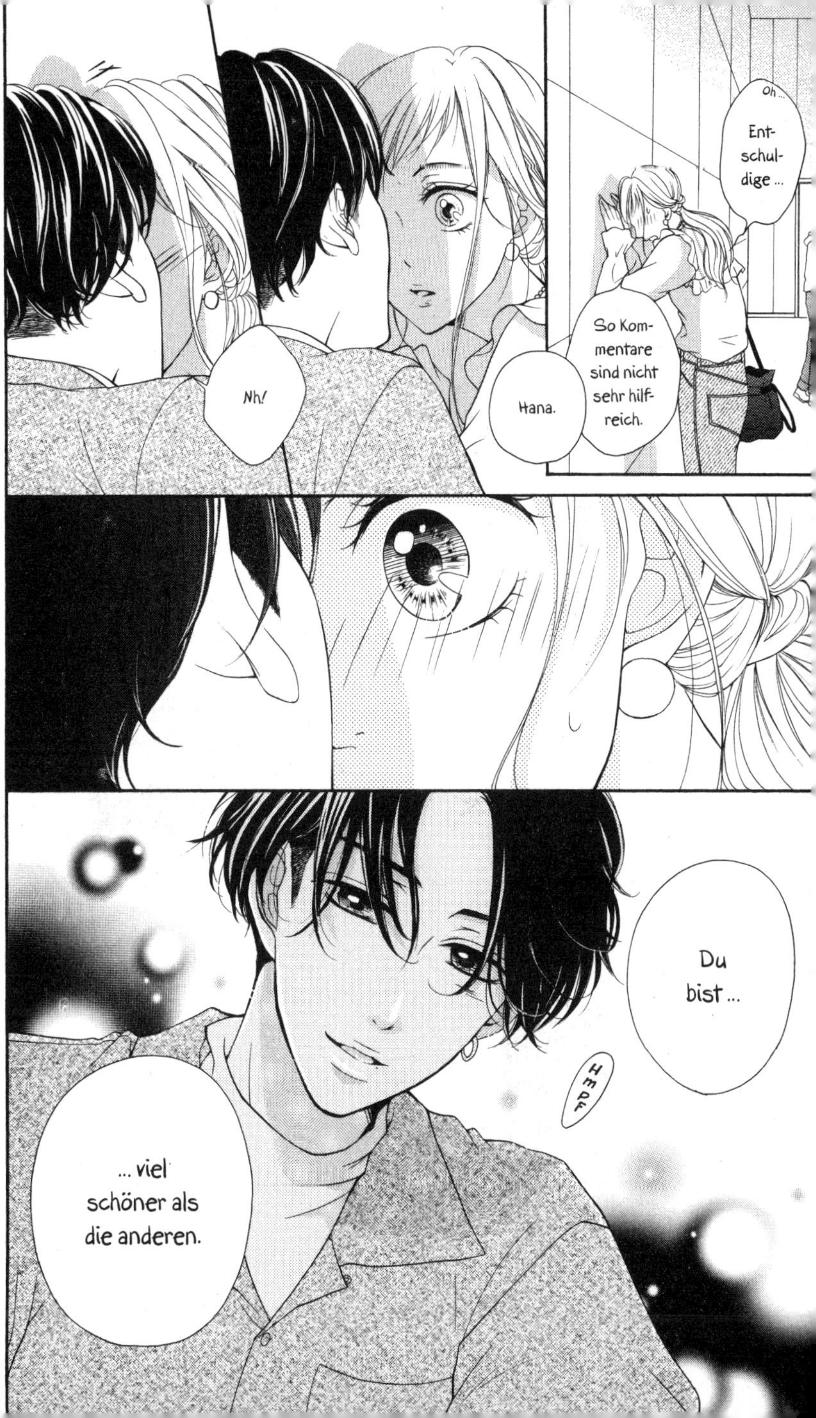
Oh ...
Entschuldige ...
So Kommentare sind nicht sehr hilfreich.
Hana.
Nh!
Du bist ...
HMPF
... viel schöner als die anderen.

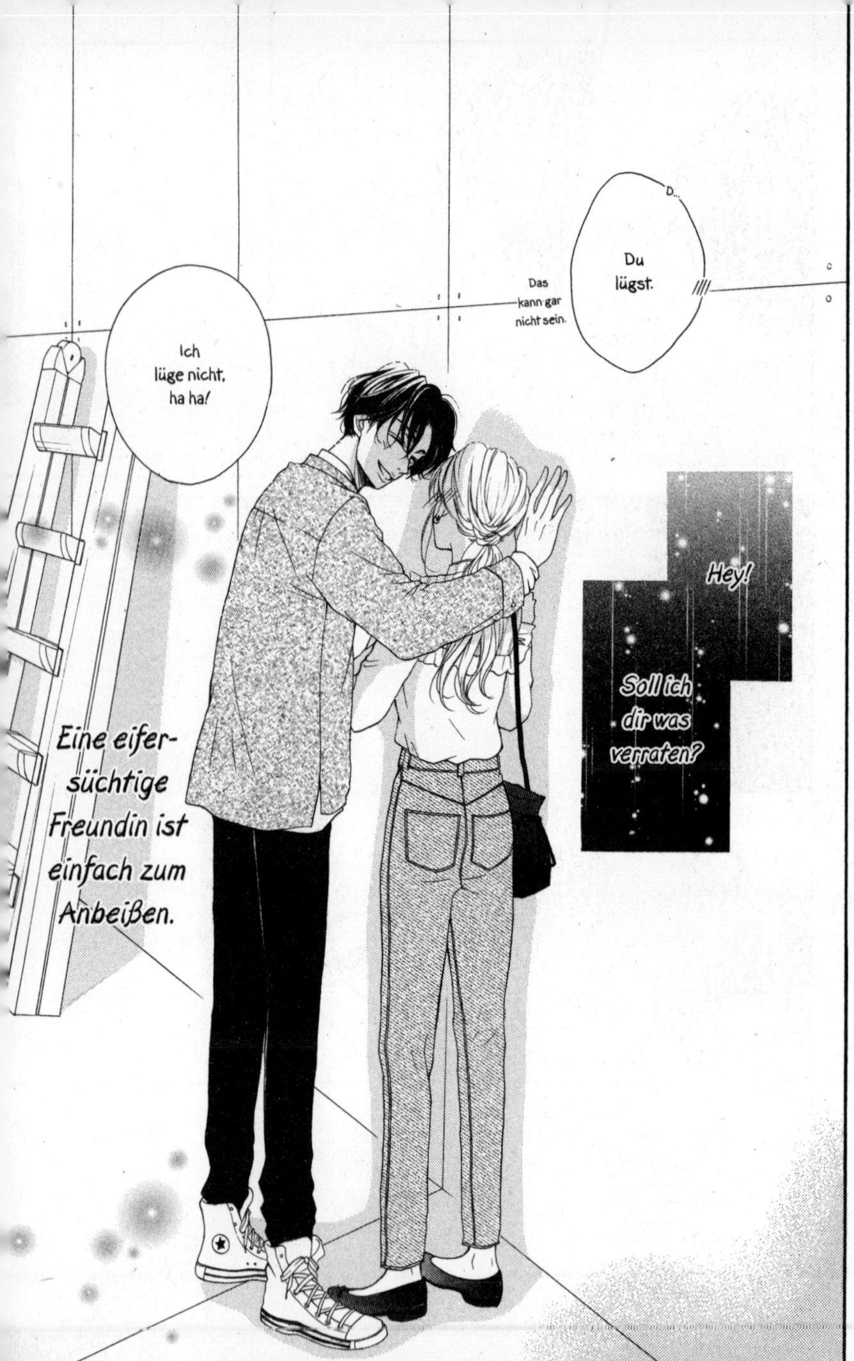


Fortsetzung folgt …

# Charaktervorstellung Teil ③

## • Nanase Hoshino

- Geboren am 21. Mai, 19 Jahre alt, Blutgruppe B
- Sie begann als Model und wurde dann Schauspielerin. (Schauspielert seit circa zwei Jahren.)
- Sieht reif und cool aus. ← im Vergleich zu Hana
- Sie ist sehr direkt, hat aber auch kindische Seiten.
- Man glaubt es nicht, aber sie ist eher introvertiert und liebt es, Manga zu lesen. Sie ist ein Fan von Ao Hanai.
- Auch wegen ihrer Arbeit legt sie sehr viel Wert auf ihr Äußeres.
- Sie mag keine doppelten Spielchen. Sie nimmt kein Blatt vor den Mund. (Wird deshalb auch oft missverstanden.)
- Aber ↳ Gehässigkeit oder Lästereien kann sie nicht ausstehen.
- Sie ist in Riichi verliebt ... ♡

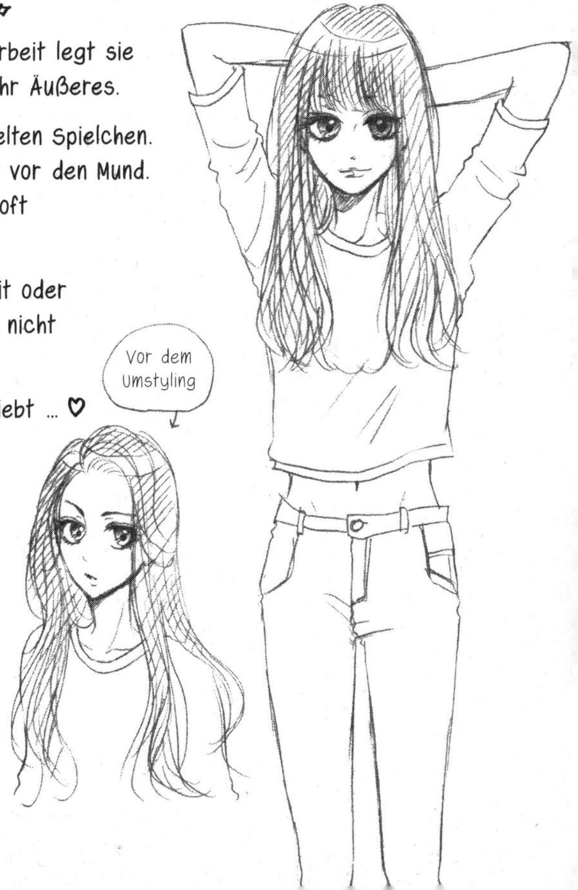


(169 cm · 48 kg)

# Bonus-Manga: Meine ungeschminkte Freundin

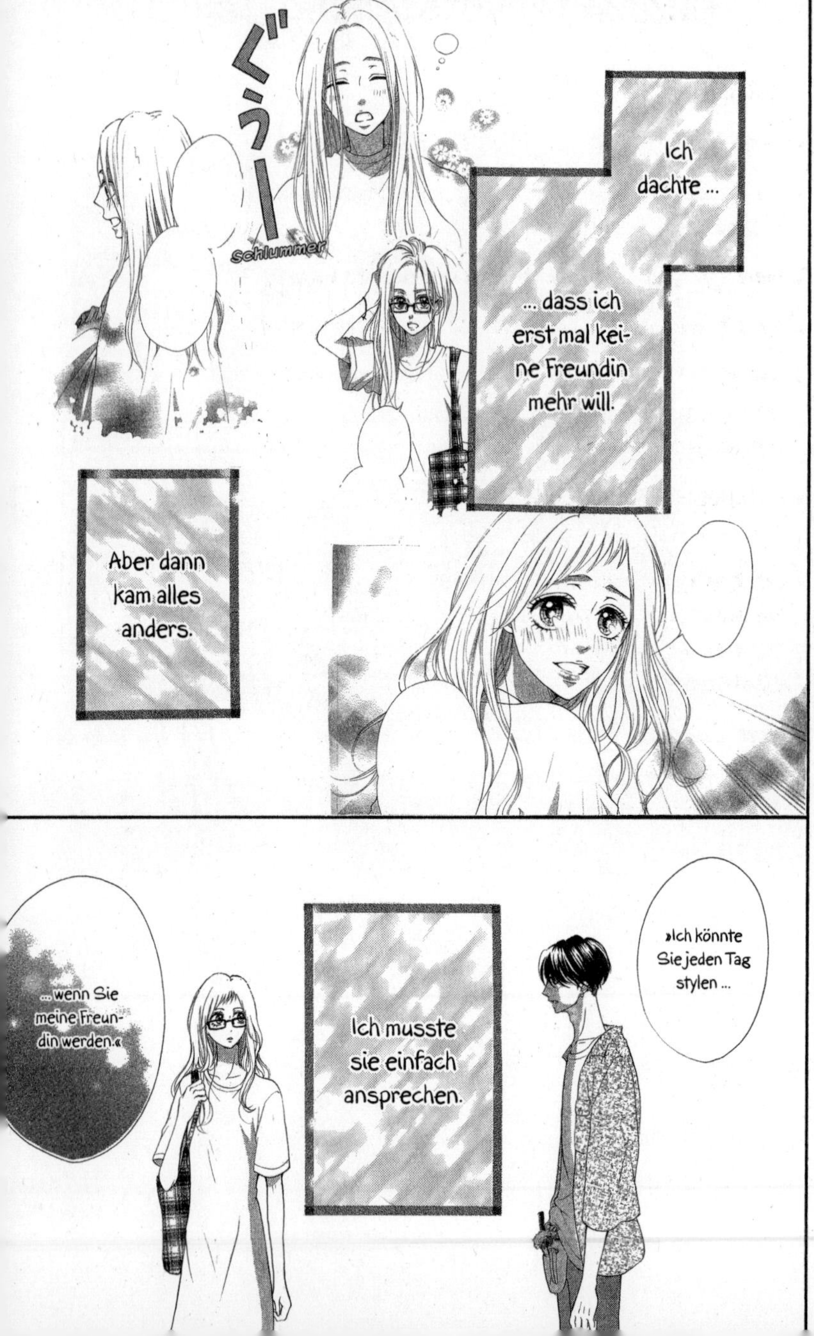

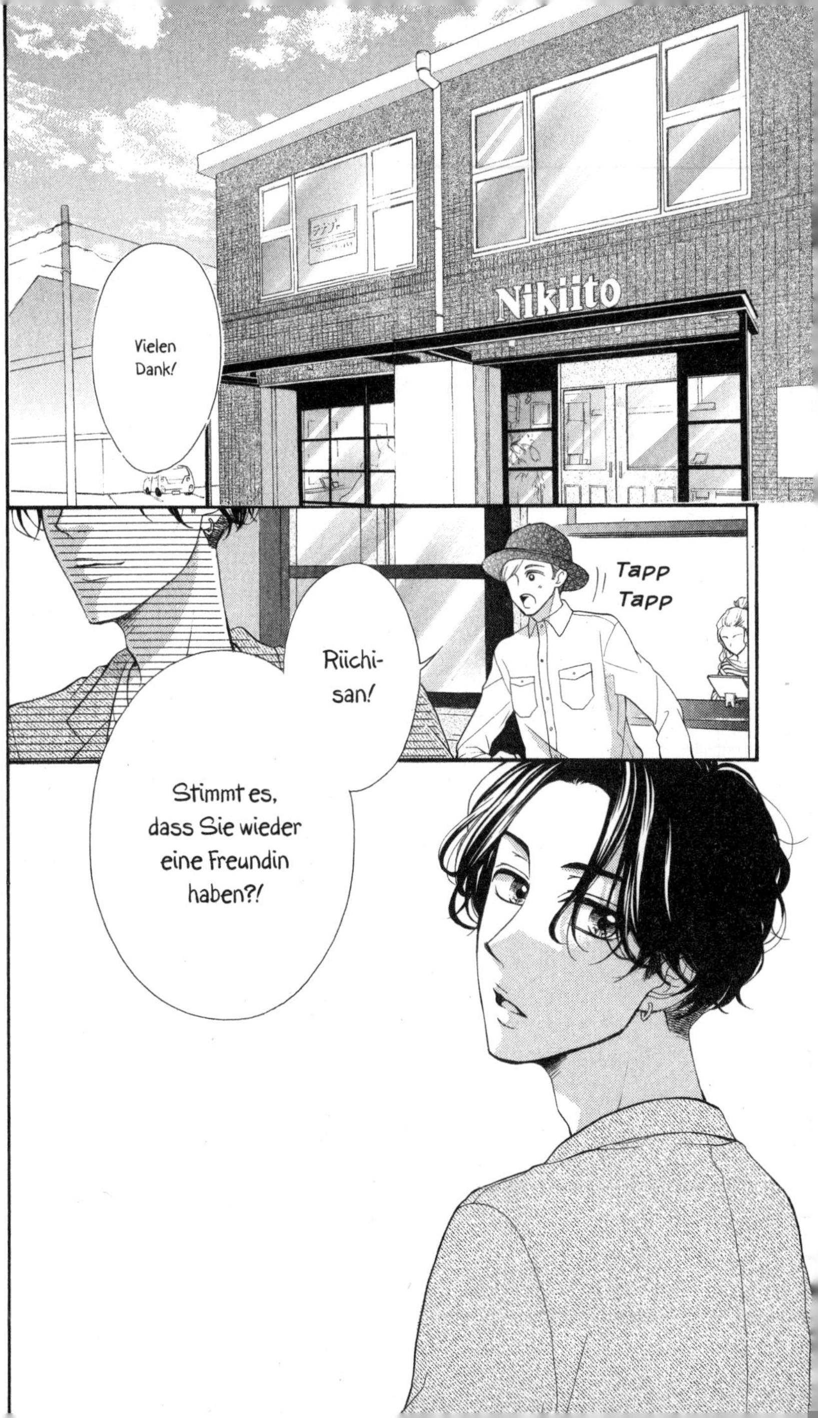
Nikiito
Vielen Dank!
Tapp Tapp
Riichi-san!
Stimmt es, dass Sie wieder eine Freundin haben?!

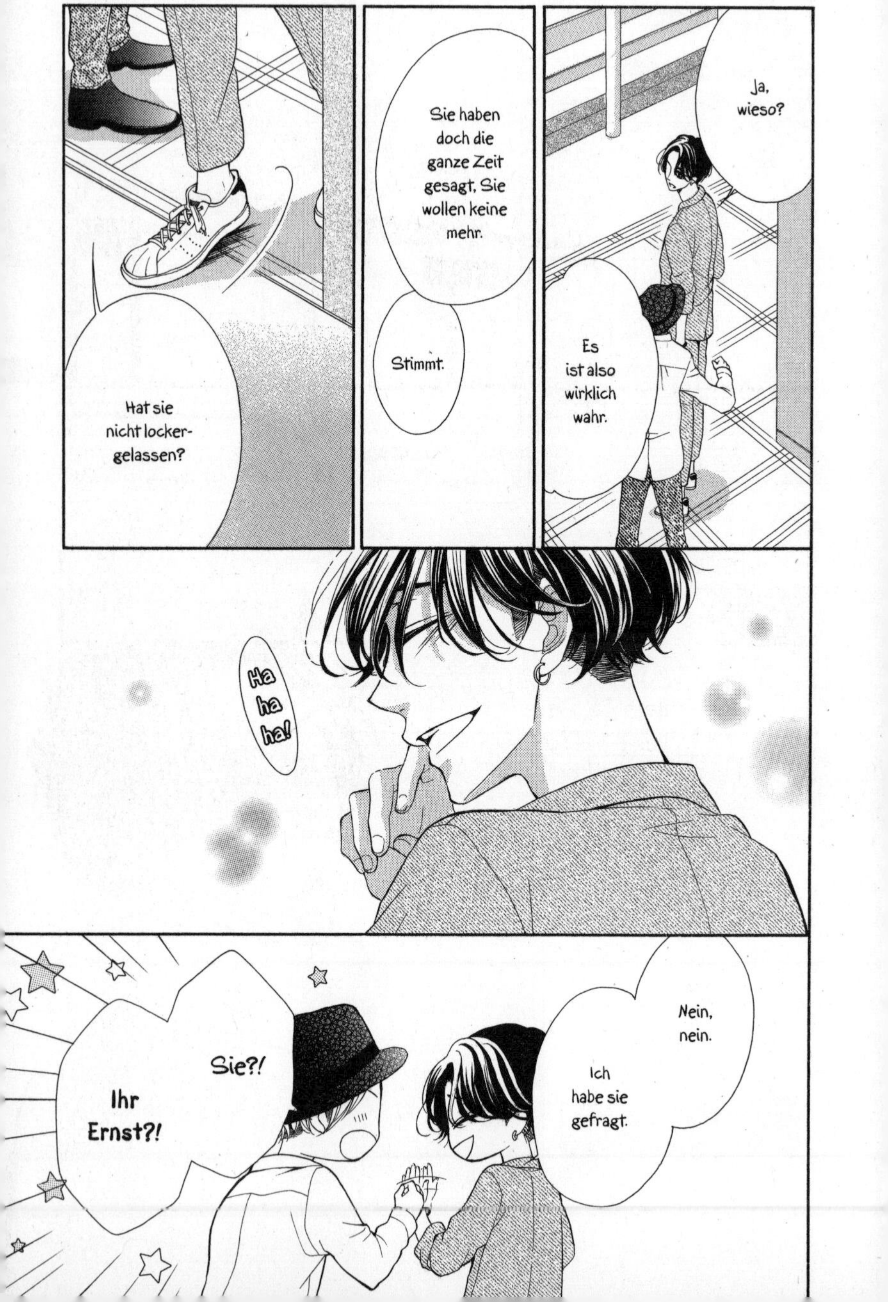
Ja, wieso?
Es ist also wirklich wahr.
Sie haben doch die ganze Zeit gesagt, Sie wollen keine mehr.
Stimmt.
Hat sie nicht locker-gelassen?
Ha ha ha!
Nein, nein.
Ich habe sie gefragt.
Sie?!
Ihr Ernst?!

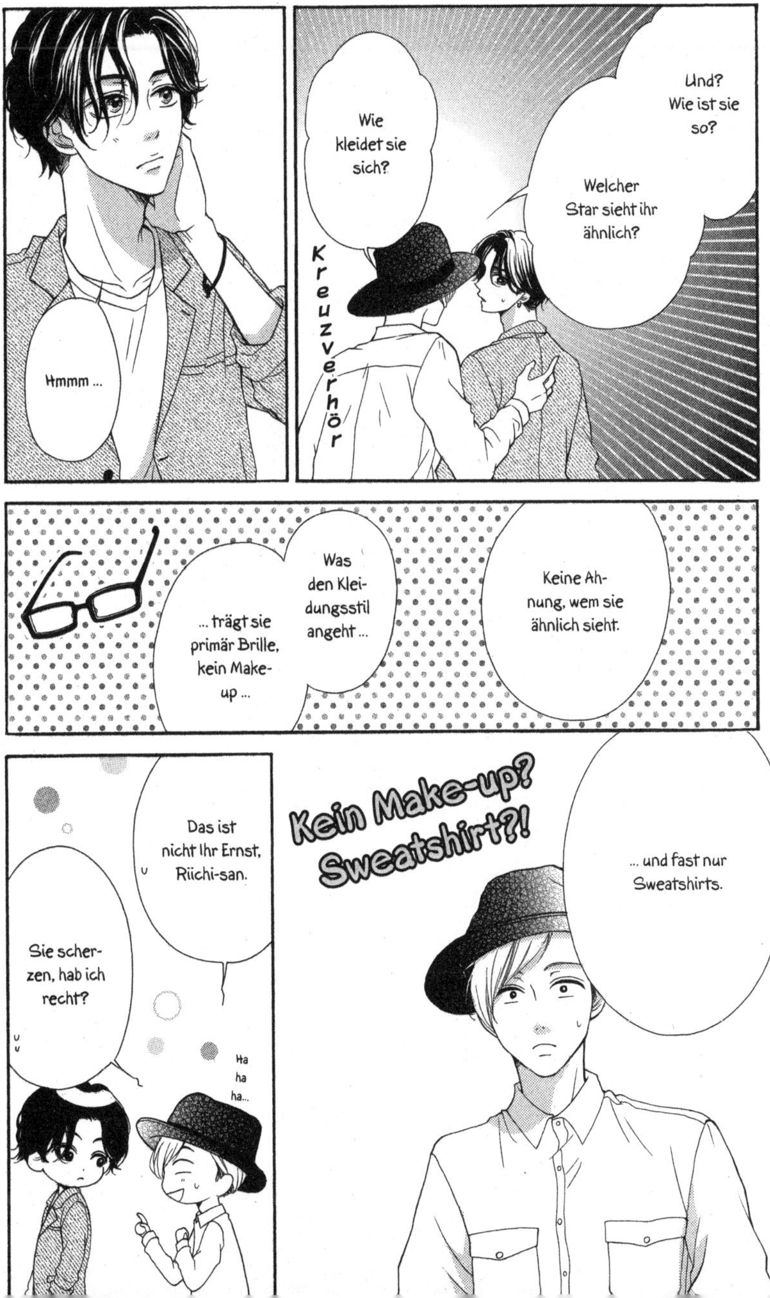
Und? Wie ist sie so?
Welcher Star sieht ihr ähnlich?
Wie kleidet sie sich?
Kreuzverhör
Hmmm ...
Keine Ahnung, wem sie ähnlich sieht.
Was den Kleidungsstil angeht ...
... trägt sie primär Brille, kein Make-up ...
... und fast nur Sweatshirts.
Kein Make-up? Sweatshirt?!
Das ist nicht Ihr Ernst, Riichi-san.
Sie scherzen, hab ich recht?
Ha ha ha...

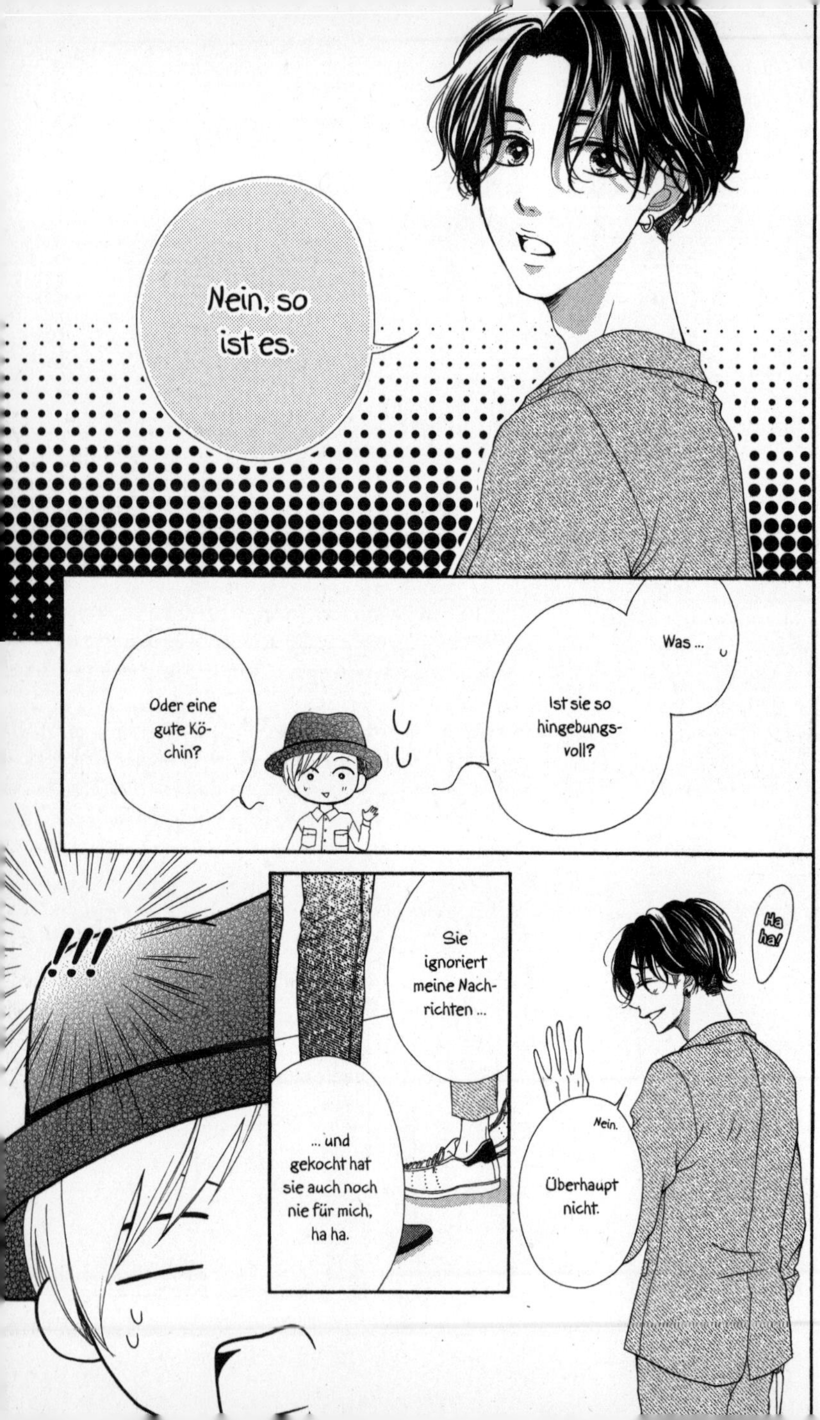
Nein, so ist es.
Was ...
Ist sie so hingebungsvoll?
Oder eine gute Köchin?
Ha ha!
Nein.
Überhaupt nicht.
Sie ignoriert meine Nachrichten ...
... und gekocht hat sie auch noch nie für mich, ha ha.
!!!

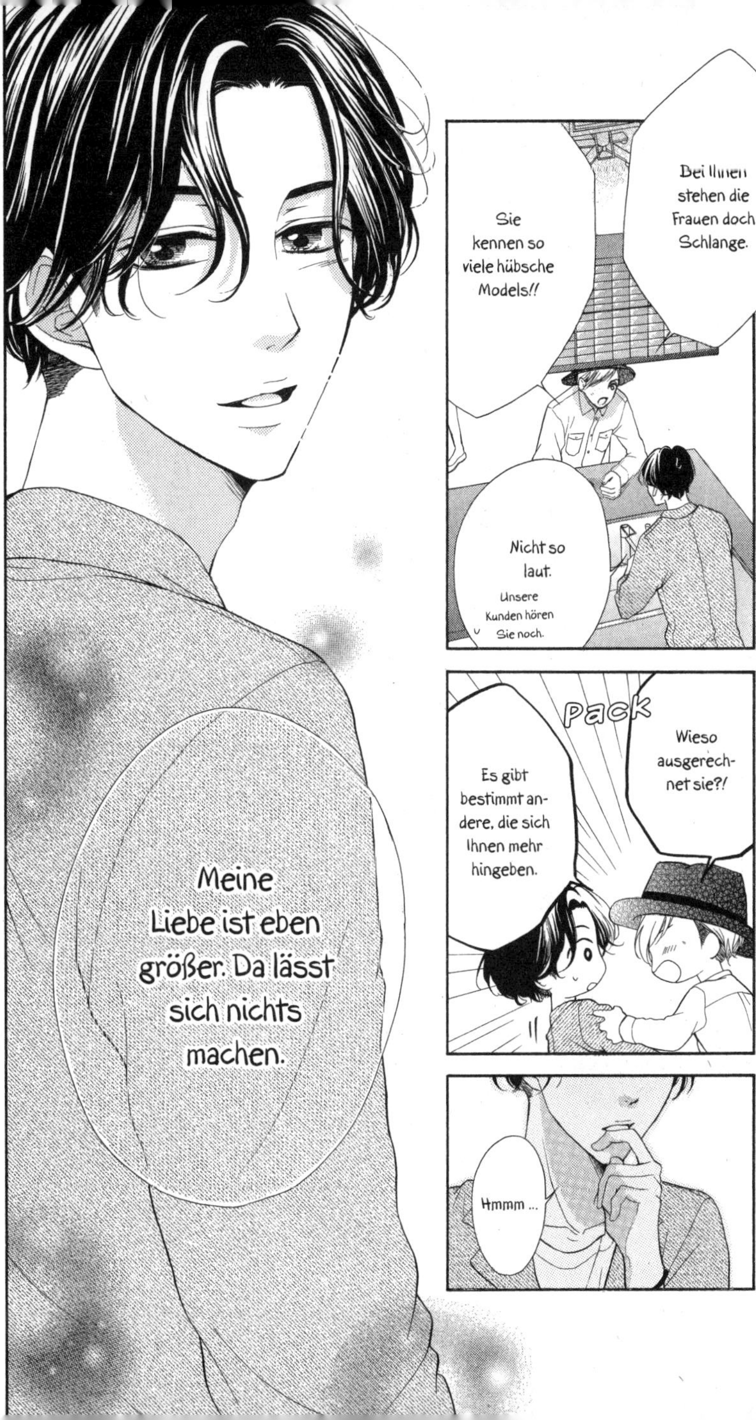
Bei Ihnen stehen die Frauen doch Schlange.
Sie kennen so viele hübsche Models!!
Nicht so laut.
Unsere Kunden hören Sie noch.
Pack
Wieso ausgerech-net sie?!
Es gibt bestimmt an-dere, die sich Ihnen mehr hingeben.
Hmmm ...
Meine Liebe ist eben größer. Da lässt sich nichts machen.

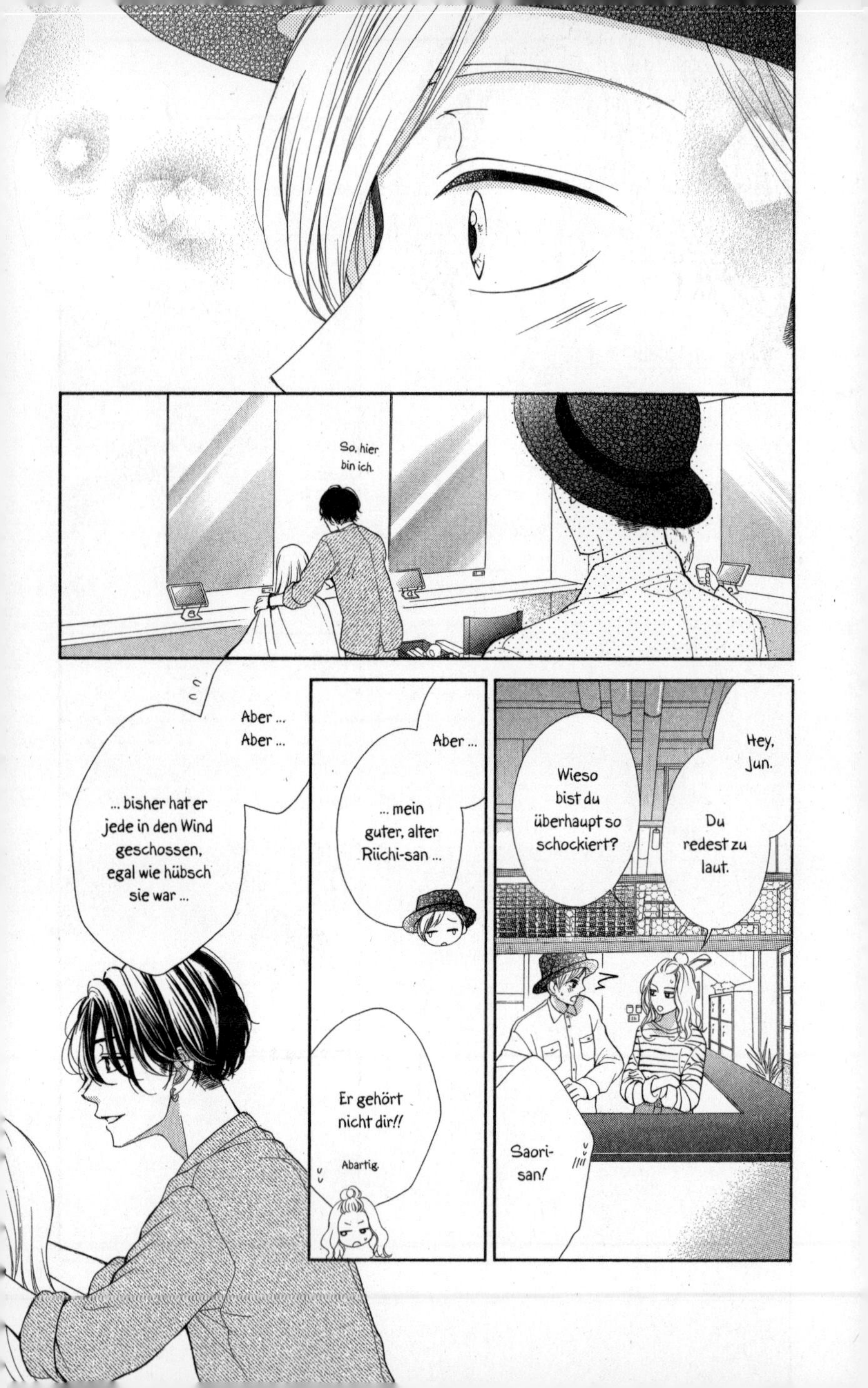
So, hier bin ich.
Hey, Jun.
Du redest zu laut.
Wieso bist du überhaupt so schockiert?
Saori-san!
Aber ...
... mein guter, alter Riichi-san ...
Er gehört nicht dir!!
Abartig.
Aber ... Aber ...
... bisher hat er jede in den Wind geschossen, egal wie hübsch sie war ...

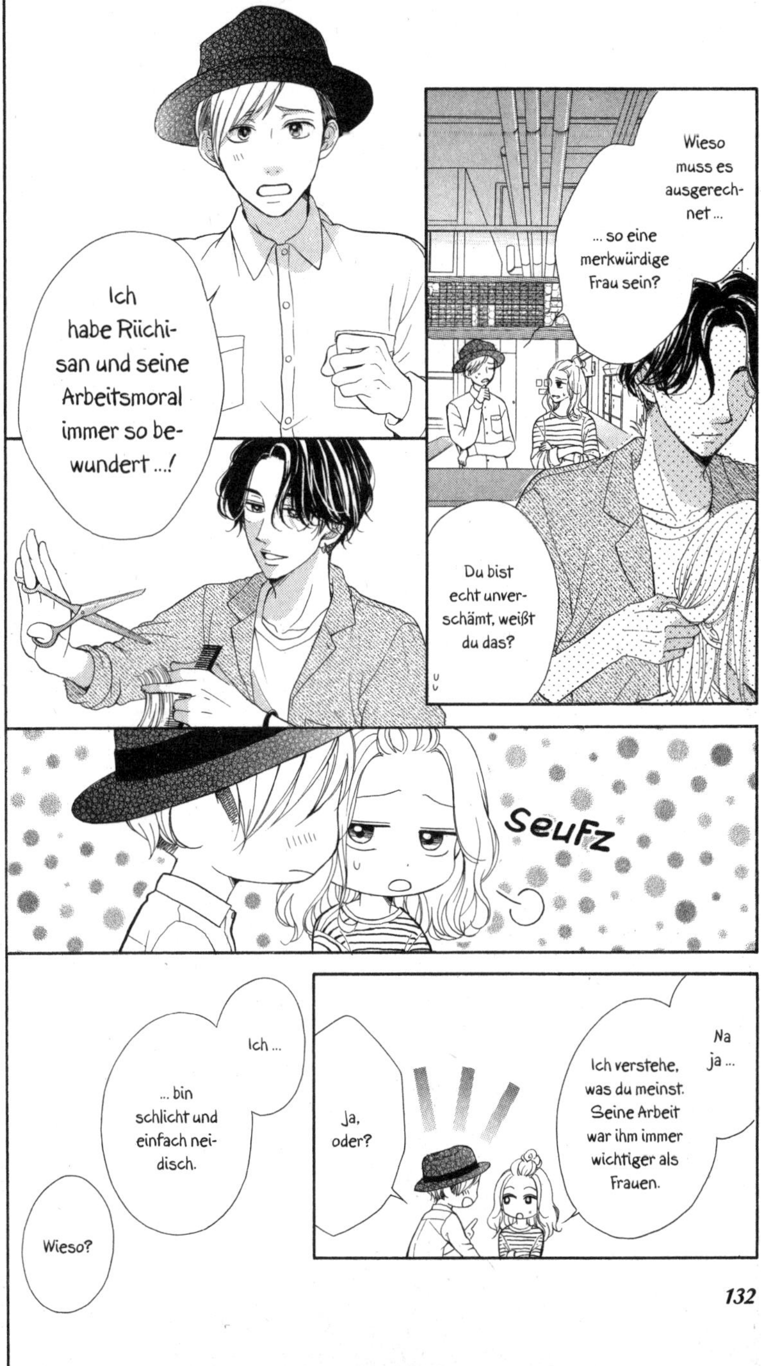
Wieso muss es ausgerechnet ...
... so eine merkwürdige Frau sein?
Du bist echt unverschämt, weißt du das?
Ich habe Riichi-san und seine Arbeitsmoral immer so bewundert ...!
Seufz
Na ja ...
Ich verstehe, was du meinst. Seine Arbeit war ihm immer wichtiger als Frauen.
Ja, oder?
Ich ...
... bin schlicht und einfach neidisch.
Wieso?

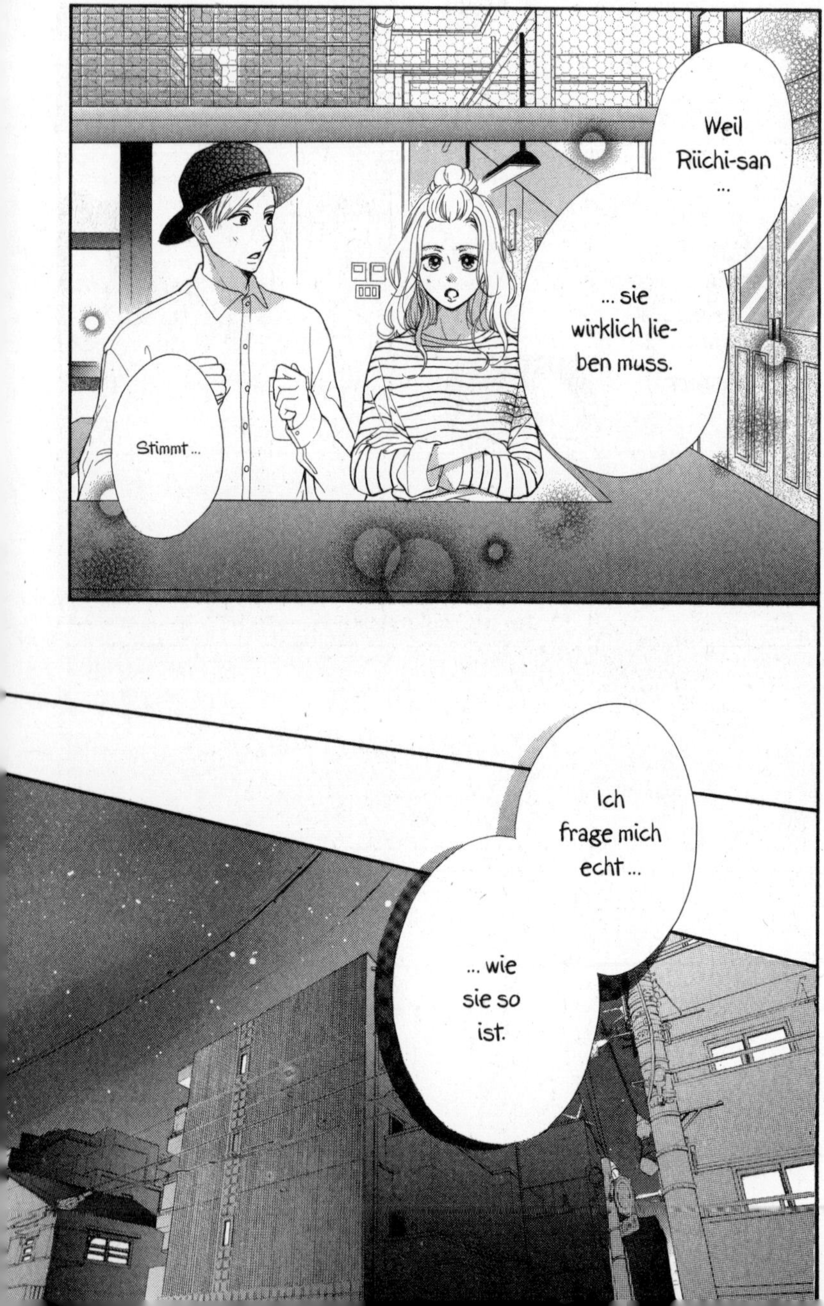
Weil Riichi-san …
… sie wirklich lie-ben muss.
Stimmt …
Ich frage mich echt …
… wie sie so ist.

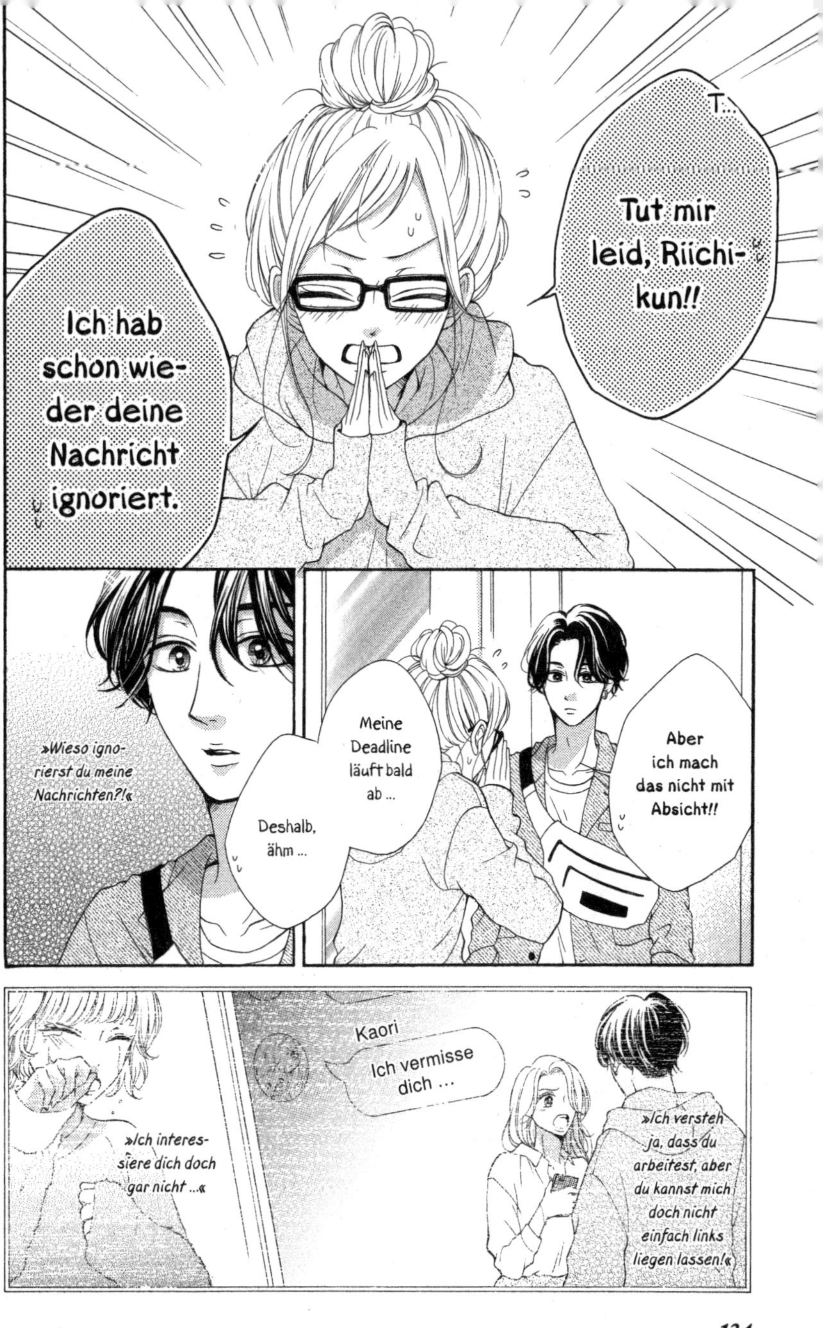
T...
Tut mir leid, Riichi-kun!!
Ich hab schon wieder deine Nachricht ignoriert.
Aber ich mach das nicht mit Absicht!!
Meine Deadline läuft bald ab ...
Deshalb, ähm ...
»Wieso ignorierst du meine Nachrichten?!«
»Ich versteh ja, dass du arbeitest, aber du kannst mich doch nicht einfach links liegen lassen!«
Kaori
Ich vermisse dich ...
»Ich interessiere dich doch gar nicht ...«

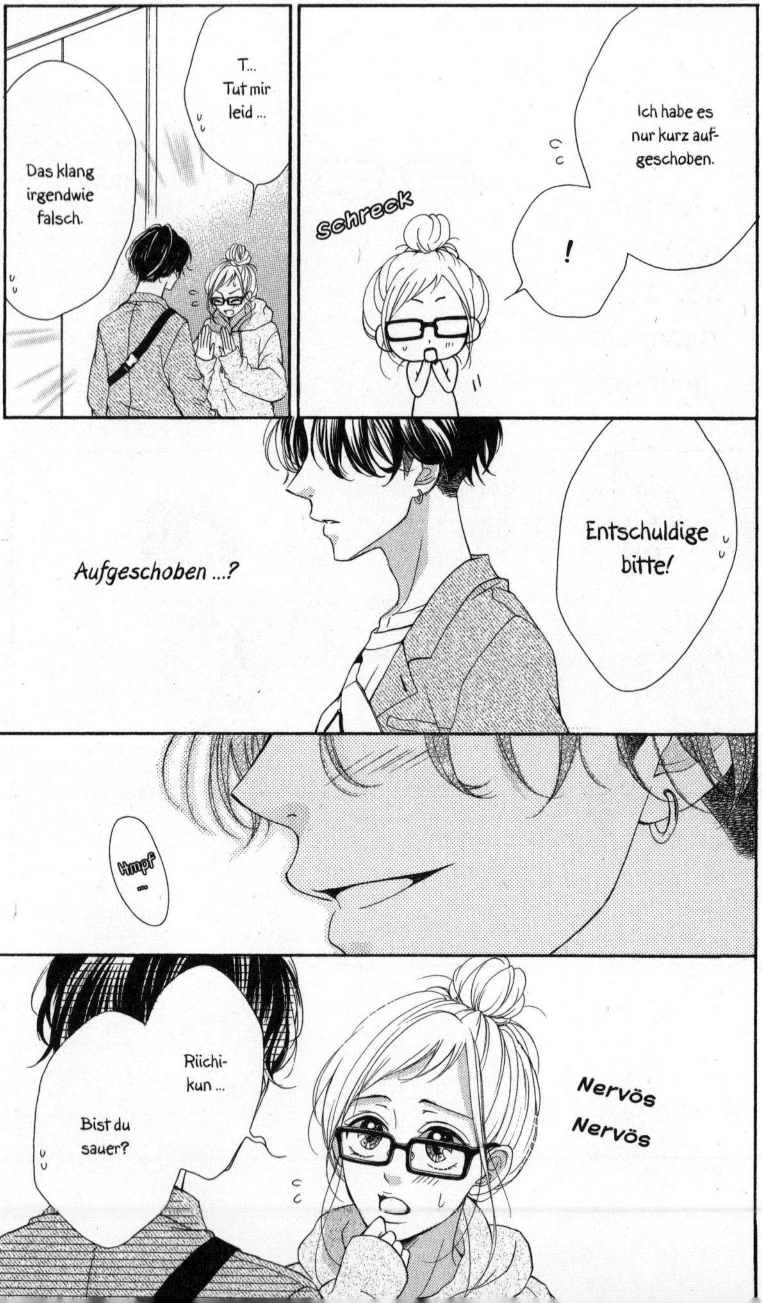
Ich habe es nur kurz aufgeschoben.
!
Schreck
T... Tut mir leid ...
Das klang irgendwie falsch.
Entschuldige bitte!
Aufgeschoben ...?
Hmpf ...
Nervös Nervös
Riichi-kun ...
Bist du sauer?

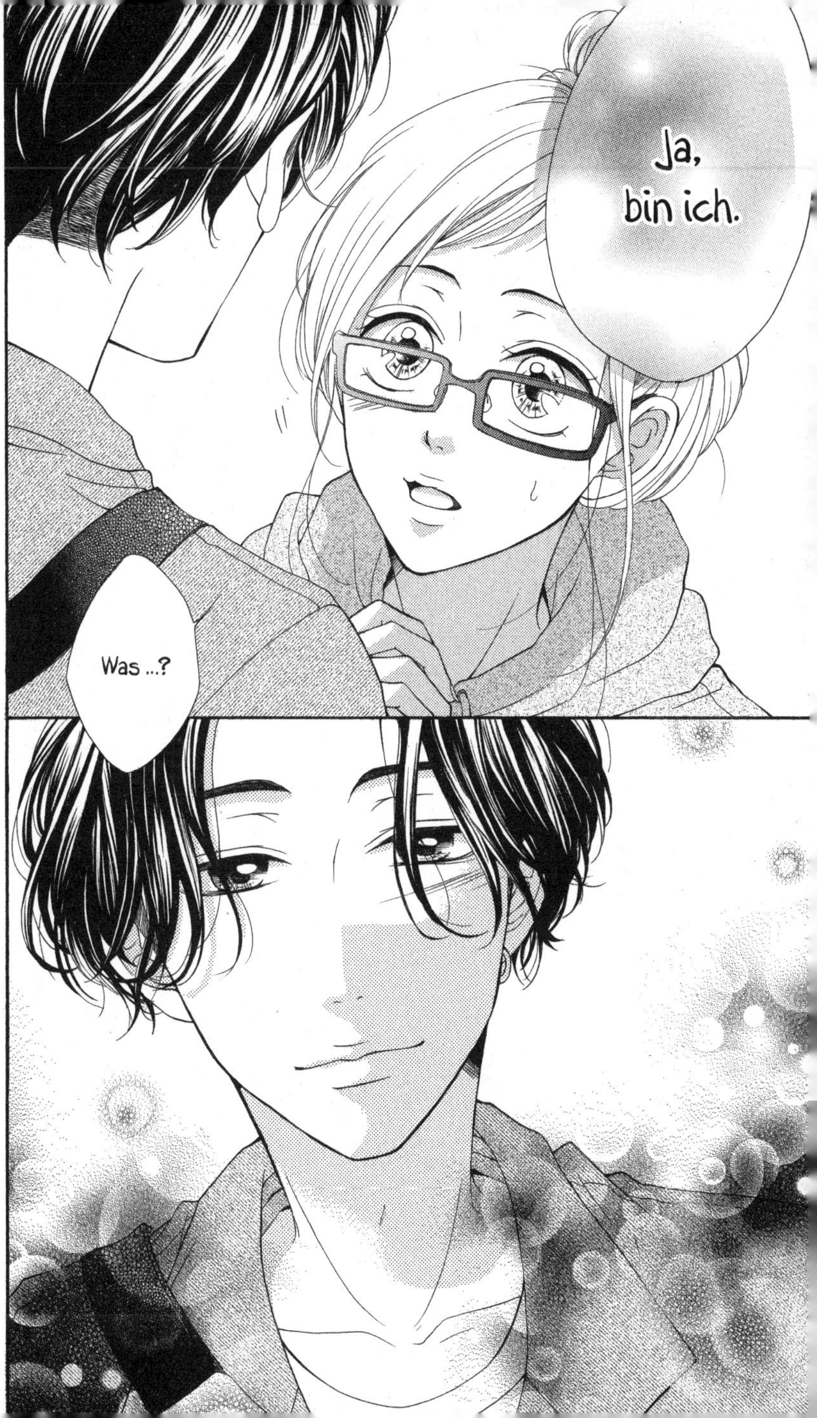
Ja, bin ich.
Was ...?

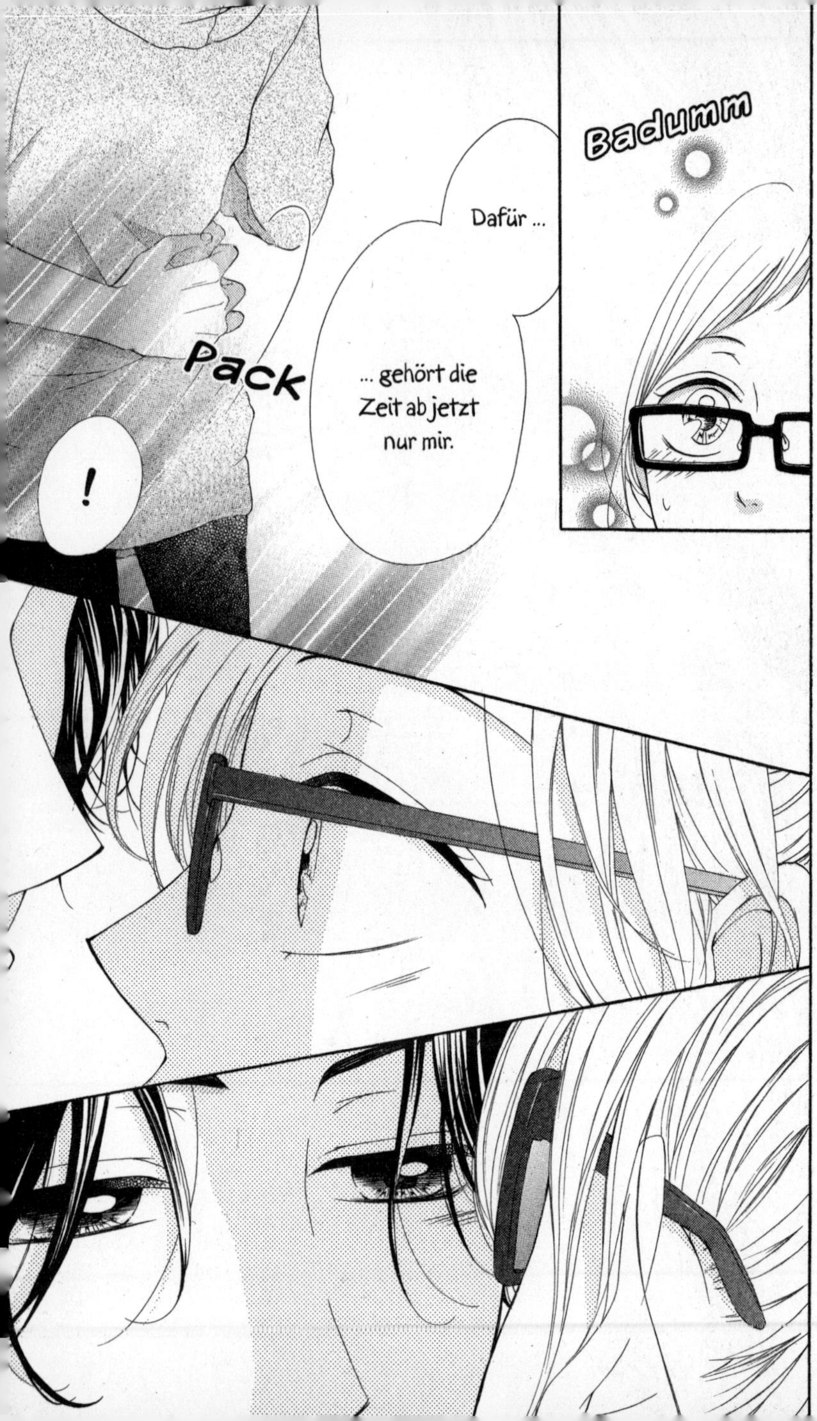
Badumm
Dafür ...
... gehört die Zeit ab jetzt nur mir.
Pack
!

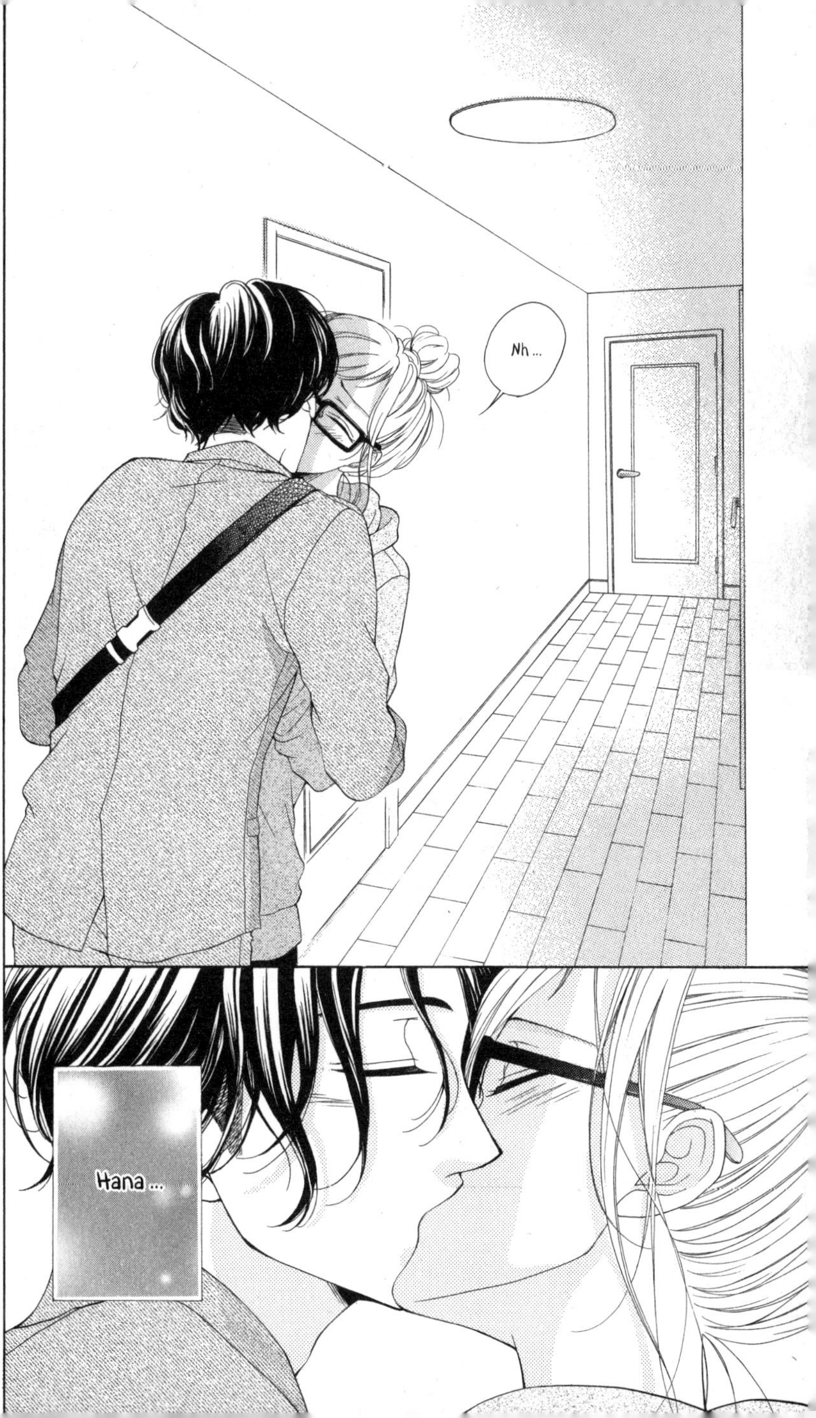
Nh ...
Hana ...

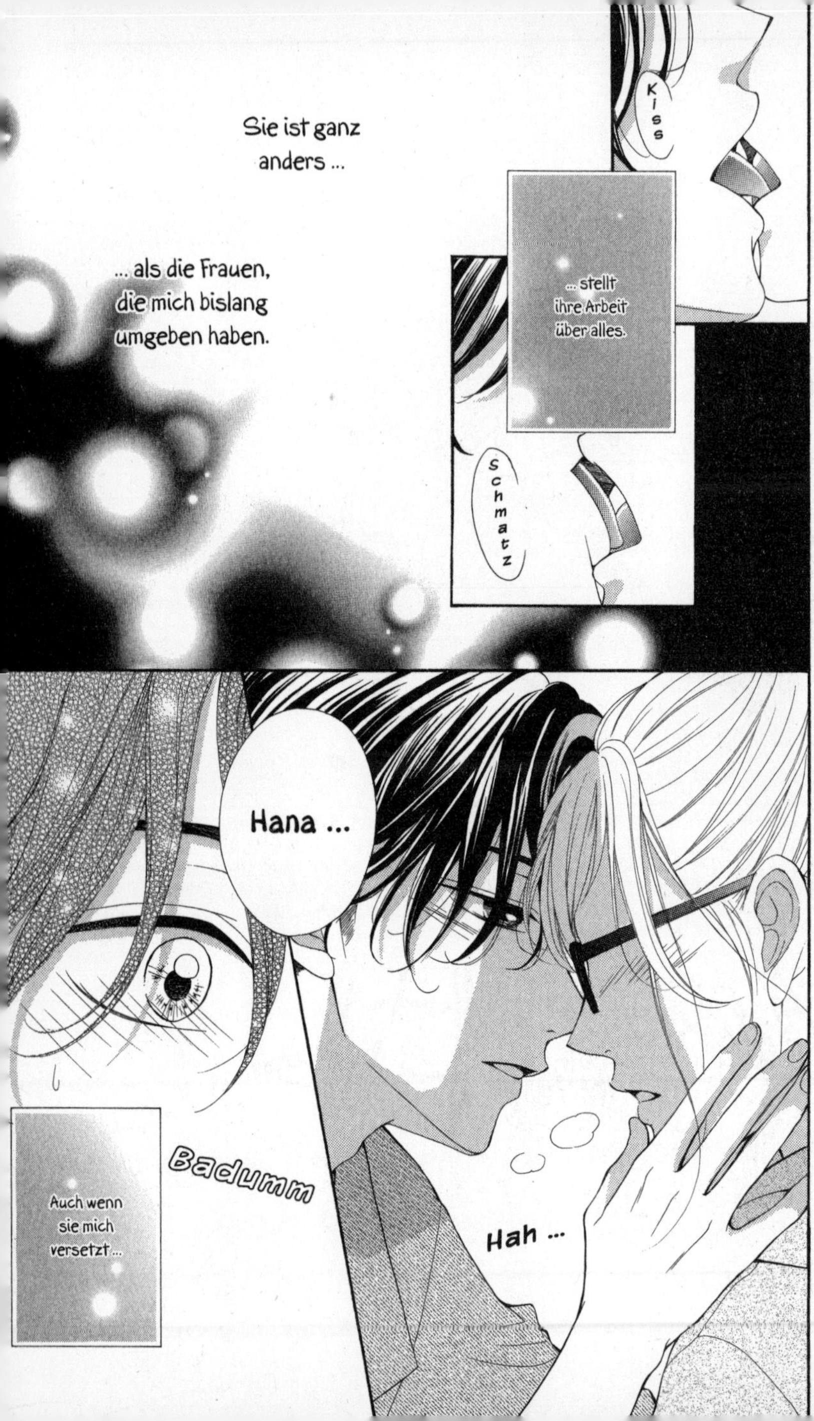
Kiss
... stellt ihre Arbeit über alles.
Schmatz
Sie ist ganz anders ...
... als die Frauen, die mich bislang umgeben haben.
Hana ...
Hah ...
Badumm
Auch wenn sie mich versetzt ...

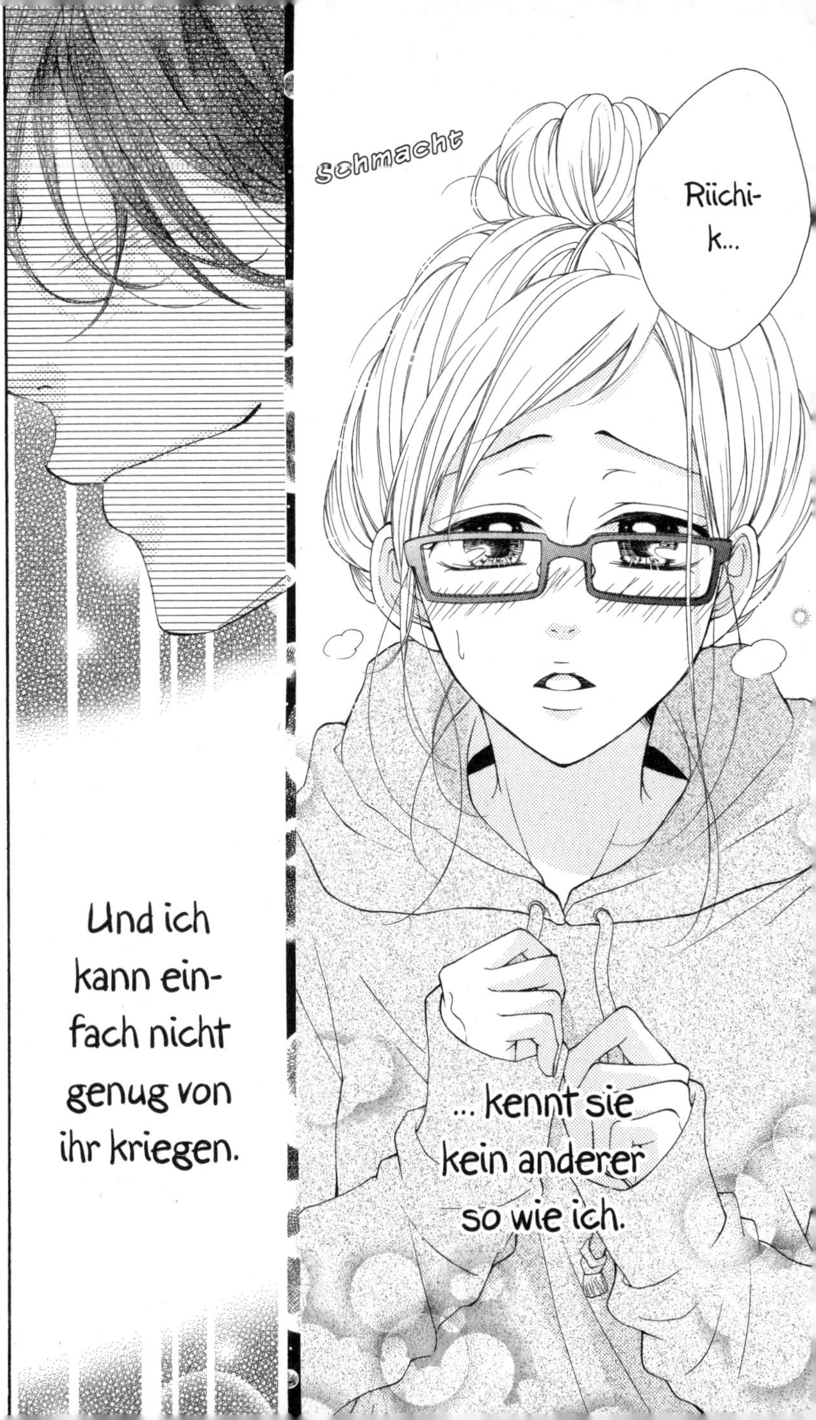
Schmacht
Rïichi-
k...
... kennt sie
kein anderer
so wie ich.
Und ich
kann ein-
fach nicht
genug von
ihr kriegen.

# Bonus-Manga: Finger weg von 3B-Männern

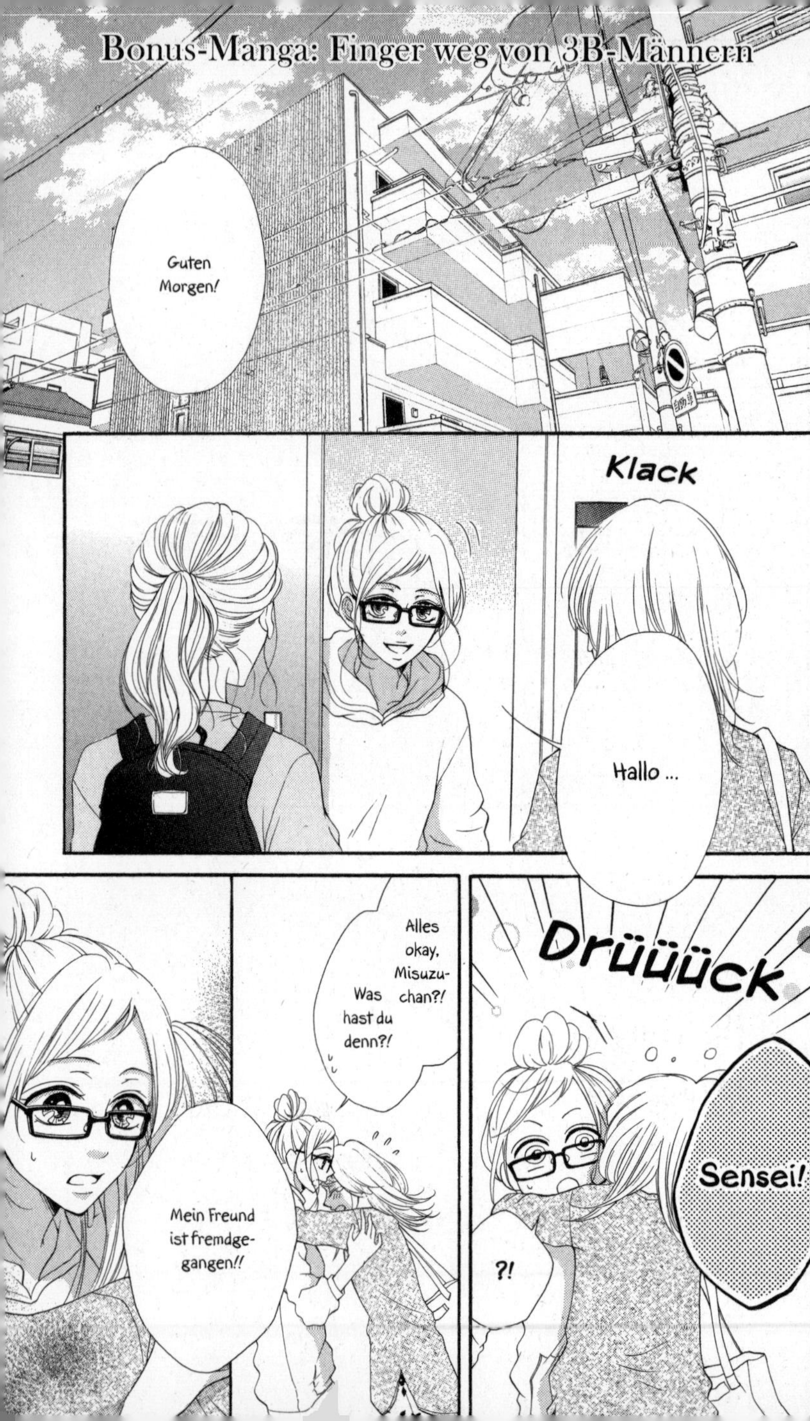

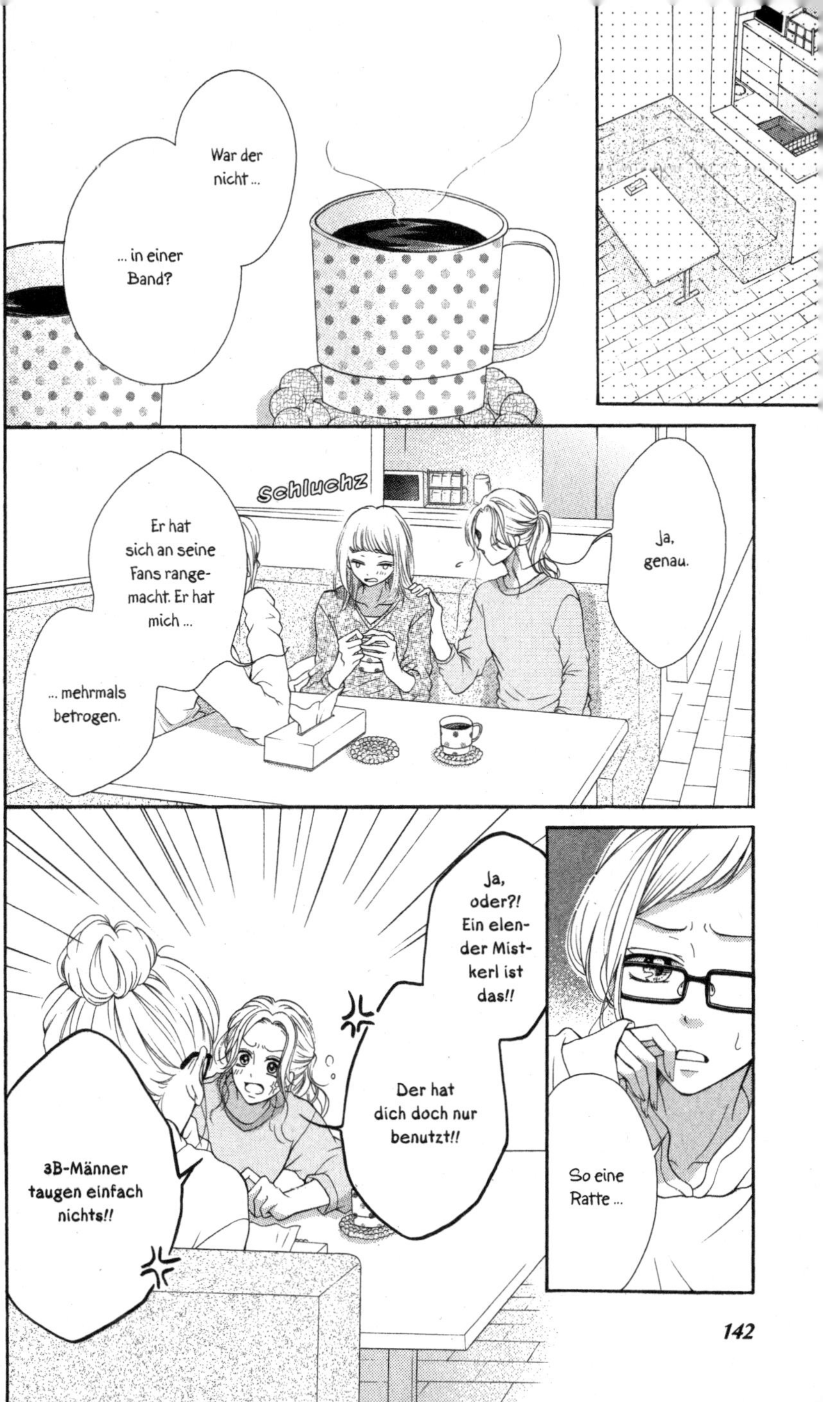
War der nicht ...
... in einer Band?
Schluchz
Ja, genau.
Er hat sich an seine Fans rangemacht. Er hat mich ...
... mehrmals betrogen.
So eine Ratte ...
Ja, oder?! Ein elender Mistkerl ist das!!
Der hat dich doch nur benutzt!!
3B-Männer taugen einfach nichts!!

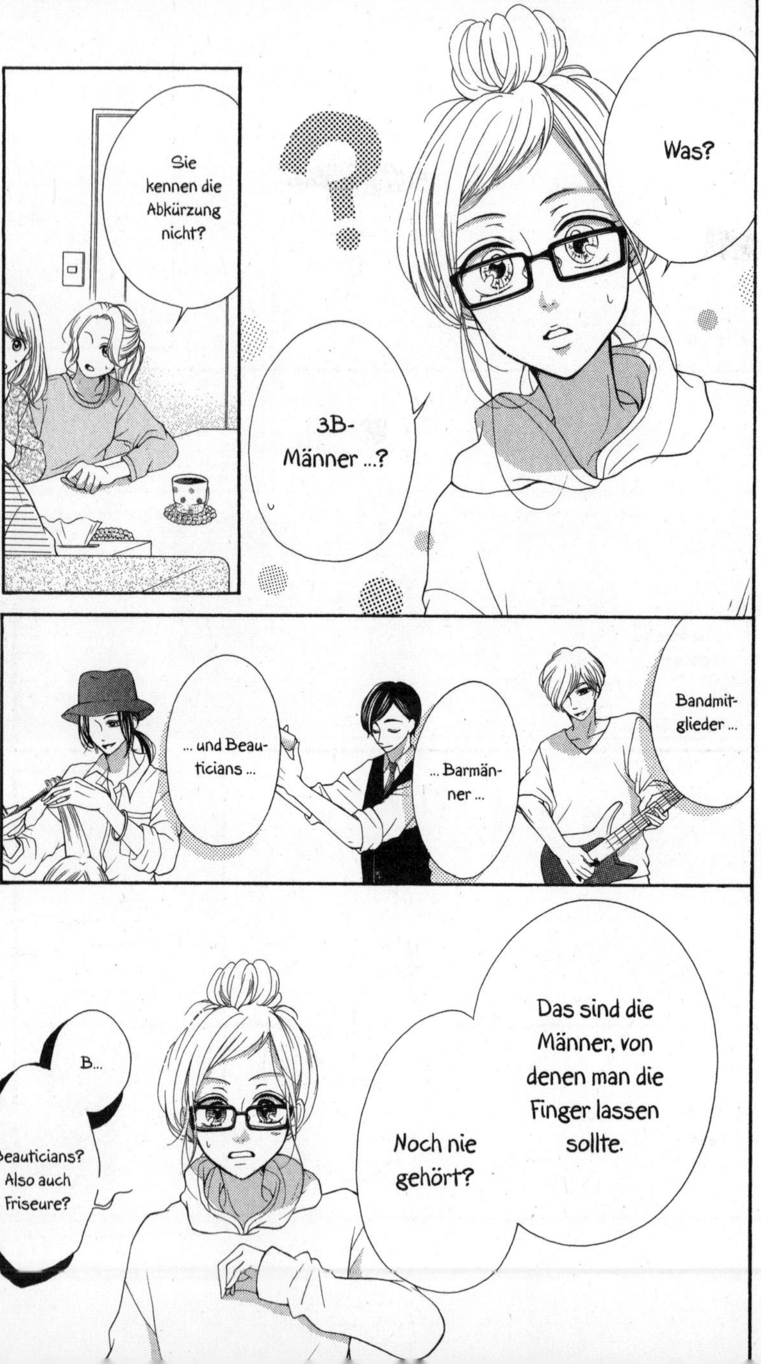
Was?
3B-Männer …?
Sie kennen die Abkürzung nicht?
Bandmitglieder …
… Barmänner …
… und Beauticians …
Das sind die Männer, von denen man die Finger lassen sollte.
Noch nie gehört?
B…
Beauticians? Also auch Friseure?

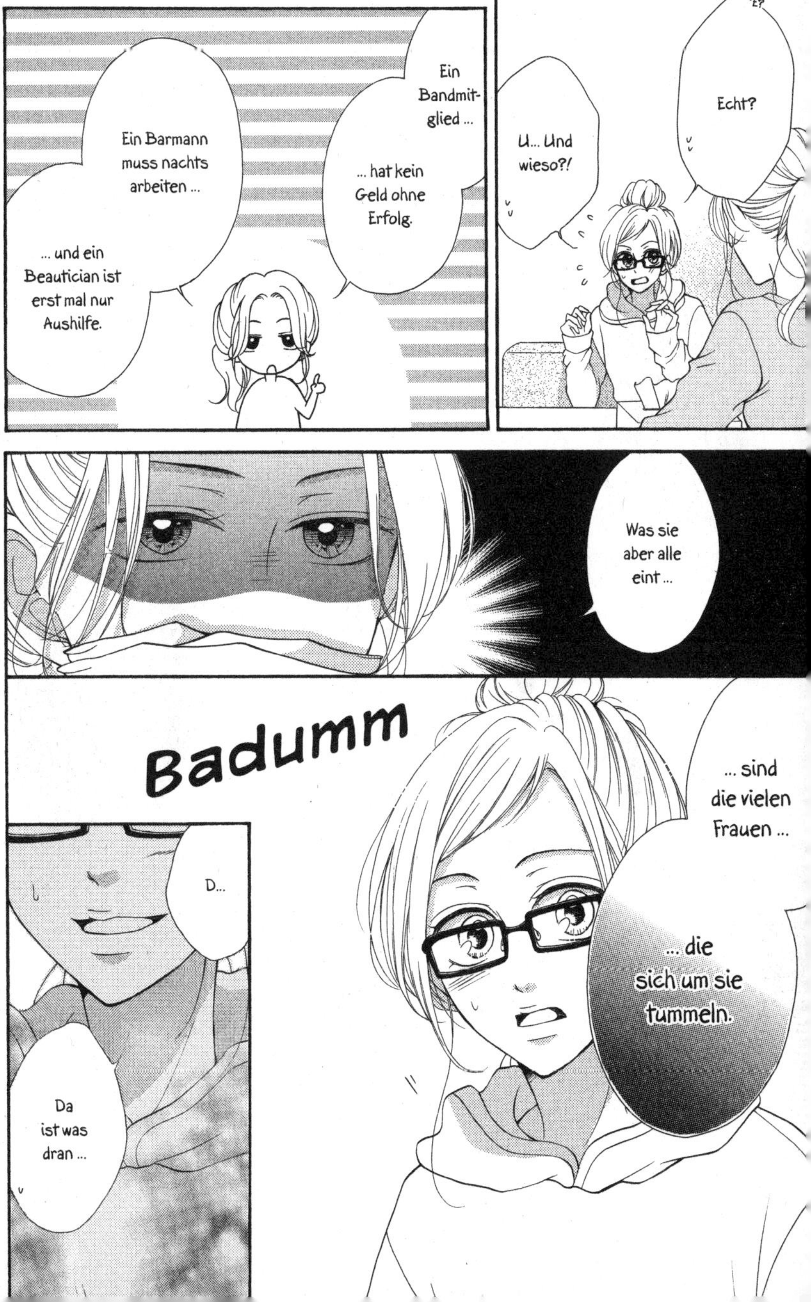
E?
Echt?
U… Und wieso?!
Ein Bandmitglied …
… hat kein Geld ohne Erfolg.
Ein Barmann muss nachts arbeiten …
… und ein Beautician ist erst mal nur Aushilfe.
Was sie aber alle eint …
… sind die vielen Frauen …
… die sich um sie tummeln.
Badumm
D…
Da ist was dran …

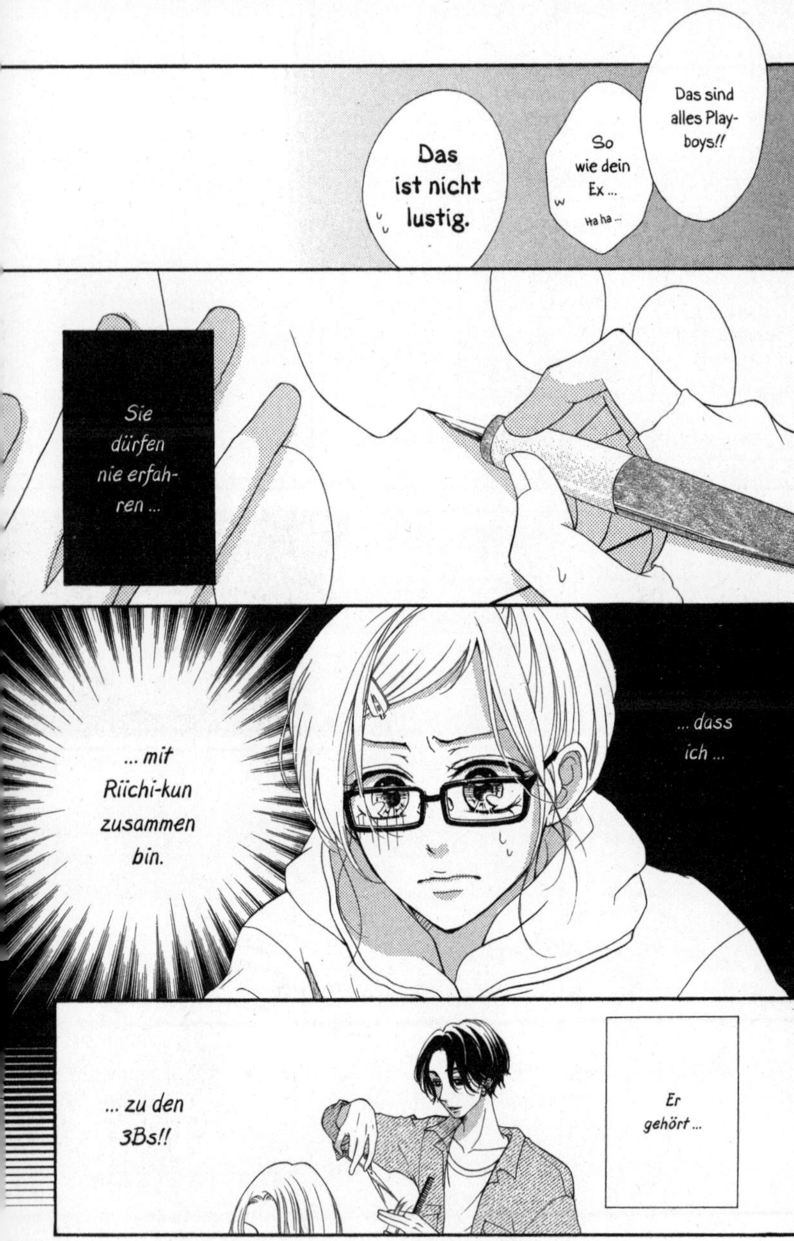
Das sind alles Playboys!!
So wie dein Ex ... Ha ha ...
Das ist nicht lustig.
Sie dürfen nie erfahren ...
... dass ich ...
... mit Riichi-kun zusammen bin.
Er gehört ...
... zu den 3Bs!!

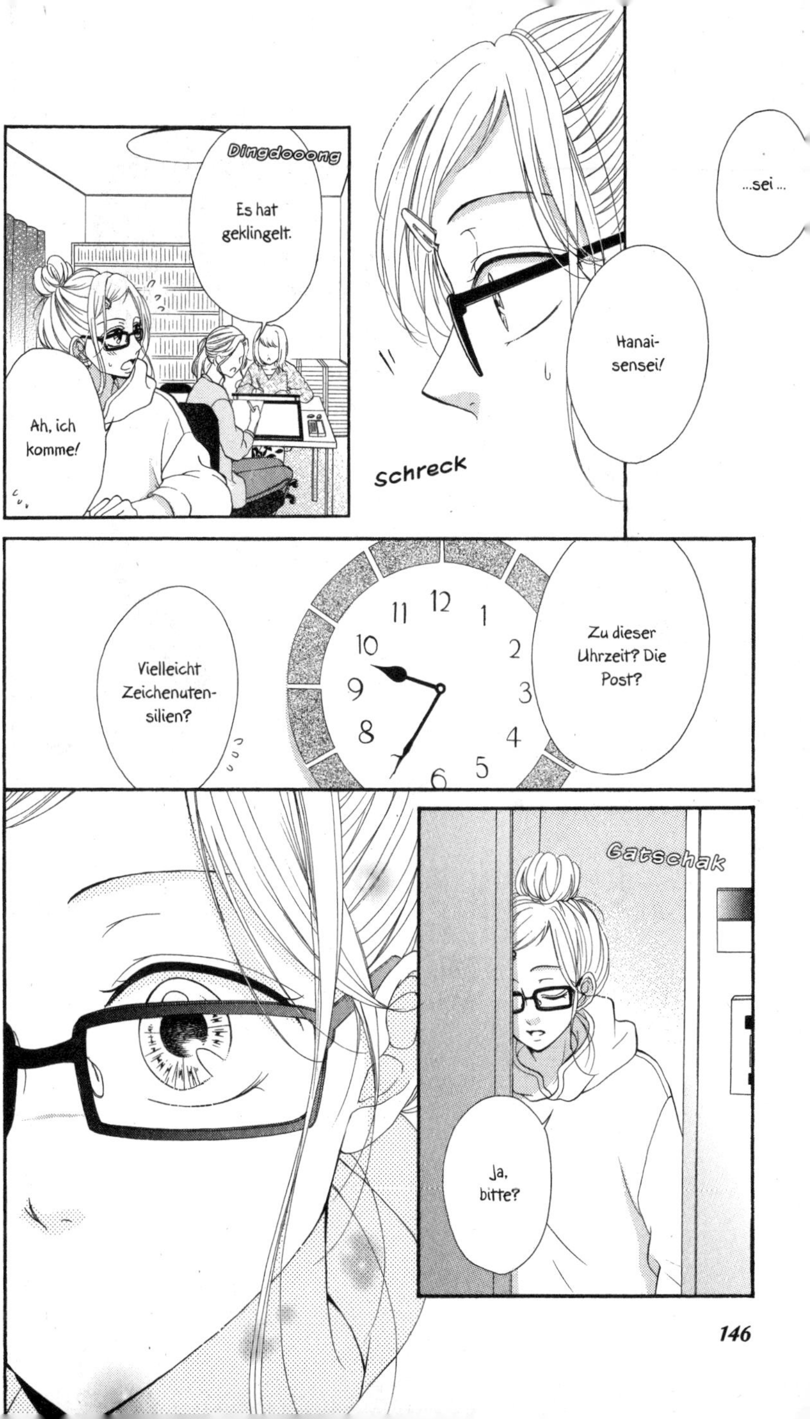
...sei ...
Hanai-sensei!
Schreck
Dingdooong
Es hat geklingelt.
Ah, ich komme!
Zu dieser Uhrzeit? Die Post?
Vielleicht Zeichenutensilien?
Gatschak
Ja, bitte?

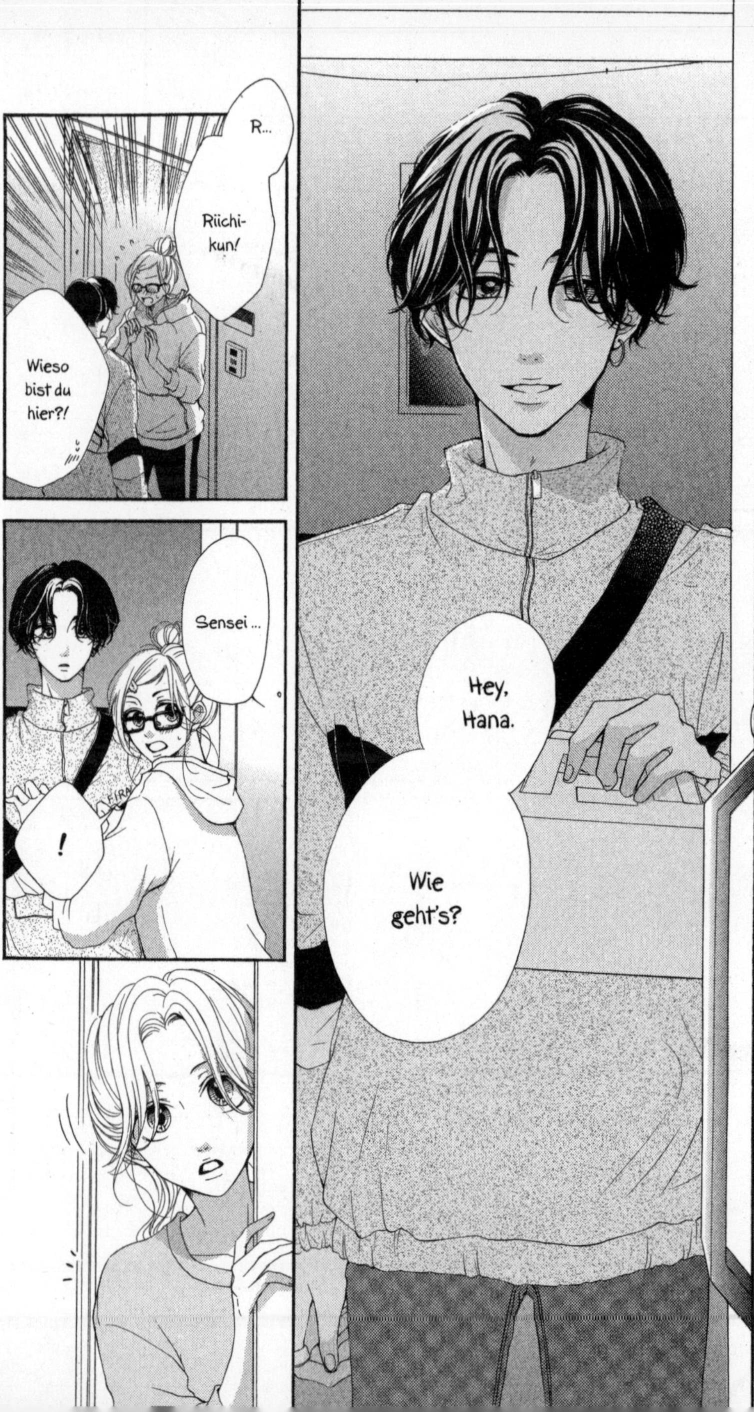
Hey, Hana.
Wie geht's?
R...
Riichi-kun!
Wieso bist du hier?!
Sensei ...
!

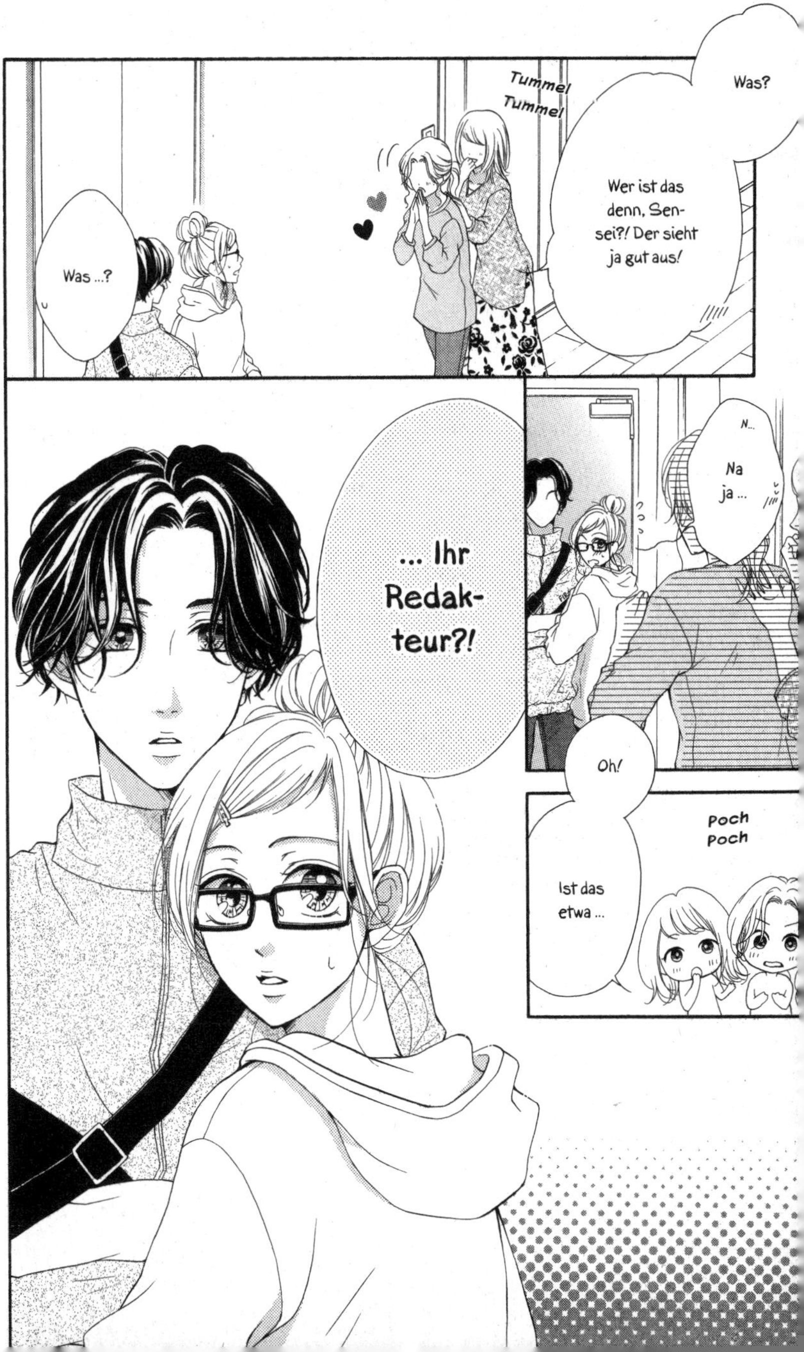
Was?
Wer ist das denn, Sen-sei?! Der sieht ja gut aus!
Tummel Tummel
Was ...?
N...
Na ja ...
Poch Poch
Oh!
Ist das etwa ...
... Ihr Redak-teur?!

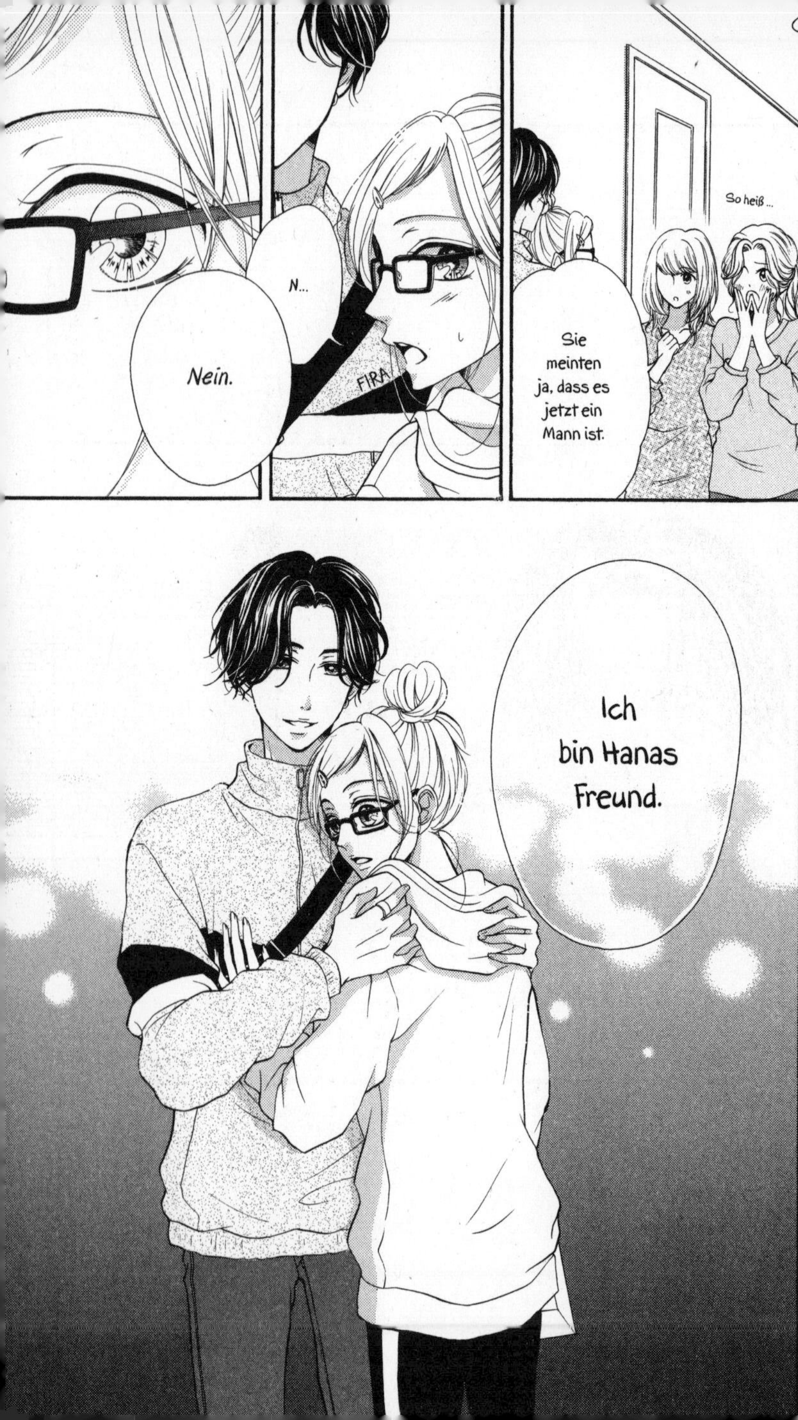
So heiß ...
Sie meinten ja, dass es jetzt ein Mann ist.
N...
FIRA
Nein.
Ich bin Hanas Freund.

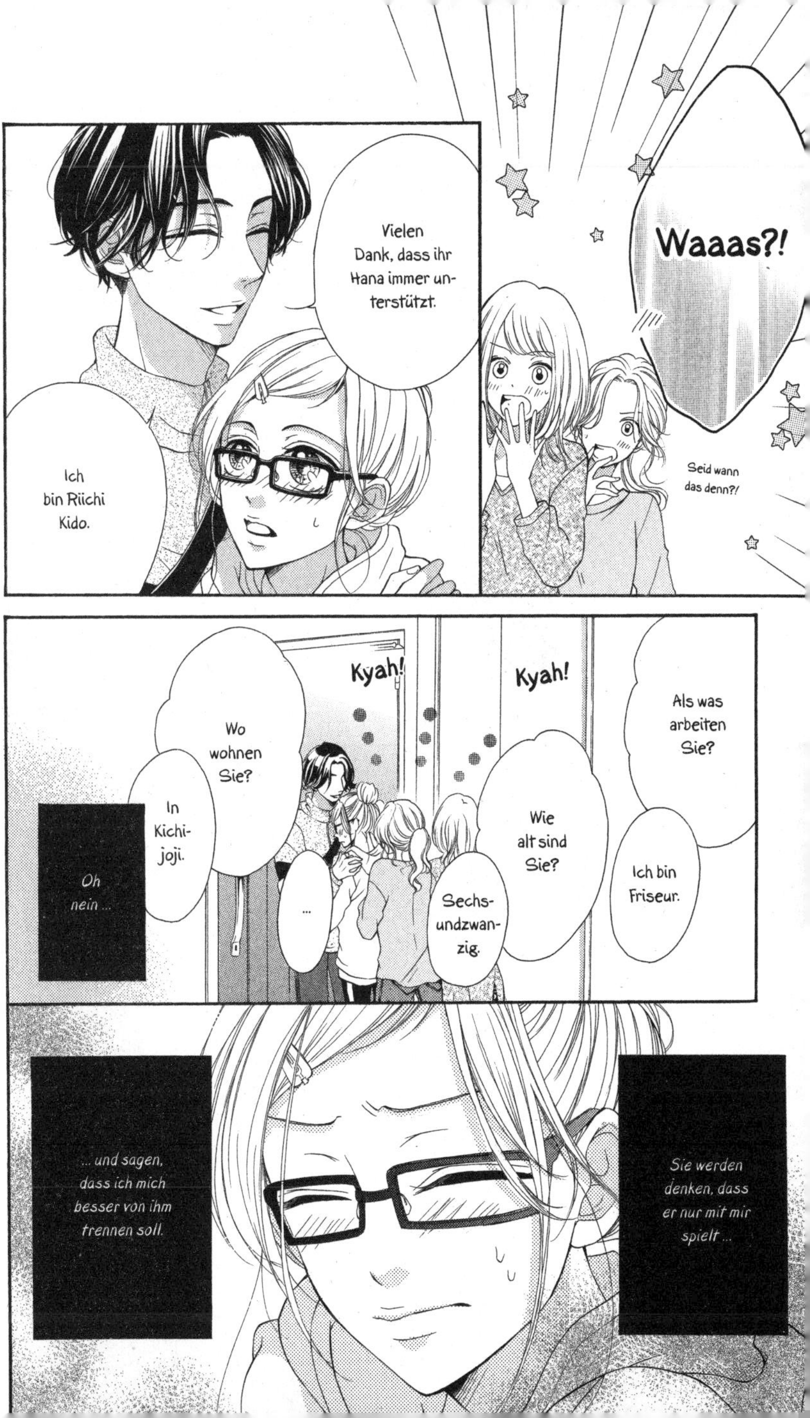
Waaas?!
Seid wann das denn?!
Vielen Dank, dass ihr Hana immer unterstützt.
Ich bin Riichi Kido.
Kyah!
Kyah!
Als was arbeiten Sie?
Ich bin Friseur.
Wie alt sind Sie?
Sechsundzwanzig.
Wo wohnen Sie?
In Kichijoji.
...
Oh nein ...
Sie werden denken, dass er nur mit mir spielt ...
... und sagen, dass ich mich besser von ihm trennen soll.

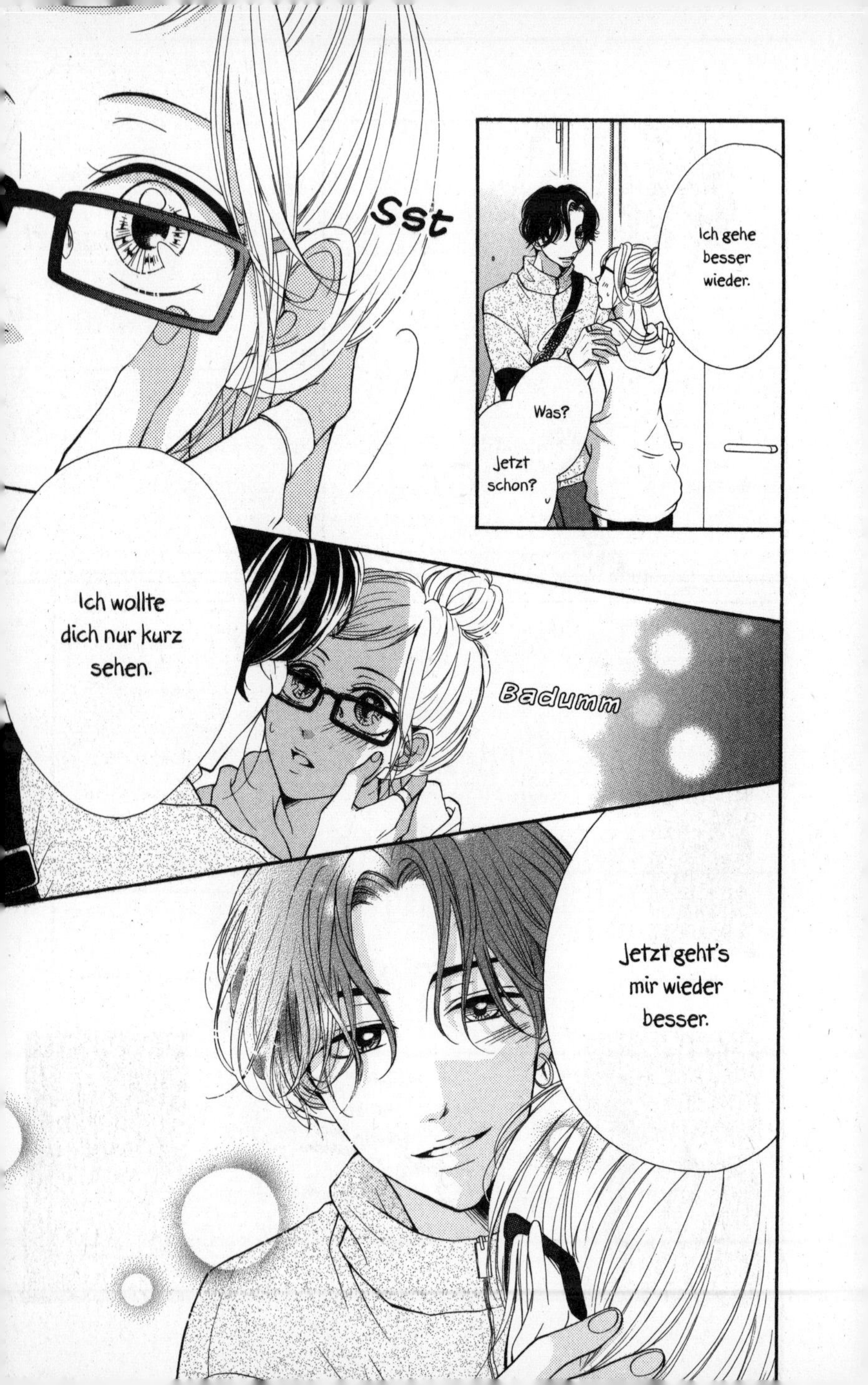
Ich gehe besser wieder.
Was?
Jetzt schon?
Sst
Ich wollte dich nur kurz sehen.
Badumm
Jetzt geht's mir wieder besser.

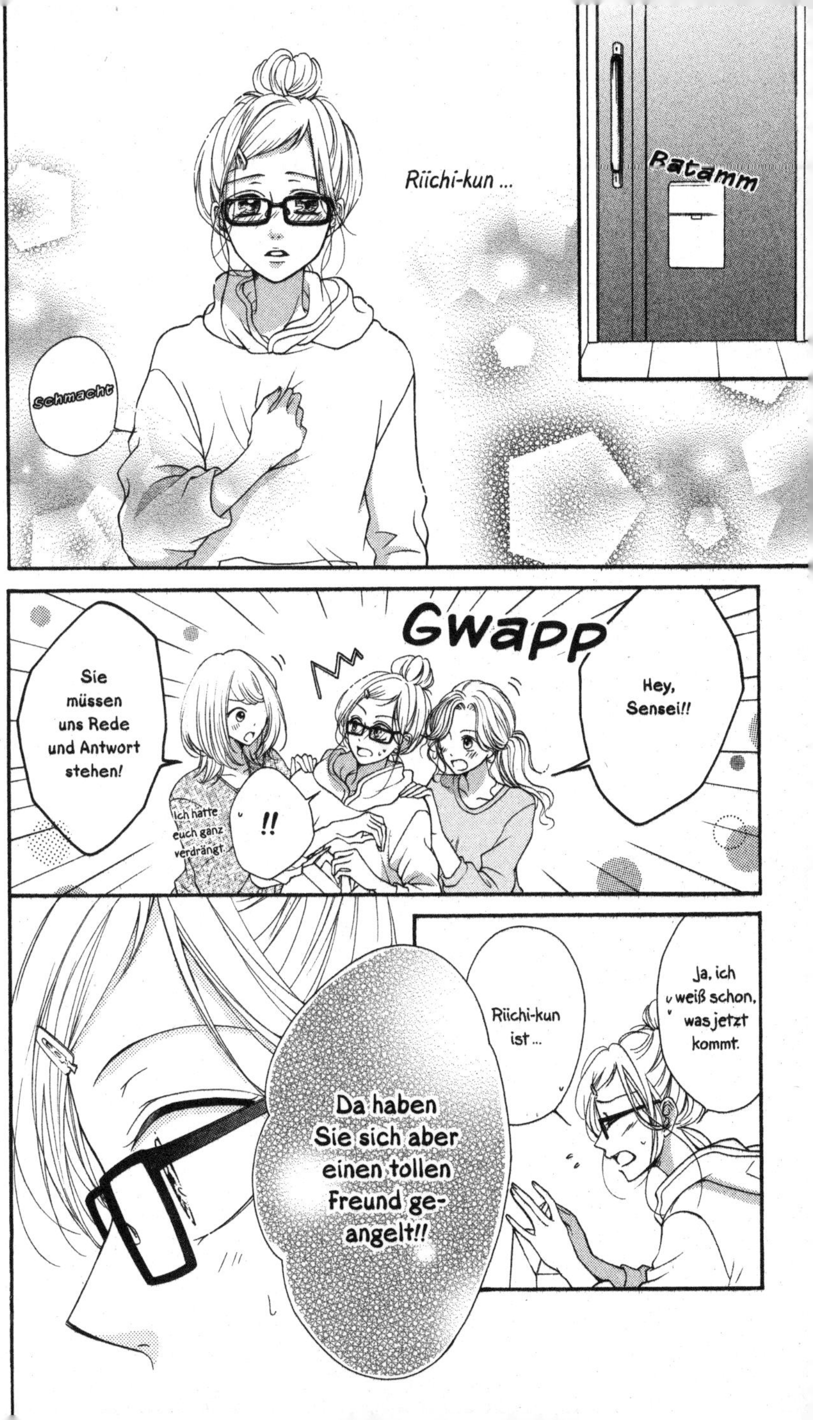
Batamm
Riichi-kun ...
Schmacht
Gwapp
Hey, Sensei!!
Sie müssen uns Rede und Antwort stehen!
!!
Ich hatte euch ganz verdrängt.
Ja, ich weiß schon, was jetzt kommt.
Riichi-kun ist ...
Da haben Sie sich aber einen tollen Freund geangelt!!

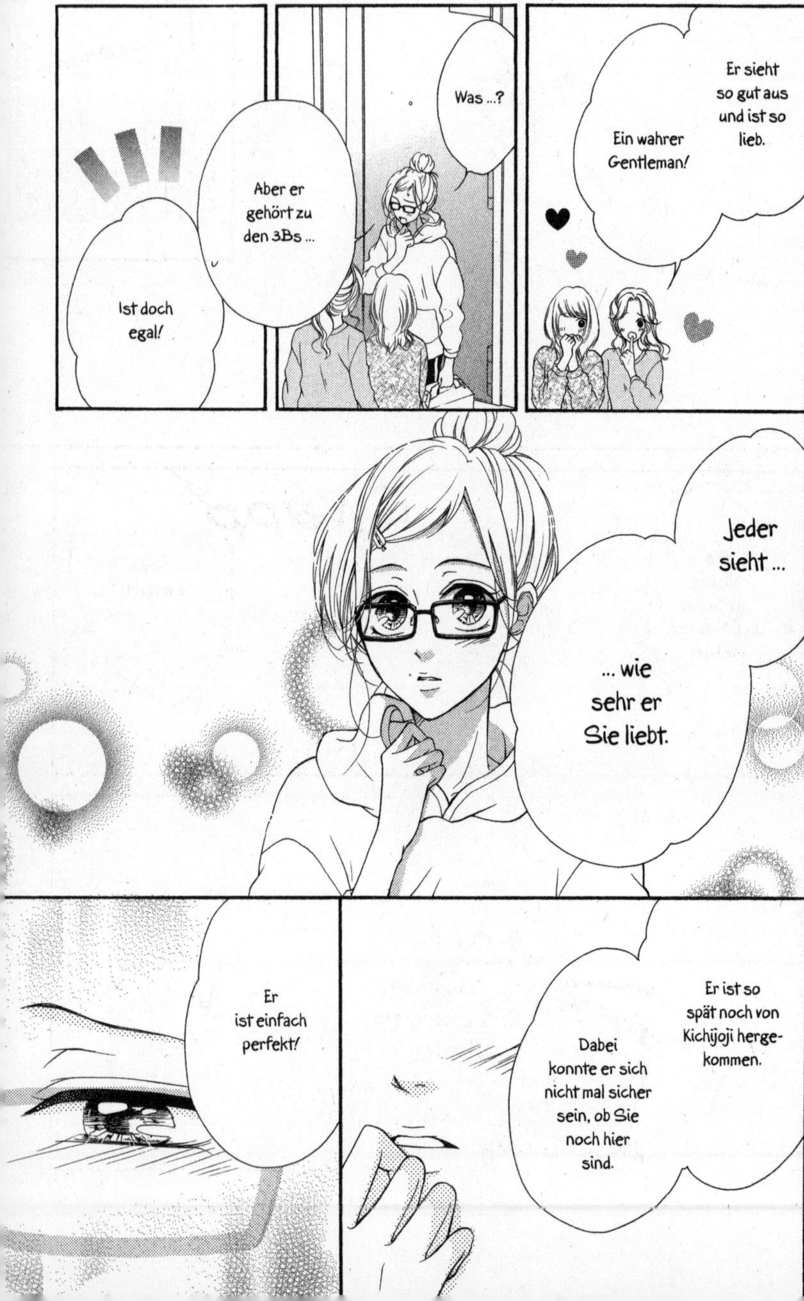

Er sieht so gut aus und ist so lieb.
Ein wahrer Gentleman!
Was …?
Aber er gehört zu den 3Bs …
Ist doch egal!
Jeder sieht …
… wie sehr er Sie liebt.
Er ist so spät noch von Kichijoji herge-kommen.
Dabei konnte er sich nicht mal sicher sein, ob Sie noch hier sind.
Er ist einfach perfekt!

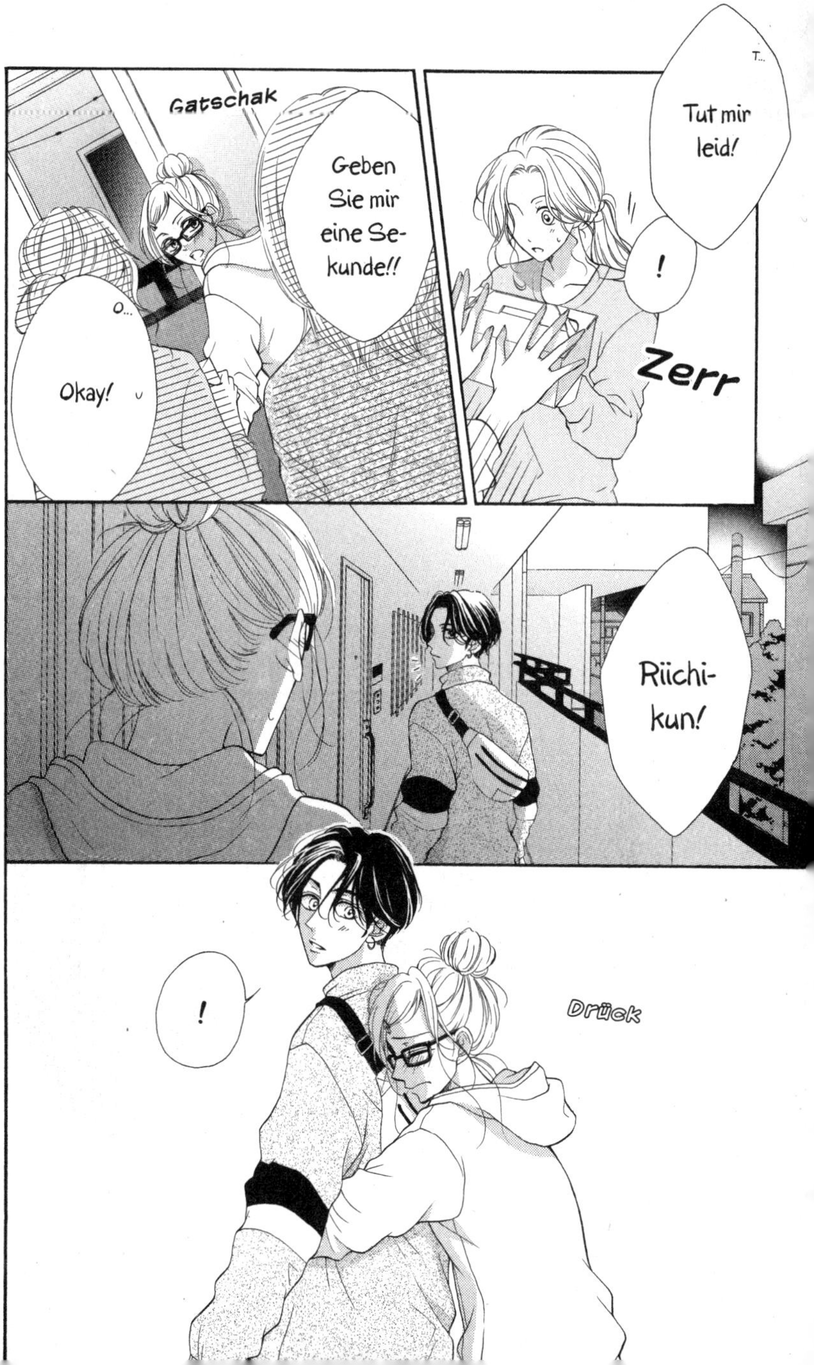
T...
Tut mir leid!
!
Zerr
Gatschak
Geben Sie mir eine Se- kunde!!
O...
Okay!
Riichi- kun!
!
Drück

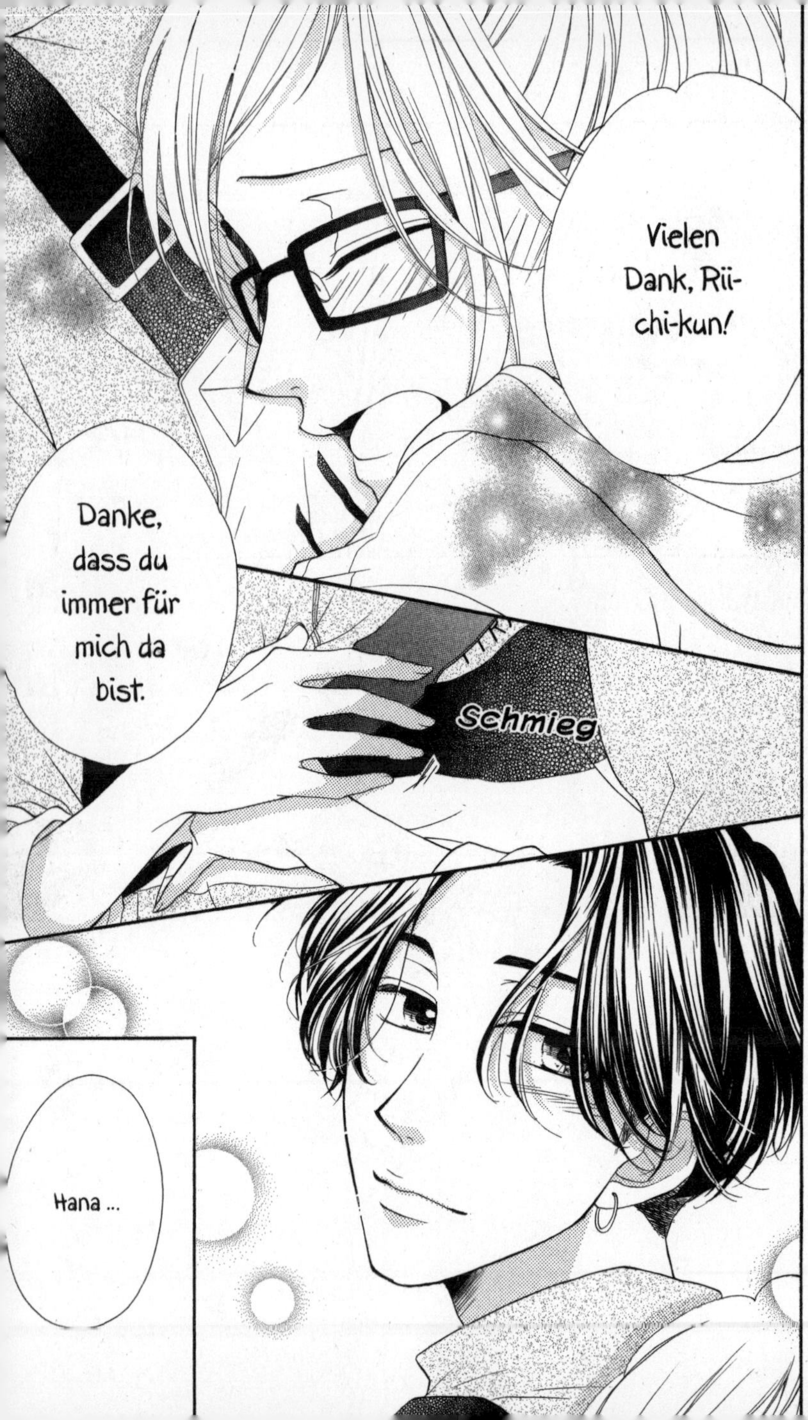
Vielen Dank, Rii-chi-kun!
Danke, dass du immer für mich da bist.
Schmieg
Hana ...

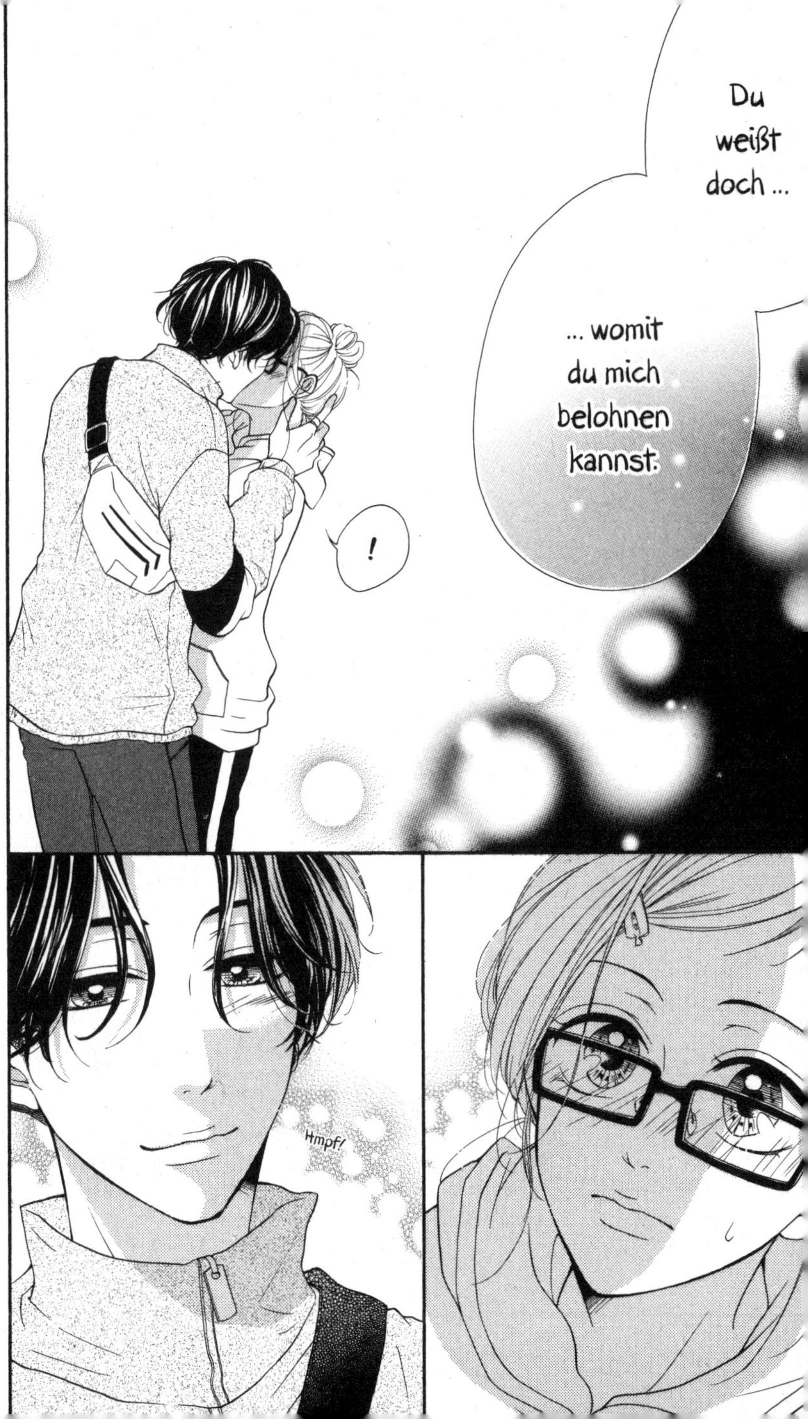
Du weißt doch ...
... womit du mich belohnen kannst.
!
Hmpf!

# &Flower

Viele wissen es wahrscheinlich nicht, deshalb möchte ich es hier einmal loswerden ... Ha ha. Zwar veröffentliche ich *Hey Sensei* ... im *Premier Cheese!*, aber die Bonus-Manga erscheinen im digitalen Magazin *&Flower*.
Ich bin eine langsame Zeichnerin (*schwitz*). Einen Bonus-Manga im Monat zu veröffentlichen ist ziemlich anstrengend. Dafür macht es aber einen Riesenspaß! Es bringt einfach Abwechslung in meinen Arbeitsalltag.
Und da ich nur 16 Seiten pro Geschichte zeichnen muss, brauche ich auch nicht so lang. ♪
Bei *&Flower* ist eine Vorschau am Ende ein Muss. Aber im Manga selbst wird es wieder rausgenommen. Deshalb bekommt ihr hier einen kurzen Einblick ...

Wenn schon, denn schon!

Beim nächsten Mal in
*Hey Sensei, Don't You Know?*
Hanas Perspektive!

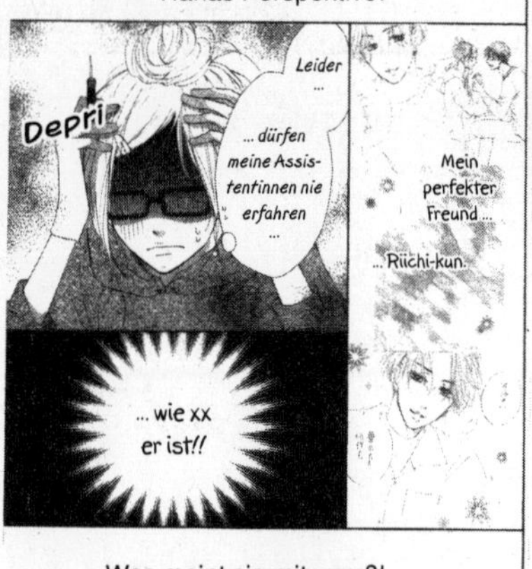


Was meint sie mit »xx«?!
Bleibt gespannt!!

Beim nächsten Mal in
*Hey Sensei, Don't You Know?*

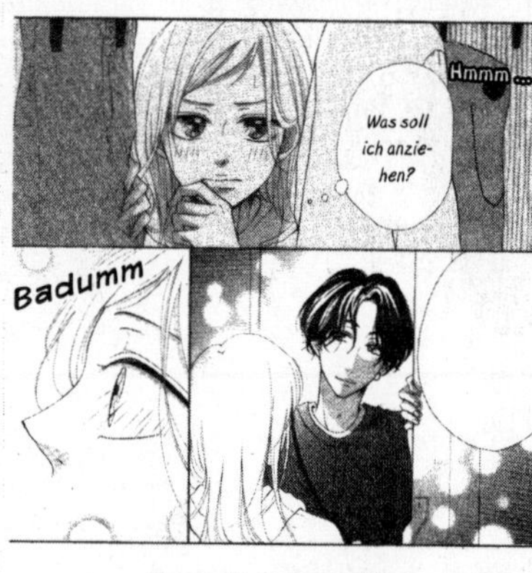


Es wird wieder heiß ...

# Nachwort

Vielen Dank, dass ihr den Band bis zum Ende gelesen habt!! Einige wissen es vielleicht schon, aber die Serie bekommt eine Realverfilmung*! Ich kann es immer noch nicht glauben …

Als ich von meiner Redakteurin einen Anruf erhielt, dachte ich zuerst, sie nimmt mich auf den Arm. Irgendeine Schnapsidee. Wirklich! Immerhin hatte ich Band 1 noch nicht einmal veröffentlicht. Ich konnte mir nicht erklären, wieso die Wahl auf diese Serie gefallen ist. Wie haben die Filmleute den Manga überhaupt gefunden?!

Vor Kurzem hatte ich die Gelegenheit, mit dem Drehbuchautor und dem Produktionsstudio zu reden. Erst da wurde mir bewusst, dass das gerade wirklich passiert. Auf der einen Seite frage ich mich, ob dieser Manga überhaupt gut genug für eine Realverfilmung ist. Auf der anderen Seite bin ich so aufgeregt und voller Vorfreunde. Ich bin völlig durcheinander!

Da der Manga erst in den Startlöchern steht, wird in der Verfilmung wahrscheinlich einiges vom Original abweichen, aber ich hoffe, dass meine Leser*innen die Show trotzdem genießen können. Ich kann's jedenfalls kaum erwarten!

Shogakukan Cheese Editorial
Ms Aya Asano
101-8001 Hitotsubashi
Chiyodaku Tokyo Japan

Ich freue mich auf euer Feedback!

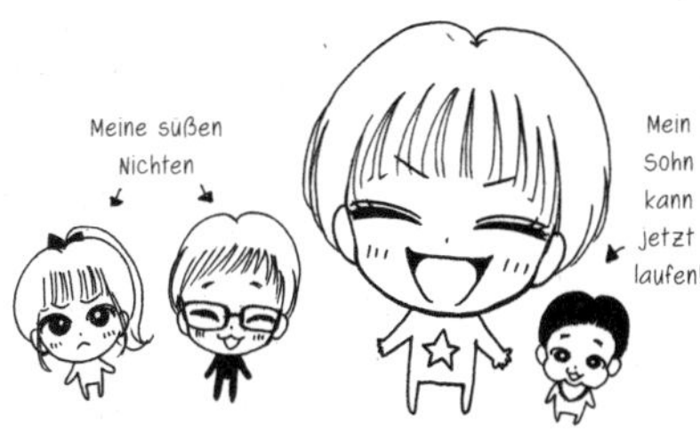


## SPECIAL THANKS!!

- An meine ehemaligen und aktuellen Redakteur*innen und das gesamte Editorial-Team
- An die tolle Designerin, die hervorragende Arbeit geleistet hat
- An meine lieben Assistentinnen, die mich immer unterstützen, auch wenn's mal stressig wird
- An den Buchhandel und alle, die am Vertrieb beteiligt sind
- An meine Familie, die sich während der Arbeit um meinen Sohn kümmert
- An den gesamten Cast der Realverfilmung

Und natürlich an meine werten Leser*innen!!
Euch verdanke ich, dass ich diesen Job überhaupt machen kann! Vielen Dank!!

*2019 herausgekommen

Hey Sensei, Don't You Know?

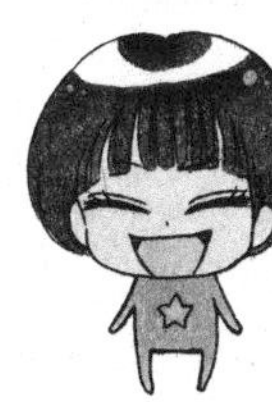

## Aya Asano

### Profil der Autorin

Geboren am: 11. Februar
Sternzeichen: Wassermann
Blutgruppe: AB
Geboren in: Aichi-ken

Debütierte mit ihrem
Manga *Kimi no Tonari ni wa Atashi*
(*Cheese!* November-Ausgabe 2009)

Aktive Autorin für das Magazin *Cheese!*

### Kommentar

Ich wollte schon immer eine Geschichte über eine Mangaka schreiben. Diese Serie ist vollgepackt mit meinen persönlichen Wünschen und Vorstellungen, ha ha!

AF640195